Unter Don Both erschienen:

Immer wieder samstags (Teil 1)

Dangerzone

Desirezone

Ruf des Teufels

Hope - mit Kera Jung

B
D ON
O
T
H

Immer wieder
samstags

reloaded

A.P.P.

Immer wieder samstags / reloaded
Autor: DonBoth
Immer wieder samstags
© 2014 DonBoth.
Alle Rechte vorbehalten!
https://www.facebook.com/pages/DonBoth/248891035138778
Cover: Babette H.
Lektorat: Belle Molina, Sophie Candice
Korrektorat: Belle Molina, Sophie Candice
Weitere Mitwirkende: A. Niemeyer, Babette H.
ISBN-eBook: 978-3-945164-10-5

ISBN-Print: 978-3-945164-11-2

A.P.P. Verlag
Peter Neuhäußer
Gemeindegässle 05

89150 Laichingen
Tel.: 07333-9545750
email:info-a.p.p.verlag@gmx.de

Für Anke, Babels und Bella.
Weil ihr mir zeigt, dass man Träume auch leben kann,
anstatt sie nur zu träumen

1. WIE ALLES BEGANN ...

Mia Engel, siebzehn Jahre jung, mollig, überzeugte Brillenträgerin, aus ärmlichen Verhältnissen kommend, oder kurz der Truthahn genannt, ist der Inbegriff eines unbeliebten Teenagers. Als würde dies noch nicht reichen, ist sie seit der ersten Klasse unsterblich in Aufreißer und absoluten Obermacho Tristan 'sexy' Wrangler verliebt – natürlich ohne jegliche Erwiderung des arroganten Gottes. Durch einen alkoholverursachten Unfall findet dieser sich eines Morgens mit dem Truthahn in seinen Armen wieder, was für sein kostbares Image den absoluten Super-Gau bedeutet.

'Immer wieder samstags' merkt er aber, dass Mia, obwohl sie nicht dem perfekten Supermodelbild entspricht, welches er im Bett normalerweise bevorzugt, andere Qualitäten besitzt und darüber hinaus auch die Macht, ihn ganz ohne Vorsatz um den hormongebeutelten Verstand zu bringen ...

Ganz ohne etwas zu verlangen, verändert sie ihn, schleicht sich in sein Herz und nimmt es gefangen. Tristan (obwohl er es versucht) kann sich nicht mehr wehren ... Er lässt seine Mauern fallen und sieht ein, dass sein Mädchen alles ist, was er nie gesucht hat, aber immer brauchte. Doch eines Samstags geschieht das Unabwendbare. Von den innigen Gefühlen und ein wenig Alkohol geleitet, verlieren sich die beiden völlig ineinander – seelisch sowie körperlich – vor der gesamten Schule. Tristan zieht die Notbremse, stößt Mia-Baby von sich und versucht, sie vor dem größten Übel zu bewahren – sich selbst ...

***

»Du musst mich loslassen, Mia-Baby. Du musst aufhören, dich zwanghaft auf mich zu konzentrieren. Es gibt auch andere Dinge im Leben eines siebzehnjährigen Mädchens als ein sexbesessener Typ, der ein Arschloch ist.«

Hilflos schüttelte ich den Kopf, aber realisierte gleichzeitig, dass ich verloren hatte. Jede Faser schrie nach ihm, versuchte, sich an ihn zu ketten, ihn niemals gehen zu lassen, war bis zum Zerreißen gespannt. Bleischwer lastete die Unabänderlichkeit seiner Worte in dem abgeschotteten Raum des Wagens. Ich konnte ihn nicht überzeugen, wollte ihn nie einengen, nichts von ihm verlangen, also durfte ich es nicht komplizierter machen, als es war, auch wenn es mir das Herz brach.

»Heißt das ... es ist ... aus?« Wie ich es schaffte, diese Frage zu formulieren und ihm damit mein Einverständnis gab, mich zu verlassen, diesen Traum endgültig zu beenden, würde mir immer ein Rätsel bleiben. Tristan presste die vollen Lippen aufeinander und nickte knapp. Seine Finger zitterten und zeigten noch mals eine Gefühlsregung, ansonsten wirkte er versteinert. Als er seine Hand fortzog, war es nicht nur der Verlust seiner Berührung, nein, die Wärme verschwand und wurde durch die eisige Kälte ersetzt, die Tristan fortwährend abzustrahlen schien. Alles andere von ihm war schon zu weit weg, unerreichbar. Sämtliches Blut wich aus meinem Gesicht, kalter Schweiß brach aus und ich wollte nur noch in der Leere versinken.

»Mia ...«, krächzte er und ein letztes Mal kehrte er zu mir zurück. Sein Schmerz war deutlich hörbar. Eine Qual, die er selber herbeigeführt hatte. Ein letztes Aufbäumen einer noch nicht komplett gebrochenen Seite brachte endlich die Wut zum Vorschein, die ich bereits herbeigesehnt hatte, die sich aber bisher nicht einstellen wollte. Er hatte kein Recht, Schmerz zu empfinden oder verletzt zu sein! Er hatte doch alles zerstört, hatte mir das Messer tief ins Herz gejagt! »Ich hasse dich!« Meine Aggression brach sich Bahn, aktivierte letzte Kraftreserven, die ich nutzte, um gegen seine harte Brust zu schlagen. Geschockt über mich selber, handgreiflich geworden zu sein, stoppte ich, riss die Tür auf und stolperte ins Freie. Keinen Augenblick länger hielt ich es neben ihm aus! Als Abschied trat ich mit voller Wucht gegen die Tür, drehte mich wortlos um und stürzte in Richtung meines Hauses. Mein Zorn verpuffte genauso schnell, wie er gekommen war, und hinterließ gähnende Leere, in der es nur Verzweiflung gab, die so schwer wog, dass ich sie nur gedämpft wahrnahm. Genauso gedämpft wie die Splitter meines gebrochenen Herzens, die sich durch meine Eingeweide fraßen.

Mit quietschenden Reifen brauste er davon, und mit jedem Meter, den sich Tristan von mir entfernte, wurde ich stärker in die Vergangenheit der letzten Jahre katapultiert. Allein und einsam, nur dass es diesmal richtig wehtat. Ich hatte geliebt und verloren.

Er hatte mich geliebt und dennoch von sich gestoßen. Mit Licht war er in mein Leben gestürmt, um es dann voller Dunkelheit zu verlassen. Wo lag darin der Sinn?

Erschöpft fiel ich auf die Knie, schlug die Hände vor das Gesicht und schüttelte meinen Kopf. Die Tränen erhielten neuen Antrieb, quollen ungehindert aus meinen Augen, um zwischen meinen Fingern hindurch, stetig auf den kalten dunklen Steinboden zu fallen. Meine Energie war verbraucht. War alles nur ein Märchen? Das Zusammensein mit meinem Helden mit den dreckigen Gedanken und dem knallroten Audi konnte nicht echt gewesen sein. So viel Glück wurde mir noch nie zuteil. Aber war es denn Glück, wenn man in den Himmel gehoben wurde, um danach unweigerlich dermaßen hart aufzuschlagen, dass einem vor Trauer die Luft zum Atmen fehlte? Ich wusste es nicht. Ich wusste gar nichts mehr. Nur in einem war ich mir restlos sicher: Von diesem Verlust konnte ich mich unmöglich erholen. Niemals.

ENDE TEIL EINS

2. VERDAMMT SEI DIE NETTIGKEIT

Tristan `sad` Wrangler

Ich konnte einfach nicht schlafen, und das schon seit Tagen.

Immer, wenn ich meine angestrengten Augen schloss, wartete da etwas auf mich: ihr Gesicht. Es verfolgte mich überall hin, hatte sich förmlich hinter meine Lider gebrannt und wollte partout nicht verschwinden. Dabei war es ebenso wunderschön wie in meiner Erinnerung, nur dass es jetzt tränenüberströmt und von Qualen verzerrt wirkte.

***

Nach meiner Heimkehr an diesem verfickten Samstagabend hatte ich die fetteste Tüte geraucht, die die Welt je gesehen hatte, nur um mich zu beruhigen. Denn ganz ehrlich: Ich war ein nervliches Wrack und froh, dass ich die Fahrt überhaupt geschafft hatte, so sehr, wie ich zitterte. Selten war ich so durcheinander gewesen – oder gar ein so großer Wichser. Und das sollte echt was heißen! Wie hatte ich nur mein Mädchen so demütigen und sie in einem derart intimen, verletzlichen Moment fremden Blicken aussetzen können?

Inzwischen war offiziell, dass damit alles nur noch schlimmer geworden war. Durch mich, logisch, genauso, wie es Mia prophezeit hatte.

Die anderen würden sich nicht nur das Maul über sie zerreißen, sondern sie komplett zerfetzen. Tristan Wrangler, der mitten auf der Abschlussparty vor allen Schülern den Truthahn knallt. Ein ziemlich brisantes Thema, das deren Münder und Gedanken nicht sobald loslassen würde.

Wie konnte der Penner da oben oder irgendein ähnlicher Wichser nur so verschissen sadistisch sein? Hatte sie nicht schon genug Probleme? Musste ich da auch noch ihr Leben ruinieren – mit meiner dreckigen Klappe, meinem unersättlichen Ficker und dem größenwahnsinnigen Charakter?

Kurzum: Fuck!

Als der Joint vernichtet war, hörte ich Musik. Wie immer ohrenbetäubend laut ...

Doch nach einigen Minuten raste mein Vater wie ein wilder Stier in den Raum. Es war mitten in der Nacht und er – unglaublich – wollte wohl schlafen. Motzend drehte ich den Regler herunter, riss mir die Kleidung vom Leib und warf mich auf mein Bett.

***

Und jetzt lag ich hier. Auf dem Rücken, mit hinter dem Kopf verschränkten Armen und betrachtete das Einzige, was mich in Situationen wie diesen, in denen alles Drunter und Drüber ging, wirklich entspannte: mein Bild.

Genau genommen handelte es sich um die Zeichnung meiner Lichtung, auf der ich damals fast täglich gewesen war, nachdem mein Dasein so mir nichts, dir nichts zerstört wurde, als meine Mutter sich umgebracht hatte. Dort gab es alles, was man zum Relaxen brauchte: viele Bäume, deren Laub leise in der Brise rauschte, sattes, weiches Gras, den frischen Geruch von Pilzen, Tannen und ein kleines Bächlein, dessen Plätschern effektiver beruhigte als jede Meditations-CD.

Ich liebte diesen Ort. Er war mein heiligstes Heiligtum – neben meinem Bett. Deswegen konnte ich es nicht glauben, als damals in der Schule einfach so ein Gemälde davon hing.

Und hierbei ging es nicht einfach nur um ein Kunstwerk. Es strahlte genau das aus, was ich fühlte, wenn ich diese Zuflucht besuchte: Ruhe, Frieden, Geborgenheit. Beinahe wie Mia.

Ähnlich wie sie war es nämlich fucking perfekt. Jeder Grashalm, jedes blasse Wölkchen und jedes Blättchen schien mit Liebe zum Detail festgehalten. Man hätte es fast mit einem Foto verwechseln können und ich wollte so gerne erfahren, von wem dieses Wunder stammte. Doch die Lehrer schwiegen sich schmunzelnd aus – Arschkrapfen!

Nun sah ich mich wie üblich auf der großen Wurzel direkt über dem Bach sitzen. So musste ich die kilometerweite Wanderung nicht auf mich nehmen, um meinen Frieden zu finden, sondern konnte hier chillen und einfach nur die Zeichnung anschauen. Dieses Mal vermisste ich allerdings etwas neben mir auf diesem Holzgebilde der Natur: Mia Engel.

Seufzend vergrub ich die Finger in meinen Haaren, fuhr tief ausatmend über mein Gesicht und legte eine Hand auf meine Brust. Genau dorthin, wo es so verschissen schmerzte.

Ab jetzt würde sie in jeder Sekunde fehlen. Inzwischen wusste ich nämlich, was sie mir bedeutete: alles. Das würde immer so sein. Ganz klar. Sie konnte sich meiner ewigen Liebe sicher sein, ebenso dem Beschützerinstinkt ihr gegenüber. Dabei spielte es keine Rolle, dass ich alles versuchte, um einen Schlussstrich zu ziehen. Sie war mein Mädchen ... für immer ...

Und nicht nur das. Sie entsprach der Frau meines Lebens. Vergöttert und verehrt – bis in die Unendlichkeit –, jedoch auch zu gut für diese Welt. Zu gut, um auf einem beschissenen Baumstamm vor den anderen durchgefickt zu werden wie eine billige Nutte.

»Fuck!« Bei der Erinnerung an ihren Blick, als ihr klar geworden war, wo wir uns befanden und was wir getan hatten, zog sich mein Magen heftig zusammen.

Zunächst checkte ich die Möglichkeiten ab, den Partygästen die Schuld in die Schuhe zu schieben. Leider funktionierte das nicht so einfach. Wie denn auch? Was hatten sie schon getan, außer mich zu nerven?

Dann gab es da meine großen Brüder und deren Schlampen, die mich nicht mit Mia in Ruhe ließen und ständig die Wahrheit erfahren wollten, um sie anschließend gegen mich zu verwenden, mich bloßzustellen und mein Mädchen fertigzumachen ... Wie man es jedoch drehte und wendete, selbst Tom und Phil konnte ich für meinen Mist nicht zur Verantwortung ziehen. Schließlich hatten sie nicht vor meinen Augen den heißesten Tanz hingelegt, den ich je sah, und nicht danach meinen Ficker in Mias Pussy gesteckt. Wäre ja auch echt eklig ...

Ich gab noch nicht auf, versuchte immer zwanghafter, ein Opfer zu finden, um es für die Geschehnisse an den Pranger zu stellen. Ich konnte doch nicht wirklich so dermaßen schlecht sein, oder? Als Erstes war da selbstverständlich ... Mia ... Klar! Letzten Endes war der gesamte geile Scheiß zwischen uns abgelaufen und mein Ficker in ihrer Pussy gewesen ... und was hatte der gejubelt und gejauchzt! Der Penner bereute übrigens nichts, wie üblich. Die Katastrophe war für den ein Freudentanz gewesen.

Aber genau das war doch auch ihr Ziel. Mia kannte mich gut – zu gut. Begonnen bei ihrer Ankündigung, dass sie keinen verdammten Slip trug. Ohne Umschweife, einfach so. Dazu mein Wissen, dass sie jederzeit bereit für mich war. Sogar im Schlaf lechzte sie geradezu nach mir, wie sie mir vor ein paar Wochen eindrucksvoll bewiesen hatte.

Yeah, dann war da natürlich sie an sich: ihre Art, ihre

Ausstrahlung, die bedingungslose Liebe zu mir. Manchmal fühlte es sich an, als müsse ich platzen. Ich verwandelte mich in einen liebeskranken Zombie, mein Körper übernahm das Denken und sorgte stets dafür, dass meine Begierden in die Tat umgesetzt wurden. Wollte ich mich also mit dieser wundervollen Person komplett vereinen, tat ich es eben. Nur gut, dass ich dabei nicht so wirkte wie die sabbernden, verschleimten Untoten in den Filmen. Denn das wäre ziemlich unsexy. Auf jeden Fall war Mia Engel unschuldig, wie üblich.

Wäre ich ein dummer Scheißer, hätte ich sie verantwortlich gemacht, eben weil sie mit diesem manipulativen Mist zwischen uns begonnen hatte. Meine Beobachtungsgabe war scharf und so etwas wie Einfühlungsvermögen, wenn es um andere Menschen ging, besaß ich sehr wohl. Instinktiv wusste ich, was gewisse Gesten und Ausdrücke bedeuteten und ahnte meist, was die Leute in meiner Nähe dachten. Das stellte im Boxring einen meiner Vorteile dar. Und das Leben ist ja bekanntlich genau jener in groß, mit unzähligen Gegnern, die es zu besiegen gilt. Man sollte sie zu Boden befördern, bevor sie einen verletzen können. Daher hatte ich schon früh gelernt, ihre Schwächen und Stärken zu erkennen und mein Auftreten anzupassen, um sie damit zu manipulieren. Darin war ich perfekt und sie hatte von mir gelernt – leider.

Besonders meisterhaft verstand ich es jedoch, Frauen zu beglücken. Mir war klar, was sie wollten, schließlich hatte ich Hobelschlunzen mit Genuss studiert – von innen und außen sowie von hinten und von vorne, aber auch von der Seite ... Mein Mädchen verhielt sich keineswegs wie ihre Tittengenossinnen, eben weil es nicht so aufgewachsen war wie ein durchschnittlicher Teenager. Öffnete sie sich jedoch, wurde sie leicht durchschaubar. Einmal hinter die Fassade gelangt, konnte man gar nicht anders, als sich in sie zu verlieben.

An diesem berüchtigten Samstagabend war ich davon überzeugt gewesen, dass sie mich nicht abweisen würde. Ihre Gedanken drehten sich nur um mich, genauso wie meine nur um sie. Wir spiegelten sozusagen gegenseitig unsere Gefühle wider.

In dem Moment schien es so klar. So richtig ... Mia wollte mich, ich sie. Ganz fucking einfach!

Nach dieser kurzen Zeit puren Glücks war aber alles so fucking kompliziert geworden. Ich hatte meine Lider geöffnet, die bisher fest zusammengekniffen gewesen waren, und wurde geradewegs mit dem absolut fassungslosen Blick meines Bärenbruders Phil konfrontiert.

Niemanden sonst sah ich mehr an. Seine Miene reichte, um mir die Tragweite dieses Desasters zu verdeutlichen. Jetzt war es offiziell:

Tristan Wrangler würde wieder Scheiße fressen.

Verdammt! Raus! Ich musste hier weg. Sofort! Und mein Mädchen gehörte natürlich ebenfalls aus der Gefahrenzone gebracht. Also stand ich einfach so auf, wie wir waren, und marschierte mit ihr davon. Dabei war ich ziemlich froh, dass meine Hose nicht unter meinem Arsch baumelte und dass sie ein Kleid trug, welches das Wichtigste verdeckte. Wirklich schnell erreichten wir das Auto, und logischerweise verstaute ich sie erst mal in meinem Baby Nummer zwei. Dann stieg ich ein, ließ den Wagen an und trat gleich das Gaspedal bis zum Boden. So, wie ich zu ihr nach Hause raste, jagten die Gedanken durch meinen Kopf. Meine Ideen gingen nur blöderweise ausnahmslos in eine fatale Richtung.

Du kleiner Wichser bist nicht gut genug für dieses Mädchen. Du wirst sie niemals glücklich machen und ihr das bieten, was sie verdient, sondern sie zerstören und ihr Leben noch schlimmer werden lassen, als es ohne dich schon war ...

Denk nur ein verficktes Mal nicht an dich!

Hast du dir nicht geschworen, sie immer vor allem Leid zu bewahren? Sie zu schützen? Ja! Und das wirst du jetzt auch tun, gottverdammte Scheiße! Du setzt dem ein Ende und verteidigst sie vor dem größten Übel: dir selbst ...

Und als wir innerhalb von fünfzehn Minuten an dem hässlichen Plattenbau ankamen, wusste ich, was zu tun war.

Ich hatte sie verlassen und mich getötet. Yeah, wirklich cool! Aus Glückseligkeit wurde tiefe Trauer. Bei ihr war es dasselbe. Die großen offenen Augen verloren jeden Glanz, wurden stumpf und leer, als sie realisierte, dass ich sie zurückwies. Das war doch nicht möglich! Es war falsch, falsch, falsch!

Ihr zu sagen, sie würde einen anderen finden, ätzte wie Säure in meinen Adern. Mein Körper begann zu zittern, bei der Vorstellung von ihr in den Armen irgendeines Wichsers. Mein Befehl an sie, mich zu vergessen, fühlte sich an, als würde ich mich eigenhändig strangulieren. Als sie mich anflehte, bei ihr zu bleiben, mir entgegenhauchte, dass sie mich liebte, es für sie nie jemand anderes geben konnte und wir zusammengehörten, schrie mein Herz, dass sie recht hatte. Mia-Baby machte mich wieder mal so schrecklich schwach. Nur deshalb holte ich mir zum Schluss, was ich so dringend brauchte. Den Kontakt zu ihr. Ich berührte ihre weiche Wange und hämmerte mir dabei ein, dass dies das Ende war. Mein Entschluss stand fest, und ich wusste, dass sie es in meiner Mimik sah. Genau aus diesem Grund klammerte sie sich mit ihrem gesamten Sein an mich, wollte – konnte – mich nicht gehen lassen. Ein letztes Mal ihre zarte Haut spüren, ein letztes Mal in ihr wunderschönes Karamell eintauchen. Noch einmal gab ich nach ...

Verzweifelt küsste sie meine Handfläche, überflutete sie förmlich mit Tränen und Schmerz. Und ich wollte nichts weiter, als sie in meine Arme ziehen, ihr klar machen, dass alles gut werden, ich sie niemals verlassen, und dass sie immer in meinem Herzen bleiben würde – selbst das war leider verboten.

Also baute ich sie erneut auf – jene Mauer, die ich jahrelang mit mir herumgetragen und die Mia Engel eingerissen hatte. Es tat physisch weh, mich vor ihr abzuschotten, aber ich schaffte es. Und danach ... gingen das Leuchten, die Liebe und die Freude. Allein blieb ich in einem dunklen, leeren Raum zurück, in dem ich nur das Geräusch meines Atems und meines plumpen Herzschlages hörte.

Sie fragte mich, ob es aus sei, und die Worte brachten mich beinahe um. Sprechen war nicht länger möglich, aus Angst, dass ein einziger Ton die massive Wand zusammenbrechen lassen würde. Stattdessen nickte ich und entzog mich ihr. Taten mussten reichen, zu mehr war ich nicht fähig.

Was ich daraufhin in ihrem Gesicht erkannte, verfolgte mich bis heute: absolute Hoffnungslosigkeit.

Fuck! Ich hielt es kaum aus, mein Mia-Baby so zu sehen, hatte ich mir doch geschworen, sie nie wieder unglücklich zu machen. Fast knickte ich ein, alles in mir summte und vibrierte, der Putz bröckelte ... verschissene Tränen brannten in meinen Augen. Aber dann – Gott sei Dank – kam ihr Hass! Und das war auch gut so, ich hatte es nicht anders verdient.

So einen Gefühlskrüppel wie mich sollte man besser nicht lieben. Hass war genau das Richtige, denn er machte es um so vieles leichter für sie. Das war das Wichtigste.

***

Trotzdem ... Irgendetwas war immer noch verdammt falsch. Ich musste mit ihr zusammen sein, ohne sie funktionierte gar nichts mehr.

Das war mir innerhalb der letzten Tage klar geworden. Außerdem kehrte mein Egoismus in vollem Maße zurück, die Demütigung verblasste, die Erinnerung an die Geschehnisse dieses Samstags wurde fleckig.

Ihre weichen Lippen, ihre zärtlichen Hände auf meinem Körper, ihr losgelöstes Lachen, ihr hingebungsvolles Stöhnen – das würde ich nie vergessen!

Doch um bei ihr zu sein – ohne sie zu zerstören! –, musste ich mich ändern. Wie ich das anstellen wollte? Keine Ahnung!

Aber ich wusste jemanden, der nicht halb so ahnungslos war ... Weil sie beide Personen kannte: mich und mein Mädchen.

Ich blickte auf die Uhr und angelte nach dem Handy, das sich am Boden neben meinem Heiligtum befand. Es war drei in der Früh. Sonntagmorgen, eine Woche nach dem Overkill. Sie war bestimmt wach und lag wahrscheinlich im Kingsize Bett meines Bruders. Genau der, der auch alles mit angesehen hatte ... mich ... in Mia, und der mich dafür ebenso fertigmachen würde wie Phil. Ich schluckte schwer und starrte das Telefon an.

Konnte ich es wagen?

Als ich mich durch meine letzten Anrufe scrollte, um Hexenschwesters Nummer zu wählen, erschrak ich mich fast zu Tode, weil es laut an meiner Tür klopfte.

»Fuck, Dad!«, rief ich wütend und sprang auf die Beine. Es war mir scheißegal, dass ich nur Shorts trug. Wenn es nach mir ginge, würde ich den ganzen Tag nackt herumlaufen. Wäre sowieso viel gemütlicher, seine Eier baumeln zu lassen.

Allerdings stoppte ich in der Bewegung, als ich ein leises, weibliches Kichern durch das Holz hörte, und riss kurz darauf fast die Klinke ab, weil ich mit Wucht daran zog. Mein Herz raste, blieb jedoch vor Enttäuschung beinahe stehen, als ich Vivis Glubschis bemerkte. Eine winzig kleine Sekunde hatte ich nämlich gehofft, mein Mädchen wäre da und würde mir einfach so verzeihen, wie sonst auch.

Ich war angepisst, obwohl ich Pumuckl eben anklingeln wollte und der mir mit seinem Auftauchen einige Arbeitsschritte abgenommen hatte. Ein schwarzes, mit Spitze besetztes, knappes Nachthemd hüllte sie ein, aber das interessierte mich einen Scheiß.

»Was machst du hier?«, fuhr ich sie an. Innerlich stöhnte ich entnervt über mich und meine unnötig ruppige Art.

»Ja, ich hab dich auch lieb, Tris. Schön, dass wir das geklärt haben. Und jetzt hab ich wirklich ein schlechtes Gewissen wegen dem, was passiert ist. Deshalb bin ich hier.« An meiner nackten Brust schob sie mich ins Zimmer und durchquerte es, um ihren mickrigen Hintern direkt auf meine Decke zu pflanzen! War das Weib nicht mehr ganz dicht?

»Geh sofort da runter!«, stieß ich knurrend hervor. Ich stand immer noch wie ein Idiot rum, und ihre Augen weiteten sich. Als ihr klar wurde, welchen Fehler sie soeben begangen hatte, sprang sie auf die dünnen Stelzen und tänzelte reumütig zum Sessel vor meinem Schreibtisch.

»Sorry, hab's vergessen ... Dein Heiligtum ist ja nur für Mia reserviert«, murmelte sie leicht verlegen.

Fuck! Der Name! Es tat weh! »Was willst du?«, erkundigte ich mich erneut, diesmal gelangweilt und schloss leise die Tür, während ich mit einer Hand durch meine mit Gel verklebten Haare strich. Und neeeein, das Gel war nicht eine Woche alt! Niemals! Ich war doch so ein selbstverliebter, verdammt eitler Scheißer ... na gut ... es war schon sieben Tage alt! Auf diese Art hielt ich es zurzeit mit meiner gesamten Körperpflege, sie fand nämlich faktisch nicht statt!

»Sicher nicht mit dir ficken!« Ähm, was? Um was ging es? Ach ja, was sie hier wollte ...

»Natürlich nicht!« Mit halb zugekniffenen Lidern schlenderte ich zu meinem Bett, um mich selbst auf mein allerheiligstes Heiligtum zu setzen. Ich lehnte mich auf die Arme zurück und legte den Kopf etwas schief.

»Tristan Wrangler, du bist ein Idiot!«

»Ich weiß«, erwiderte ich ungerührt, denn das war mir vollkommen bewusst.

»Es war absolut falsch, sie vor allen zu ficken.«

»Ach echt?«

»Sie hat es ehrlich nicht leicht.«

»Wirklich!« Ich war immer erstaunter.

Vivi rollte mit den Augen. »Du musst dich ändern!«, platzte es plötzlich aus ihr heraus und ihre Arme flogen nach oben.

»Ich weiß.« Was sollte ich sonst sagen? Dieses Mal stockte sie und starrte mich an.

»Du weißt?«

»Ja.« Ich zuckte mit den Schultern.

»Oh!« Das klang verwundert und sie tippte sich gedankenverloren gegen die Unterlippe. »Also ... das ist einfacher, als ich dachte. Du weißt, dass du sie menschenunwürdig behandelt hast?«

Dieser Ausdruck ließ mich erschaudern und »Hm« brummen.

»Wow!« Ihr ehrfürchtiges Fixieren wurde stetig penetranter. Ich beobachtete währenddessen die wahnsinnig interessanten Bäume vor dem Fenster, fühlte ihren Blick aber trotzdem. Als ich sie schließlich anvisierte, fuhr sie zusammen.

»Und das war es schon? Wow? Du weißt doch sonst immer über alles Bescheid. Machst komische Pläne und mischst dich überall ein und hier übst du dich in verschissenem Minimalismus? Ein verdammtes Wow?«, ätzte ich.

Sie grinste. »Nicht wirklich.«

»Und?«

Das war der Startschuss zu Größerem. Hätte ich bloß meine Klappe gehalten. »Du solltest dringend lernen, die Leute um dich herum zu achten, und zwar so, wie sie sind.« Ich schloss entnervt die Lider, denn das war mir bereits bekannt. »Schau! Du musst damit aufhören!«

»Womit?«

»Mit deiner überheblichen Art! Du bist nicht der König der Welt und schon gar nicht der Beste in allem!«

»Stell dir vor, das weiß ich auch!«, knurrte ich.

»Aber du versuchst ständig, deine Schwächen mit angeblicher Stärke zu überspielen«, stellte sie fest.

»Okay, du Superhyperpsychotante, was hat der Scheiß jetzt mit Mia zu tun?«

»Ganz einfach! Es wird Zeit, dass du die Menschen überhaupt würdigst, um Mia respektieren zu können.« Ich wollte ausrufen, dass ich Mia sehr wohl respektierte. Allerdings musste ich mir eingestehen, dass ich sie in diesem Fall nicht so gefickt hätte, also schnaubte ich ziemlich tief und strich mit beiden Händen durch meine Haare. Ihre Logik klang logisch. Okay ...

»Sei mal nett, Tristan. Wer Nettigkeit sät, wird Nettigkeit ernten. Glaub mir.« Aufmunternd und total in ihrer Therapeutentour gefangen, schmunzelte sie mich an.

»Schön! Dann bin ich eben nett!« Ich rotzte das Wort hervor, als wäre es verflucht, und sie lachte.

»Gut. Sag was Freundliches zu mir«, forderte sie wieder ernst und ich verzog beinahe schmerzhaft das Gesicht. »Mach schon. Das ist deine erste Übung am lebenden Objekt. Je öfter du dich liebenswürdig aufführst, umso leichter wird es dir fallen«, versprach sie.

Ich konnte mir das Augenverdrehen nicht verkneifen, aber schließlich dachte ich mir: Scheiß drauf!

»Du scheinst ja eigentlich ganz ... in Ordnung zu sein«, murmelte ich etwas zaghaft und überlegte angestrengt, was ich noch sagen sollte. »Und du ... bist für die Menschen da, wie so eine kleine Mutter Theresa in Hexenform.« Sie kicherte. »Du magst mein Mädchen, allein deswegen bist du einigermaßen cool, okay?« Der letzte Satz kam schneller als die vorhergegangenen und hörte sich ein wenig aggressiv an.

Sie strahlte. »Siehst du, das war doch gar nicht so schlimm! Und jetzt kommt die Nettigkeit zurück: Ich mag dich nämlich auch. Du bist ehrlich und nimmst kein Blatt vor den Mund, und tief in dir drinnen schlägt dein Herz am richtigen Fleck ...«, trällerte sie fröhlich und ich schnaubte.

»Wär ja schlimm, wenn's im Arsch schlagen würde«, hakte ich murmelnd ab. »Und morgen? Da muss ich nach der Schule das beschissene Interview mit ihr führen. Ich hab sie die gesamte Woche nicht gesehen ...«

»Ich weiß.« Sie funkelte mich plötzlich so seltsam an, dass ich unwillkürlich die Luft anhielt. Vivi plante bereits wieder. Oh fuck, auf was hatte ich mich hier nur verfickt noch mal eingelassen?

»Du wirst während des Interviews der perfekte Gentleman sein, ihr die Jacke abnehmen, den Stuhl zurechtrücken, dich zurücklehnen, und Tristan, du machst sie nicht an!«

Total angeekelt musterte ich sie. »Du hast da anscheinend was nicht kapiert.« Meine kleine Göttin anzumachen, geschah ganz von selbst. Dagegen war ich absolut machtlos!

»Nein!« Mit ihrem erhobenen manikürten Zeigefinger fuchtelte sie vor meiner Nase herum. »Du hast was nicht verstanden! Du sollst sie wie eine Lady behandeln. Glaubst du, das bringst du zustande? Wenn du nämlich wirklich nicht mal dazu fähig bist, kannst du sie vergessen. Sie ist kein Objekt ... keine Taschenmuschi, die du jederzeit zu deiner Befriedigung benutzen darfst, so wie es dir passt. Sie besitzt auch Gefühle und Bedürfnisse, und im Moment denkt sie, sie könne dich nur durch Sex halten. Das ist doch nicht richtig, oder? Du liebst mehr an ihr als nur ihren Körper, nicht wahr?«, fragte sie fast flehend.

»Natürlich«, stöhnte ich schwer. »Ich liebe alles an ihr.« Womit ich es zum ersten Mal in meinem Leben ausgesprochen hatte. Einfach so ... und das, ohne vom verdammten Blitz getroffen zu werden und auf der Stelle tot umzufallen.

Vivi lächelte sanft. »Dann kümmere dich endlich um alles. Um ihre physischen Wünsche, aber auch um ihre geistigen. Somit wird sie lernen, dir nicht nur im Bett zu vertrauen, das ist es nämlich, was du willst. Also glaubst du, das schaffst du?«

»Ich denke schon ...«, antwortete ich leicht entnervt. Sie blickte mich skeptisch an und verschränkte ihre Ärmchen vor der Brust.

»Glaubst du das echt, oder tust du nur so?«

»Ja, Mann!« Nun war ich wirklich pissig. Ich hoffte, sie würde nicht noch mal fragen, denn ansonsten hätte ich meine Nettigkeitsregeln kaum, dass sie festgelegt waren, sofort verletzen müssen.

»Gut!« Vivi grinste breit und stand auf. »Ich denke, ich werde mal wieder hochgehen. Tom ist bestimmt mit dem Kotzen fertig«

»Der Idiot säuft viel mehr, als gut für ihn wäre.«.

»Wenigstens tut er das nur samstags ...«

Samstags ... Diese Samstage hatten es ehrlich in sich. Ich seufzte, als ich an Tom und seine Reaktion auf meinen entblößenden Fick mit Mia Engel dachte. Bis jetzt hatte ich ihm, so wie allen anderen Lebewesen mit Erfolg aus dem Weg gehen können.

»Was sagt er eigentlich dazu?«, erkundigte ich mich tonlos und fühlte mich unwohl. Komischerweise verzog sich ihr Gesicht nicht auf die Art, wie ich vermutet hatte. Sie wirkte statt besorgt eher amüsiert.

»Frag ihn selbst!«

»Hä?« Wie auf Befehl klopfte es und ich erschrak mich beinahe zu Tode – schon wieder. Kein Wunder, ich war ja auch gnadenlos übermüdet. Vivi musterte ich äußerst misstrauisch. Wie hatte sie wissen können, dass es gleich klopfen würde?

Meine Mimik sprach wohl Bände, denn sie schwang gestresst eine Hand. »Ich habe vielleicht seine Schritte gehört, du kleiner Dödel!«, lachte sie und Tom polterte – wie ich nur mit Shorts bekleidet –, energisch ins Zimmer. Er schwankte nicht allzu sehr, hatte sich demnach ausgereihert und durfte somit meinen Tempel betreten.

»Was machst du hier?«, fragte er Vivi mit vorwurfsvoll gerunzelten Brauen, schnappte ihre schmale Taille, zog sie besitzergreifend an sich und pflanzte einen Kuss auf die fuchsroten kurzen Strähnen. Kichernd schlang sie ihre Arme um seine Hüften. Was sollte sie schon halb nackt mitten in der Nacht bei mir tun? Sie gab mir Psychogeheimtipps!

»Ich unterhalte mich nur ein bisschen mit deinem kleinen Bruder.« Sie zwinkerte mir zu; der Saftsack visierte mich mit verengten Augen an und löste sich von Vivi. Flüchtig kam ich mir vor, als wäre ich wieder vier und er sechs (oder scheiße acht?). Bereit, mich zusammenschlagen zu lassen, weil ich mich nicht wehren konnte.

Gleich würde er ihn loslassen, den Bombenzerstörungsspruch. Ich hielt vorsichtshalber den Atem an und wartete: Los! Sag es! Sag was Schlechtes über mein Mädchen, dann können wir loslegen!

Aber er legte die Stirn in Falten, verringerte die Distanz zwischen uns, kam plötzlich auf mich zu, packte mich an den Schultern und drückte mich an seine Brust. Direkt in den dichten Pelz, der dort genauso blond schimmerte wie das Haar auf seinem Kopf und mir in mein Riechorgan stach. Ich starrte sein entblößtes Fleisch an und wusste nicht, ob ich ihn angeekelt von mir stoßen oder vor Erleichterung heulen sollte. Denn das war wirklich nicht die Reaktion, die ich nach der Ex-Truthahn-Enthüllung erwartet hatte.

»Äh … Tommy?« Verwirrt linste ich zu Vivi, die grinsend ihre Nase krauszog, und sich meinen Regalen zuwandte.

»Oh Tris ... Du musst dich nach der phänomenalen Scheiße echt ins Zeug legen, Alter«, murmelte er.

»Was?« Ich rückte von ihm ab und nahm diesmal ihn an den Schultern, um ihn mit einer Bewegung neben mir aufs Bett zu befördern. »Was zum Fuck willst du damit sagen?«

Leicht verschleiert sah er mich an. »Weißt du eigentlich, wie du sie am Samstag gefickt hast?«, erkundigte er sich leise. Entsetzt wartete ich, bis er weitersprechen würde, denn offenbar meinte er diese Frage verdammt ernst.

»Verdammt tief?«, riet ich unsicher, als von ihm nichts mehr kam.

Er lachte verhalten, doch dann wuschelte er mir plötzlich durch die Haare. Also er versuchte es. Da war nur leider eindeutig zu viel Uralt-Gel. Seine Finger verfingen sich und er riss sie fluchend und umständlich aus meiner dichten, sagenumwobenen, dunkelbraunen Masse, was scheiße wehtat. Ich widerstand dem Drang, ihm seine verschissenen ungeschickten Wurstfinger abzuhacken.

»Du benimmst dich manchmal wie ein kompletter Idiot!«, begann er schließlich, als er seine Hände irgendwann befreit hatte. »Aber trotzdem bist du mein kleiner Bruder. Ich liebe dich ...« entsetzt blinzelte ich ihn an: Es war ihm wirklich ernst. Fest erwiderte er meinen Blick. Grünbraun in Blau. »Glaubst du etwa, ich bin total blöd? Ich habe miterlebt, wie du dich die letzten Wochen verändert hast. Weißt du, dass du neuerdings so häufig lächelst wie damals, als Mum noch da war? Als es uns noch gut ging?« Dass er das jetzt so deutlich machte, schockte mich. Wir redeten nie über sie, und weswegen unser Leben so im Arsch war.

»Du bist glücklich, weil du sie liebst! Und du hast sie auch mit Liebe ge ... fuck, nein, das war kein Ficken ... das war Lieben,

Alter. Ich hätte nie geglaubt, dass du so was überhaupt kannst. Es ist alles so intim zwischen dir und Mia, jeder einzelne Moment. Wenn man euch zusammen beobachtet, kommt man sich vor, als würde man ein altes Ehepaar durch ihr Wohnzimmerfenster bespannen. Du hast sie echt geliebt. Nur verdammt noch mal am falschen Ort, du riesengroßer, schwanzgesteuerter Depp!«

Damit stieß er mit den Fingerspitzen rügend gegen meinen verfluchten Schädel, und ich griff mir mit gespitzten Lippen an die Stirn.

Tom lachte erneut. »Man könnte meinen, du wärst fünf und ich hätte deinen Bagger geklaut.«

Bei der Erinnerung schmollte ich sogar noch mehr. »Den Gelben?«

»Welcher Bagger ist nicht gelb?«

Grinsend zuckte ich die Schultern. Aber es gab Wichtigeres: »Also findest du es nicht ... abgedreht? Ich und ... Mia?«

»Mann, spinnst du? Ich finde es höchstens abgedreht, dass sie es geschafft hat, dir die Idiotie auszutreiben oder besser gesagt, auszuficken.«

»Hmm, das hat sie wohl ...«

»Baby, du hast gute Arbeit geleistet. Deine Gehirnwäsche hat eins a gewirkt. Er kann denken!«, verkündete Tom seiner Freundin, die übrigens während der gesamten Zeit die Musik in meinem CD-Rack inspiziert hatte, als wäre sie gar nicht anwesend.

»Ich weiß«, betonte sie nonchalant.

»Ihr seid so bescheuert«, grummelte ich vor mich hin, achtete jedoch darauf, dass sie es ja hörten. Die Idioten lachten nur lauter und ich verdrehte die Augen. Aber dann fiel mir wieder die Tragödie ein, und ich seufzte tief.

»Das wird schon! Sie liebt dich, du liebst sie! Du fickst sie gerne, sie lässt sich gerne von dir ficken ...« Erfreut schlug Tom mir auf den Rücken und ich funkelte ihn einschüchternd an. So hatte er nicht über mein verdammtes Mädchen zu sprechen! Er konnte sich immer noch nicht alles erlauben, auch wenn er mein großer Bruder war, der soeben bedingungslos meine Gefühle akzeptiert hatte und mich nicht wegen meiner Schwäche für Mia-Baby fertigmachte.

»Ohhhh, Tristan ist böööööse!« Tom tat, als würde er sich vor Angst schütteln und erhob sich. »Wir sollten schleunigst verschwinden, bevor er seinen Schlagring auspackt ... und das ist kein Scherz. Er hat einem Typen, so einem aufgepumpten Vollhonk namens Paul, mal damit die Zähne aus der Fresse gehauen, weil er gegen ein Auto gepinkelt hat, das neben seinem Audi stand, und dieser ein paar physikalisch nachweisbare Spritzer hätte abbekommen können. Das muss er sich aber abgewöhnen, denn auf so was steht seine Mia überhaupt nicht.« Er nahm die Hand der lachenden Minihexe und zwinkerte mir spitzbübisch zu, während er sie aus dem Zimmer zog.

»Der Penner hatte es nicht anders verdient«, brummte ich gelangweilt.

Fuck! Diese ganze Nettigkeitstour ließ mich schon jetzt wie ein Weichei erscheinen! Wo war nur meine geniale, grandiose, geile, heiße, absolut fantastische Einschüchterungstaktik geblieben?

Wo waren meine Mauern? Ach ja ... Mia hatte sie eingerissen, die Frau, die ich liebte.

Morgen würde ich sie wiedersehen und versuchen, sie zurückzugewinnen – auf ehrlichem Wege, ohne ständig mit ihr zu spielen.

Ich würde daran arbeiten, ein besserer Mensch zu werden. Für sie ...

3. FORDERUNGEN

Mia `not herself` Engel

Wie konnte es eigentlich so weit kommen? Das fragte ich mich unentwegt. Ich überlegte auch, was ich hätte anders machen können, an diesem verheerenden Samstagabend, an diesem Lagerfeuer, auf diesem Baumstamm, mit Tristan sexy Wrangler in mir und der halben Schule um mich herum.

Ihn zurückzuweisen wäre eine Möglichkeit gewesen; er hätte bei dem kleinsten Mucks von mir sofort aufgehört. Aber ich begehrte ihn in dem Moment mindestens genauso sehr wie er mich.

Ehrlich gesagt hatte ich nicht mehr viel von meiner Umgebung mitgekriegt. Abgesehen von dem Glühen seiner grünbraunen Augen, dem Gefühl seiner Wunder vollbringenden Hände auf meinem Körper, den vollen Lippen auf meinen und der talentierten Zunge, die meine massierte.

In dem Augenblick war es vollkommen richtig. Danach ... war allerdings meine ganze Welt zusammengebrochen. All die Sicherheit und das Glück – in den letzten Monaten hart erarbeitet – hatten mich verlassen. Tristan hatte mich verlassen.

Mein Tristan, dieser perfekte, wunderschöne, junge Mann, dem ich seit der ersten Klasse verfallen war und von dem ich nie geglaubt hätte, dass er jemals dazu in der Lage sein könnte, mich den unbedeutenden, unerwünschten Truthahn zu lieben. Und der es dennoch getan hatte.

Mittlerweile entsprach dies eher der Vergangenheit, denn inzwischen wollte er mich nicht mehr. Und ich musste diese Tatsache akzeptieren.

Die restliche Woche verbrachte ich damit, mich irgendwie mit der neuen Realität abzufinden. Ich lag mit Stanley, meinem schwarzen Chihuahua, in den Armen auf dem Bett und heulte mich jede Nacht in den Schlaf. Die Tränen weigerten sich schlichtweg, einfach zu versiegen.

Er war weg!

Mein Herz zog sich schmerzhaft zusammen, sobald mir mit der Kraft eines Vulkanausbruchs bewusst wurde, dass Tristan und ich nicht länger ein Paar waren. Dass ich ihn nie wieder anfassen und küssen durfte. Kaum überschwemmten diese Gedanken meinen Geist, kam es mir vor, als würde ich bei lebendigem Leibe in gleißender Lava ertrinken.

Die Liebe meines Lebens. Ich hatte sie gehabt und verloren. Das war das Allerschlimmste ...

Darüber hinaus gab es weniger schreckliche Faktoren, die mir dennoch stark zu schaffen machten. Beispielsweise, dass all die anderen gesehen und gehört hatten, wie wir miteinander schliefen. Am liebsten wäre ich nie mehr zur Schule gegangen, so unendlich peinlich war mir das Vorgefallene. Zu allem Überfluss war Tristan nicht da, hielt sich konsequent vom Unterricht fern. Das Bedürfnis ihn anzurufen, kam in mir hoch, nur der Mut fehlte am Ende. Was, wenn ich ihn tatsächlich nie wiedersehen würde? Vivi meinte, ich solle ihm Zeit lassen, aber ich vermisste ihn so schrecklich. Selbst nach sieben Tagen quälte ich mich ohne eine winzige Verbesserung und hatte so langsam das Gefühl, dass es nie wieder aufhören würde. Als könnte ich ihn jemals vergessen.

***

Am Morgen nach einer furchtbar langen Woche konnte ich meinen Anblick im Spiegel immer noch nicht ertragen und mied ihn, wo es nur ging. Mir war klar, dass mein Aussehen einer Katastrophe gleichkam. Also band ich meine wirren, braunblonden Haare blind zu einem Pferdeschwanz zusammen, putzte mir die Zähne, wusch mein Gesicht, schlüpfte in eine schlabbernde Jeans und einen zu weiten beigefarbenen Pullover und machte mich unwillig auf den Weg ins Grauen. Es war wirklich grauenhaft. Das Wetter tat sein Übriges. Der Himmel war dunkel verhangen, passend zu meiner Stimmung, und es nieselte.

Pitschnass kam ich in der Schule an und schloss mein Fahrrad an den Ständern an. Auch heute lag sämtliche Aufmerksamkeit auf mir, was seit Neuestem beinahe normal war. Ich vernahm fast das Tuscheln, das wie ein Wespenschwarm um mich herum schwirrte, spürte zudem, wie mich die Mädchen' voller Neid scannten, auf der Suche nach Fehlern, über die sie sich ordentlich das Maul zerreißen konnten. Lange suchen mussten sie dafür nicht.

Mit gesenktem Kopf bahnte ich mir den Weg den Pausenhof entlang und bekam zunehmend ernsthaft Probleme, vernünftig Luft zu holen. Erst, als ich mich auf meinen Platz im Klassenzimmer fallen ließ, gelang es mir, einigermaßen durchzuatmen.

Tristan hatte ich weder getroffen noch ihn in der Menge ausgemacht. Vielleicht war es auch besser so, sein Anblick hätte mir vermutlich den Rest gegeben und mich in Tränen ausbrechen lassen. Was hatte ich jetzt noch von ihm zu erwarten? Durfte ich denn auf etwas hoffen? Die Tatsache, im Ungewissen zu sein, machte mir echt Angst.

***

Nur äußerst langsam verging der Unterricht. Einerseits begrüßte ich es, andererseits war es ein Fluch. Denn heute würde ich ihn garantiert wiedersehen, das stand fest. Zum ersten Mal seit ...

Der Termin für das Interview, das er für die Schülerzeitung schreiben musste, stand noch an und fand in der Aula statt. Nur wie sollte ich das überleben, wie mich verhalten, wenn wir uns begegneten? Tristan Wrangler in meiner Nähe zu wissen, ohne ihn berühren zu dürfen? Unmöglich! Nach wie vor spielte er die Hauptrolle in all meinen Gedanken und Träumen, meine Liebe zu ihm war ungebrochen. Gleichzeitig war Tristan allerdings so unberechenbar. Selten nahm er etwas ernst, daher konnte ich nicht einschätzen, ob er überhaupt erscheinen würde. Weder die Aussicht, ihm gegenüberzustehen noch die Möglichkeit, dass er mich versetzte, ließ einen Hoffnungsschimmer in mir gedeihen. Beides würde mich mit Sicherheit tiefer in das mittlerweile schon bekannte dunkle Loch stoßen, in dem ich mich befand, seit er mit mir Schluss gemacht hatte. Allein daran zu denken, tat wahnsinnig weh.

Als das Klingeln das Ende der letzten Stunde einläutete, blieb ich so lange sitzen, bis alle den Raum verlassen hatten. Ich wollte niemanden auf dem Gelände begegnen, um weiterhin die Anfeindungen ertragen zu müssen oder die anzüglichen Blicke der Jungs, die mich in ihrer Fantasie auszogen. Ich dankte Gott dafür, dass die Sportlehrerin heute krank war.

Als ich das Geschichtsbuch in meiner Tasche verstaute, vernahm ich ein auffälliges Räuspern und realisierte erst jetzt, dass mir meine Ruhe doch nicht gegönnt wurde. Fragend blickte ich auf, geradewegs in große dunkelblaue Augen, betont mit dickem Kajal, Mascara und glitzerndem lila Lidschatten. Eva

Eber.

Das bedeutete nichts Gutes!

Kalter Schweiß brach mir aus jeder Pore. Und das nervöse Flattern in meinem Magen, das ich bereits den ganzen Tag wegen des bevorstehenden Treffens mit Tristan verspürte, nahm zu.

Mit ihrem rosa blinkenden Smartphone kam sie auf mich zugestöckelt, lächelte falsch und hob eine dünn gezupfte Braue, während sie einen Knopf des Telefons drückte. Ich runzelte die Stirn, denn es gelang mir anfangs nicht wirklich zu erfassen, was ich da hörte. Aber dann … sämtliches Blut wich aus meinem Gesicht, meine Lider riss ich vor Schock weit auf und keuchte. Durch den leeren Klassenraum hallte es: mein Stöhnen. Süffisant grinsend beobachtete sie die Veränderung meiner Mimik. Die sichtliche Genugtuung unterstrich ihre Hinterlistigkeit. Eva hatte unsere Nummer am Samstag gefilmt!

Konnte mein Leben noch schlimmer werden? Eindeutig!

Ich wollte schreien, weglaufen, sie angreifen, ihr das dämliche Handy aus der Hand schlagen, mich irgendwo verkriechen. Möglichst alles auf einmal, doch in der Realität erstarrte ich nur.

Nein, nein, nein! Bitte nicht!

»Hmm, obwohl du so fett bist, fickt er dich so … So hat er es noch nie mit mir gemacht … Wie er dich festhält …« Nachdenklich musterte sie den Mitschnitt, um mich anschließend unverwandt anzusehen. Ihre Miene war eiskalt und so hasserfüllt, dass ich erschauderte.

»Ich weiß nicht, was er an dir findet, oder wieso er gerade dich so behandelt! Wirklich nicht.« Abwertend glitt ihr Blick über mich, und ich fühlte mich entblößt, geradezu nackt. »Was willst du von mir Eva?«, flüsterte ich irgendwann, ohne das Selbstbewusstsein lauter zu sprechen, da meine Stimme fast brach. Ihr widerlich hohes Lachen drang schmerzhaft in meine Ohren.

»Nur das, was jede andere an dieser Schule auch will, du kleine dumme Kuh! Und ich war so nah dran … als ich den Dreier mit Valerie und ihm hatte. Aber dann kamst du dahergeschwabbelt!«, spie sie mir verächtlich entgegen, und ich zog die Brauen hoch. Mir kam in den Sinn, wie Tristan mit ihr umging, sie immer wieder in Verlegenheit brachte und sogar in der Turnhalle wegen mir zusammengestaucht hatte. Wie konnte sie ihn noch wollen? Ihn, der sie bei jeder sich bietenden Gelegenheit demütigte? Gleichzeitig musste ich mir eingestehen, dass ich mich genauso verhalten hatte. Würdelos hatte ich ihm hinterher geschmachtet, so wie Valerie und Eva.

Doch inzwischen hatte sich alles verändert; ich konnte wenigstens mit Gewissheit behaupten, dass ich ihm wirklich etwas bedeutet hatte. Etwas, das Eva nie tun könnte.

Plötzlich überkam mich Ekel vor der alten Mia und dem Mädchen vor mir.

»Schau mich nicht so an! Du verstehst es nicht! Ich liebe ihn!« Tatsächlich mischten sich Emotionen in ihren herablassenden Ton. Sie klang verletzlich, und ich hatte fast Mitleid mit ihr. Aber nur fast, denn in Wahrheit liebte sie Tristan nicht. Vielleicht himmelte sie die äußere Hülle an, das, was er präsentierte, jedoch nicht den Menschen dahinter. Jene Person, die sie nicht kannte, und auch nie kennenlernen würde.

»Ich würde alles für ihn tun!« Oh Gott, ihre Aussage erinnerte stark an mich. »Wirklich ... alles, weißt du ...« Den Film hatte sie zum Glück ausgestellt, dennoch wackelte sie mit ihrem Telefon vor meiner Nase herum, sodass die Kunststeine darauf glitzerten. »Ich könnte das hier sogar deinem Vater zuspielen! Was meinst du, wird er wohl sagen?«, säuselte sie.

»Das kannst du nicht machen!«, warf ich panisch ein; sie grinste nur breiter. Allein die Vorstellung von Harald, der das Video sah ... Nein, das musste ich verhindern! »Keine Angst, Mia. Ich werde es natürlich für mich behalten. Unter einer klitzekleinen Bedingung ...«

»Ich soll mich von ihm fernhalten«, unterbrach ich sie reglos; es war ja nicht schwer zu erraten, worauf dieser Mist abzielte. Verbissen konzentrierte ich mich auf die Maserung des Tisches vor mir. »Mir scheint, du bist doch nicht so blöd, wie du aussiehst. Du hast recht. Keine Dates. Keine Küsse. Kein Sex. Du lässt ihn komplett links liegen.«

»Aber ich muss ein Interview mit ihm führen!« Geschlagen stellte ich den Blickkontakt wieder her.

»Kannst du ja, allerdings ohne ihn anzumachen und ihm deine ...« Sie fuchtelte mit einem Finger vor mir herum, »Riesentitten ins Gesicht zu klatschen.« Mit einem Nicken signalisierte ich ihr, dass ich verstanden hatte. Momentan war es unmöglich, nur eine Silbe herauszubringen.

»Gut.« Sie schien zufrieden und ich widmete mich weiter dem Möbelstück, indem ich imaginäre Linien miteinander verband, immer darauf hoffend, dass sie endlich ging. Denn mir einzureden, dass dies nur ein Traum war, schaffte ich nicht. Nicht mehr. Ich wollte in Ruhe und vor allen Dingen allein zusammenbrechen.

Im Augenwinkel beobachtete ich, wie Eva das Handy in der

Hosentasche ihrer knappen Jeans verstaute, und flehte innerlich, dass sie sich beeilte. Mit einer erstaunlich grazilen Drehung auf ihren hohen Schuhen hatte sie sich schon abgewandt, und Hoffnung keimte auf. Kurzfristig überlegte sie es sich jedoch anders, vollführte den nächsten an Akrobatik erinnernden Schwung, näherte sich mir erneut und drohte: »Und vergiss nicht! Wenn du ihn irgendwie anmachst, dann landet das hier schneller bei deinem Vater, als Tristan dich ficken kann!« Dann hob sie ihre Hand, als wäre nichts gewesen. Und bevor ich ausweichen konnte, tätschelte sie mein Haar wie einem braven Hund, um anschließend arschwackelnd aus dem Raum zu tänzeln. Mit dem Geräusch der zufallenden Tür ließ ich meinen Tränen freien Lauf und vergrub den Kopf in der Ellenbogenbeuge meiner auf dem Tisch befindlichen Arme, sodass meine Stirn die harte Holzplatte unter mir berührte. Wiederholt stieß ich dagegen, einfach um mich von diesem Irrsinn abzulenken, der die letzten Tage von mir Besitz ergriffen hatte. Tristan war längst verloren und ich komplett auf mich gestellt. Zwar könnte ich zu ihm gehen und von Evas Plan erzählen, aber entweder er erklärte mir, dass ich mit meinem Kram von nun an alleine klarzukommen hatte oder er flippte dermaßen aus, dass sie ihres Lebens nicht mehr sicher sein würde. Die Folgen wären katastrophal. Womöglich müsste er die Schule verlassen, während es dem Miststück trotzdem irgendwie gelang, meinem Erzeuger das Video zukommen zu lassen. Was für mich im Klartext bedeutete, dass ich abgeschoben wurde.

Harald – besagter Erzeuger – drohte mir seit Jahren damit, mich zu meinem Onkel Patrick zu schicken, sollte ich nicht so spuren, wie er es wollte. Ein paar Mal hatte ich den Kerl bereits getroffen. Mir wurde heute noch übel bei dem Gedanken an dessen eisblaue Augen, die mich boshaft musterten, geradezu durchleuchteten. Sein herzliches Lächeln wirkte wie die schlechte Karikatur eines durch und durch sadistischen Mannes, der Frauen wie Abschaum behandelte. Das Risiko, zu ihm verbannt zu werden, konnte ich nicht eingehen, unter keinen Umständen!

Also beschloss ich, Tristan nicht einzuweihen, schon weil ich eine weitere Demütigung nicht aushalten würde. Ich war mit meinen Kräften am Ende. Im Grunde wollte ich mich irgendwo einrollen und schlafen. Mich in eine Traumwelt flüchten, wo alles angenehm und friedlich war, nicht so kalt und dunkel wie mein Leben. Dennoch kam ich nicht umhin, mich zu fragen, warum ich und er nicht einfach ein ganz normales Liebespaar sein durften. So viel Glück war mir zuteilgeworden, als wir zusammengekommen waren.

Aber mit ihm hatte mich auch die Gunst des Schicksals verlassen. Nun schien meine glückliche Welt wie ein Kartenhaus einzustürzen, um alles Positive, was mir noch geblieben war, zu begraben.

Die laut tickende Uhr über der Tafel erinnerte daran, dass ich mich wieder der Gegenwart stellen musste. Genug mit dem Selbstmitleid und der Heulerei! Die Konfrontation mit Tristan würde mich ausreichend fordern, um diese Erpressung für einen kurzen Moment halbwegs zu vergessen. Die Schluchzer ebbten ab, und ich wischte mir die Tränenrückstände von den Wangen. Ein wenig kühles Wasser und er würde nicht mitbekommen, dass ich geheult hatte. Vorausgesetzt es interessierte ihn überhaupt. Schwerfällig erhob ich mich, verließ gerade das Klassenzimmer und war auf dem Weg zu den Waschräumen, als ich gegen eine harte, bekannte Brust stieß.

»Ups!«, entkam ihm. Er packte mich an den Oberarmen, als ich taumelte und fast das Gleichgewicht verlor. Immer war er da, um mich aufzufangen. Gleichzeitig fühlte ich seinen eindringlichen Blick auf mir, während ich den Boden fixierte – in der verzweifelten Hoffnung, man könnte mir so die tief greifende Traurigkeit nicht ansehen.

Ach, wem machte ich was vor? *Das Glück ist eine Hure, die mich verlassen hat*, dachte ich ungewohnt zynisch. Natürlich bemerkte er meine geröteten Augen und mein nach dem Weinen grundsätzlich fleckiges Gesicht. »Wer war das?«, blaffte er und ich wich vor ihm zurück.

»Wir sollten jetzt das Interview führen, dann muss ich heim«, versuchte ich abzulenken und vermied es weiterhin, ihn anzuschauen. Bestimmt entzog ich mich seinem Griff und wollte an ihm vorbei. Doch sein langer, muskulöser Arm hinderte mich daran. Mich an die Wand drängend kesselte er mich ein, die Hände links und rechts von meinem Kopf platziert, und lehnte seine Stirn an meine. Dieser Duft, die Wärme, seine Nähe … Ich war wie berauscht und ein Seufzen löste sich von meinen Lippen. Ungewollt, jedoch auch ohne die Chance, es zu verhindern, lud sich dieses Knistern, diese magische Energie zwischen uns auf. Gänsehautschauer rieselten meinen Rücken hinab – ich war völlig bewegungsunfähig.

»Bist du meinetwegen so fertig? Wegen Samstag?«, hauchte er mit ungewohnt rauer Stimme; sein Atem streichelte meine Haut wie seine Aufmerksamkeit meine Seele. Tristans Anwesenheit benebelte meinen Verstand. Tief in mir gab es allerdings jenen dunklen Punkt, der nicht von ihm eingenommen wurde und der unaufhörlich Evas Worte wiedergab – wie in Endlosschleife gefangen. Dieser abwertende, drohende Tonfall rüttelte mich wach, ließ mich erkennen, wo wir uns befanden und wie verfänglich diese Situation womöglich auf Außenstehende wirkte. »Nein.« Ich schluckte mühsam und versuchte, seinen großen Körper wegzustoßen. Ein wenig Distanz zu erschaffen, die es mir ermöglichte, wieder logisch zu denken. Aber er hielt mich mühelos an Ort und Stelle.

»Hat dich irgendwer blöd angemacht, Mia? Sag es mir! Ich will nicht, dass du wegen mir fertiggemacht wirst, okay? Egal, was mit uns ist. Ich lasse verfickt noch mal nicht mehr zu, dass sie dir was antun!«

Kurz wollte ich schwach werden, mich an ihn drängen, seinen dargebotenen Schutz annehmen und ihm alles beichten. Begonnen bei meinen Gefühlen, wie sehr er mich verletzt hatte, ich ihn aber dennoch von ganzem Herzen liebte. Dass die Welt trist und farblos ohne ihn war, bis hin zu Evas Erpressung, die mein Leben noch schlimmer machen konnte, als es bereits war. Am Ende brachte ich nichts hervor. Rein gar nichts, abgesehen von … »Nein, Tristan …« Meine Beine nahmen die Konsistenz von Wackelpudding an, und ich hatte die Befürchtung, dass sie demnächst nachgeben würden. Denn er kannte mich gut und durchschaute meine Lüge wahrscheinlich.

»Es war falsch, wie ich reagiert habe und falsch, gleich aufzugeben. Es tut mir leid …«, wechselte er abrupt das Thema und klang bedeutend heiserer. »Alles … außer das hier:« Langsam beugte er sein wunderschönes Gesicht zu mir hinab, streichelte mit der Nasenspitze meine. Und ich badete in seinem heißen Atem, der mich einhüllte, mir Frieden schenkte, bis er mit seinen Lippen hauchzart, fast schon fragend, über meine glitt. Ab diesem Moment lief ich auf Autopilot. Alles war vergessen. Ich krallte mich in sein graues Shirt und zog ihn an mich. Zu sehr hatte ich mich nach seiner Nähe gesehnt … Ich wollte sie auskosten, wenigstens ein einziges Mal. Es war nur eine Ausnahme, ein letzter Kuss zum Entwöhnen. Leider, oder besser gesagt Gott sei Dank, stolperte ich wieder ins Hier und Jetzt. Ich erfasste das Verbotene an unserem Kontakt und schob ihn kraftvoll von mir, um anschließend sofort unter seinem Arm durchzuschlüpfen. Viel zu überrumpelt protestierte er nicht. »Es ist zu spät … Bringen wir einfach das Interview hinter uns.« Tonlos reihte ich diese Worte aneinander, von denen mir nicht klar war, wen sie mehr verletzten. Ihn oder mich. Aber ich konnte, nein, durfte in diese sinnlosen Überlegungen keine Kraft verschwenden. Die brauchte ich, um einen Abstand zu schaffen, mit dem es mir gelang, diese Scharade aufrechtzuerhalten.

Absichtlich vermied ich es, mich auf den Weg zur Aula umzudrehen, wollte den Schmerz meiner Zurückweisung nicht in seiner Miene lesen. Tristan weiterhin nicht beachtend kam ich endlich an und sah zu allem Überfluss Tom Wrangler an einem der Pulte sitzen. Obwohl, vielleicht war das sogar gut. Ansonsten befand sich niemand im Saal.

Außer Puste ließ ich mich auf den erstbesten Stuhl ihm gegenüber fallen, als auch schon mein `Verfolger` neben mir Platz nahm. Ein kurzer visueller Ausflug in seine Richtung verriet mir, was ich wissen musste. Tristan war sauer. Sich zu mir wendend stützte er einen Ellbogen auf dem Tisch und ignorierte seinen Bruder dabei total. »Was soll das heißen, es ist zu spät? Spinnst du?«, erkundigte er sich aufgebracht, und ich seufzte. Warum war mir nicht gleich aufgegangen, dass er diese Sache nicht auf sich beruhen lassen würde? Wann gab er jemals einfach so nach? Nur, wie sollte ich ihm begreiflich machen, dass ich ihn nicht mehr wollte, wenngleich es eine eiskalte Lüge war?

»Es soll heißen, dass du ein Arschloch bist!«, rotzte ich ihm wagemutig entgegen. Tom holte scharf Luft. Ohne den Kopf zu heben, starrte ich krampfhaft vor mich hin, um nicht zu ihm zu sehen. Er würde mich durchschauen, ganz sicher. Und dann?

»Uhhh!«, kommentierte Tom, während Tristan mich mit seinem Blick durchbohrte. Es tat fast körperlich weh, weil ich seinen Schock beinahe spüren konnte. Gleichzeitig schämte ich mich zutiefst. Nur blieb mir leider keine Wahl.

Ein abfälliges Schnaufen neben mir ließ mich wankelmütig werden und mich doch auf ihn konzentrieren. Das Grün-Braun funkelte angriffslustig und sein Ausdruck verhärtete sich. Diese unbeschreibliche Wut fesselte mich, feuerte meine Angst an, die mich möglicherweise nie wieder verlassen würde, und hinderte mich daran, mich abzuwenden. Hoffentlich glaubwürdig setzte ich eine unbeteiligte Miene auf.

»So wollen Sie es, Miss Angel? Auf die Vorwurfstour? Gerne! Also ... Du hast mich gereizt. Du wolltest es ebenso wie ich und hättest jederzeit sagen können, dass ich, verfickte Scheiße noch mal, aufhören soll. Aber du wolltest von mir gefickt werden! Ich hab dir lediglich einen verfluchten Gefallen getan!«

Das war ja wohl die Höhe! Der Typ klang wie ein verdammter Samariter. Ja, verdammt. Selbst das Fluchen in Gedanken war wohltuend! »Ja und!«, schrie ich plötzlich los. »Du hast mich systematisch gefügig gemacht mit deinen Fähigkeiten und deinem

... deinem ... Scheiß-Ficker! Du bist einschüchternd schön und dazu gefährlich talentiert. Du weißt exakt, wie du mich berühren musst, damit ich weder ein noch aus weiß! Und dir ist bekannt, dass dir keine Frau widerstehen kann und dass ich dir sowieso vollkommen verfallen bin! Also tu verdammt noch mal nicht so, als wärst du an dem Mist unschuldig!« Mit wilden Blicken fixierten wir uns, während er knurrend konterte. »Anders herum ist es doch dasselbe! Ich kann dir auch nicht widerstehen, verdammte Scheiße!«

Unsere Fäuste waren geballt und wir keuchten um die Wette, bis ich an Tom dachte, der uns mit offenem Mund anstarrte. Das war ernüchternd, also schüttelte ich flüchtig den Kopf, um mich zu sortieren.

»Jetzt führen wir das verschissene Interview und dann lass mich in Ruhe, Tristan! Das bringt nichts«, murmelte ich. Irritiert beobachteten mich beide, schätzungsweise, weil ich inzwischen hörbar fluchte. Toms künstliches Husten mündete in einem Glucksen, was von einem mürrischen Grunzen neben mir zum Schweigen gebracht wurde.

»Fein!«, knurrte Mister Angepisst und knallte einen Block auf den Tisch, den er förmlich aus seiner Schultasche gerissen hatte. Mit dem passenden Stift in der Hand legte er ohne weitere Verzögerung los. »Wo wurdest du geboren?«, fragte er superknapp und kalt.

»Hier!«, antwortete ich ebenso eisig.

»In dieser Aula, oder was?«, erwiderte er ätzend, und ich wollte ihm die Zunge rausstrecken.

»Ja! Direkt auf diesem Pult!«

»Was sind deine gottverschissenen Hobbys, außer mich fertigzumachen?«

»Mich von dir ficken zu lassen!«, keifte ich, worauf er nur sein Gesicht verzog, es aber aufschrieb. »Lernst du oft?«

»Nein!«

»Wie oft?«

»Gar nicht!«

»Trotzdem nur Einser?«

»Ja!«

»Ein verdammtes Genie, hm?«

»Scheint so.«

»Gleich und Gleich gesellt sich gern«, warf Tom freundlich ein.

Ich verdrehte theatralisch die Augen und dann ging es in ähnlichem Ton weiter. Wie ein Tennismatch knallten wir uns

Fragen und Antworten um die Ohren. »Was ist dein Lieblingsfach?«

»Biologie!«

»War ja klar ... Lieblingsfarbe?«

»Rot!«

»Lieblingsmusik?«

»Alternative und Rock!«

»Lieblingssport?« Hier strauchelte er und musterte mich eindringlich. Ohne eine Entgegnung meinerseits abzuwarten, schrieb er: *Ficken mit Tristan Wrangler.* Wir verkniffen uns ein Schmunzeln.

»Lieblingsgericht?« Diesmal klang er weicher.

»Lasagne und Antipasti.«

»Was wirst du tun, sobald du mit der Schule fertig bist?« Unvermittelt schien er besorgt, und ich realisierte erst jetzt, dass er es wirklich wissen wollte. Mir wurde warm im Bauch. »Ich werde Künstlerin.« Trotzig hob ich das Kinn, als er in der Bewegung innehielt, um mich fordernd anzusehen. »Und ich ziehe nicht weg«, zerstreute ich seine unausgesprochenen Ängste.

»Ich hätte dich sowieso nicht weggelassen«, stellte er trocken fest und notierte es. Mit vorgetäuschtem Stolz verschränkte ich die Arme vor der Brust, obwohl meine Gliedmaßen die Stabilität einer Qualle besaßen.

Tom hingegen, der die ganze Zeit unserem Duell lauschte, prustete plötzlich los, woraufhin wir ihn böse anfunkelten. »Läuft das ständig so zwischen euch ab? Wenn ja, dann will ich öfter dabei sein; ihr seid wirklich lustig!«, amüsierte er sich schulterzuckend.

»Das ist nicht witzig!«, motzten wir gleichzeitig und blitzten uns aus schmalen Augen an. Einerseits völlig lächerlich, andererseits war es uns tatsächlich bitterernst. »Okay, okay, ich bin still!« Tom grinste noch immer und lehnte sich entspannt zurück, als säße er im Kino. In Erwartung, dass die Vorstellung weiterging. Nur das Popcorn, Cola und die 3-D-Brille fehlten.

Tristan und ich blendeten ihn aus und nahmen einander weiterhin Maß, versuchten, den Gegner einzuschätzen und zu ergründen, was in ihm vorging. Mit einem Seufzen gab er schließlich auf und fuhr sich erschöpft mit beiden Händen durch sein wunderbares, dunkles Haar. »Wieso bist du so, Baby?«, platzte es aus ihm heraus.

»Weil es vorbei ist. Schon vergessen?«

»Fuck!« Sein Fluch wurde untermalt vom Geräusch des Stiftes, der seinen Fingern entglitt und auf dem Tisch landete. Verzweifelt malträtierte er erneut seine Strähnen. »Meinst du das echt ernst?« Das hörte sich verdammt resigniert an, obgleich etwas Hoffnung mitschwang.

»Du wolltest es so ...«, nickte ich und bevorzugte es, meiner Umgebung mehr Aufmerksamkeit zu schenken als ihm. Ich ertrug es einfach nicht und fühlte mich miserabel, ihn wiederholt zu verletzen. Leider gab es keinen anderen Ausweg. Lieber lebte ich mit der Konsequenz, ihm kurzfristig wehzutun, anstatt ihm womöglich dauerhaft das Leben zu ruinieren, weil sein Temperament mit ihm durchging, sobald ich ihm den gesamten Mist beichtete.

»Nein, tut sie nicht«, ergriff Tom wieder das Wort, und ich blinzelte ihn giftig an. Entschuldigend hob Blondie die Hände. »Hey, ich habe vor, Psychologie zu studieren und mich ausreichend mit der Materie beschäftigt, um mich vorzubereiten. Also kannst du mir so schnell nichts vormachen. Mein Bruder muss ehrlich blöd sein, wenn er dir diesen Scheiß abkauft. Von wegen aus! Sieh dir mal deine Körperhaltung an! Du krabbelst ja fast auf seinen Schoß«, faselte er auf mich ein, erreichte jedoch nur, dass ich ertappt auf meine Unterlippe biss.

Oh Gott, Tom zerstörte alles! Verstand er nicht, dass es nur zu Tristans Bestem war? Konnte er nicht ein einziges Mal seinen Mund halten? Wenn er nur wüsste, was er damit anrichtete! Verzweifelt fuhr ich über meine Stirn, bemerkte, dass ich Tristan tatsächlich zugewandt saß, und korrigierte meine Pose umgehend. Doch es war längst zu spät. Wie sollte ich ihn jetzt noch überzeugen, genau genommen beide? »Dann wirst du mal ein wirklich schlechter Psychologe werden, denn das mit deinem Bruder ist vorbei! Ausnahmsweise hat er nämlich recht, er ist nicht gut genug für mich. Hat er selbst bestätigt!« Wie hieß es? Angriff ist die effektivste Verteidigung!

Getroffen zuckte Tristan zusammen, aber ich beachtete ihn nicht.

»Ich hab die ganze Woche darüber nachgedacht und endlich gemerkt, dass er ein Arschloch ist, und tja ... ich bin keines.« *Tief durchatmen und fest argumentieren*, impfte ich mir ein.

Tom seufzte nur und konterte ruhig: »Er kann zwar ein Arschloch sein, wie er immer wieder so eindrucksvoll beweist. Doch er liebt dich, Mia.« Mit Mühe hielt ich meinen unbewegten Gesichtsausdruck aufrecht, obwohl ich vor Rührung am liebsten in Tränen ausgebrochen wäre. Es war so wundervoll, wie Tom seinen kleinen Bruder in Schutz nahm. Schon allein dafür wollte ich ihn in den Arm nehmen und richtig knuddeln außerdem hatte er scheinbar auch kein Problem mit unserer Verbindung. Das Bedürfnis, die abwehrende Maske herunterzureißen und meine abweisenden Worte an Tristan mit Küssen zu negieren, wurde immer stärker. Warum konnte ich das denn nicht? Verdammt! Meine zunehmenden Zweifel drohten, mich zu verraten. Das durfte nicht passieren. Evas schrille Stimme in meinem Kopf erinnerte mich zuverlässig an die Keine-Chance-Garantie.

»Ich bin in der Lage, für mich allein zu sprechen, Tommy!«, wehrte sich Tristan erwartungsgemäß.

»Ach ja?«, fauchte ich, ohne es gewollt zu haben. »Du hast mir noch nie gesagt, dass du mich liebst!« Damit zog ich ihm den Boden unter den Füßen weg, das war eindeutig. Wann war ich so herzlos und gemein geworden? Nicht einmal die Erpressung durch Eva rechtfertigte mein Verhalten. Er sah das offensichtlich genauso.

»Das bist nicht du, Mia. Sag mir verdammt noch mal, was los ist! Was ich tun kann ...« Erschreckend, wie gut Tristan mich bereits kannte. Aber obgleich er seinen Blick förmlich in meinen bohrte, blieb ich standhaft. »Das geht dich nichts an! *Ich* geh dich nichts an, okay? Nicht mehr«, formulierte ich sinnlos. Selbst Tom war wohl mit seinem Latein am Ende. Als sich Tristan nun doch Hilfe suchend an ihn wandte, zuckte der nur mit den Schultern und flüsterte: »Gib ihr Zeit.«

Ich verdrehte die Augen. Wäre das alles nicht so traurig, hätte ich mir ein Lachen nicht verkneifen können. Viel zu surreal wirkte die gesamte Unterhaltung. »Sind wir fertig mit dem Interview?«, lenkte ich von der Grundsatzdiskussion ab, denn hier war kein Weiterkommen möglich.

»Nein, gottverdammte Scheiße! Wir sind erst fertig, wenn du mir verklickert hast, was mit dir los ist!« Sollte er nur ausflippen, das war ohnehin leichter. Daher erhob ich mich einfach und schnappte mir meine Tasche.

»Ich gehe jetzt, Mista Wrangler!«

»Fuck, nein!« Dann hatte er mich schon am Arm gepackt und an sich gezogen. Mit Wucht drückte er mich mit seinem Unterkörper gegen die nächstbeste Wand.

»Mia-Baby ... bitte ...«, flehte er. Seine Hände lagen an meinen Hüften und seine streichelnden Daumen fanden ein wenig bloße Haut am Bund des Pullovers. »Ich bin ein Vollidiot und kann vollkommen verstehen, dass du mit mir nichts mehr zu tun haben willst, nachdem, was ich dir am Samstag angetan habe. Ich akzeptiere deine Entscheidung allerdings nur, wenn du mich nicht mehr liebst ... und das ist nicht so. Du hast es selbst gesagt. Wir können alles überwinden, solange wir uns lieben.« Oh nein! Das konnte man gut und gern als Bettelei durchgehen lassen. Ich war kurz davor zu schmelzen. Tristan Wrangler kämpfte um mich, weigerte sich, ohne mich zu sein. Kein Mädchen dieser Schule hätte ihn abgewiesen, bis auf eines. Und dieses tat es nicht freiwillig.

Mit zusammengepressten Lippen starrte ich ihn an, viel zu geschockt von seiner Ansprache, um etwas Sinnvolles von mir zu geben. Mir durfte jetzt kein Fehler unterlaufen, also hielt ich besser den Mund und genoss stattdessen das Gefühl, ihm ein letztes Mal so nah zu sein, gewohnt in herrischer Manier gefangen, mit seinem Atem auf meinem Gesicht. »Ich werde mich ändern, Mia. Nur für dich, okay?« Inzwischen musste ich schon auf meine Unterlippe beißen, um nicht wie ein Wasserfall zu offenbaren, was er wissen wollte. Ein Blick zu ihm und ich lief Gefahr zu vergessen – ganz besonders die Mistkröte mit ihrem Video! Sollte sie doch zu meinem Vater gehen! Wenn der sich das Teil ansah, wären Tristan und ich längst in Sibirien. Ausgewandert! Und die Weiten dort waren extrem weit! Man würde uns niemals finden ...

»Bitte ...«, wisperte er wieder, und neue Tränen sammelten sich. Ein Schluchzen wanderte langsam meine Kehle hinauf. Innerhalb weniger Herzschläge würde es die verbliebenen Barrieren überwinden, ich endlich nachgeben und alles zunichtemachen. Für uns gab es nämlich leider kein Sibirien; es existierte keine Fluchtmöglichkeit und damit kein: ... und Tristan und Mia liebten sich, bis der Ficktod sie trennte ...

Eilig senkte ich den Kopf, betrachtete aufmerksam den leicht abgenutzten Boden der Aula. Ich musste jetzt stark sein. Nicht für mich – ich war mir scheißegal – für ihn! Eine fantastische Motivation, so wie üblich. Der Zauber wirkte unvermindert. Ich benötigte zehn elende Sekunden, bis ich mich gefangen hatte und meine Knie nicht mehr unkontrolliert zitterten. Das verdammte Herz in meiner Brust führte einen irren Wirbel auf, der diesmal nicht auf einen glücklichen Moment zurückzuführen war. Trotz des drohenden Weinens gelang es mir, ihn anzusehen. Er war mir so nah und hielt mich fest. Es kam mir so intim vor. Sein göttlicher Körper nur zentimeterweit von meinem entfernt.

»Liebst du mich noch, Mia?«, fragte er; inzwischen war seine Unsicherheit vermutlich gestiegen. Während sein Daumen meine Lippe zwischen den Zähnen hervorzog, um anschließend sanft darüber zu streichen. »Sag es mir! Sag, dass es nicht so ist, und ich werde dich in Ruhe lassen.« Wie tiefe Seen flehten seine

Augen mich an; es war unmöglich, sich abzuwenden. Sorge und Zuneigung spiegelten sich darin wider und gleichzeitig unverminderte Leidenschaft. So viel Zärtlichkeit empfand ich für diesen Mann, die sich zunehmend steigerte als abebbte. Erst recht, als sein Braun-Grün durch Tränen verschleiert wurde.

Tränen!

»Tristan«, hauchte ich gebrochen. Mehr brachte ich nicht hervor, denn er untergrub fortwährend meine Selbstbeherrschung. Und an diesem Punkt erlaubte ich mir, endlich schwach zu werden und holte ihn mir: meinen letzten Kuss. Und weil der bis an mein Lebensende genügen musste und mir auch seine Wut so ziemlich egal sein konnte, berührte ich nicht nur seinen Nacken, wie so häufig – übrigens ohne Gegenwehr von ihm –, sondern tastete mich vorwitzig vor, bis ich volles, seidiges Haar fand, von dem ich wusste, wie sexy es roch ...

Total überrumpelt ergab er sich mir widerstandslos. Und so ertastete ich seine dichten Strähnen, krallte mich regelrecht an ihnen fest und ruinierte damit seine ohnehin chaotische Frisur. Mich willkommen heißend presste er sich an mich und rieb genüsslich langsam seinen Schritt an meinem. Sein Stöhnen vibrierte tief in jedem noch so kleinen Knochen in mir, begleitet von Bildern, von denen ich vermutete, dass sie nie wieder Realität sein würden. Mich belebende mentale Gemälde, die uns beide eng umschlungen zeigten: Tristan tief in mir, miteinander verbunden mit Händen, Lippen, unseren Körpern und Herzen. Doch eines störte die Eintracht, kam bedrohlich näher, wie Gewitterwolken, die einen schönen Sommertag vernichteten, kombiniert mit einem derzeit weit entfernten Donnern, welches das Unheil ankündigte, das sich immer deutlicher nach Eva anhörte und mich unwillkürlich aus meinem Traum riss.

»Ich kann dich nicht mehr lieben«, nuschelte ich direkt in seinen Mund. Bevor er das auch nur ansatzweise verkraften konnte, schubste ich ihn von mir und stürmte mit überlaufenden Augen aus der Aula. Ich rannte zu den Fahrradständern, wo mein Beben und die verschwommene Sicht mich daran hinderten, das blöde Schloss zu öffnen. Ungehalten kämpfte ich damit, aber ich war nicht schnell genug. Tristans Schritte drangen an meine Ohren. Er war wirklich hartnäckig, wenn er etwas wollte. »Zuerst der hammergeile Kuss, und dann sagst du mir, ich darf mich verpissen? Wie zum verfickten Teufel soll ich das verstehen? Bist du jetzt schizophren?«

»Ja!«, schrie ich und trat verzweifelt gegen die Reifen, weil ich dieses dämliche Fahrradsicherungs-Teil nicht aufbekam.

»Baby, du tust dir noch weh!« Er schob mich zur Seite und öffnete behände das verräterische Ding, währenddessen redete er weiter: »Von mir aus sag, dass du mich nicht liebst! Ist mir egal, denn ich weiß, dass es nicht stimmt! Du kannst mich nicht verlassen! Du bist Mia, ich bin Tristan. Das geht nicht!«

Was ich auch tat und von mir gab, es spielte keine Rolle. Er machte, was ihm in den Sinn kam, und das ließ das Fass endgültig überlaufen. Mein Blut begann zu kochen, verwandelte sich erneut in gleißende Lava und gipfelte in ausbrechender Wut. Mit der festen Absicht, diesem Unsinn sofort ein Ende zu bereiten, baute ich mich vor ihm auf, obwohl ich aufgrund meiner geringen Größe wohl nicht sonderlich einschüchternd wirkte. »Du hast Schluss gemacht, nachdem du mich gefickt hast, als wäre ich eine deiner billigen Schlampen, okay? Zwischen uns muss nichts mehr besprochen werden. Du darfst jetzt so weiter machen wie zuvor.« Mein Zorn verlieh mir die Kraft, zur Not unfair vorzugehen, allerdings kam es in einem kaum hörbaren Zischen – mehr war derzeit nicht möglich.

»Ach ja, möchtest du das?« Provokativ hob er eine Braue und sprach gleichfalls gefährlich leise. »Tu doch, was du willst«, erwiderte ich kühl.

»Es ist dir egal, wenn ich meinen Ficker in eine andere Pussy stecke?« Entweder war die Bedeutung meiner Aussagen nicht bei ihm angekommen oder er glaube mir schlichtweg nicht.

Anstatt nachzufragen, nickte ich jedoch nur knapp.

»Und du?«, kam es vermeintlich abweisend von ihm. Mir war klar, dass meine Antwort die letzten Zweifel in ihm zerstören musste. Also holte ich zum vernichtenden Schlag aus: »Ich werde nicht so weitermachen wie zuvor. Ich habe mich nämlich weiterentwickelt, und meine Pussy auch. Im Übrigen vielen Dank dafür. Die anderen Ficker freuen sich bestimmt!« Damit packte ich mein Rad, schwang ein Bein über den Sattel und brachte mich aus seiner Reichweite. Nur weg von ihm!

Tränen behinderten erneut meine Sicht, mein Herz legte ein Stakkato hin und mein Magen nahm mir die ganze Aufregung enorm übel. Am allerschlimmsten aber war, dass ich meine und Tristans Liebe mit Füßen getreten hatte. Den Mann, den ich so sehr begehrte, dass es wehtat, hatte ich gedemütigt und ihm eiskalt ins Gesicht gelogen. Ich fühlte mich widerwärtig. Gleichzeitig verfluchte ich Eva und die dumme Technik von heute, die mich erst dazu gebracht hatten, das zu tun ...

Wo sollte das nur hinführen?

4. Der Frust mit der Liebe

Tristan 'reloaded' Wrangler

Ich hatte echt keine Ahnung, wie ich hier gelandet war – zurückversetzt in meine eigene Hölle aus Frust und Langeweile, obwohl ich ihr doch schon einmal fast entkommen konnte.

Mitten in der Mittagspause im Café namens ‚Zuckerl' hinter meiner verdammten Schule, umringt von Eva, Valerie und einer Neuen, von der ich nicht den verfurzten Schimmer hatte, wie sie hieß. Gekrönt wurde dieser Scheißhaufen von einem verfluchten Erdbeerkuchen, einem Bier und fett angepisster Stimmung.

Yeah!

Doch das war bei Weitem nicht das Abgefuckteste.

Es reichte nämlich nicht, dass die Transusen mir ihre winzigen Tittchen entgegen streckten, als würden die mich irgendwie interessieren, dass sie mich zulaberten und bei jeder noch so kleinen Gelegenheit begrabschten. Es wäre bereits schlimm genug gewesen und ein Grund zum Reihern! Doch das war natürlich noch nicht alles.

Sie! Die Frau, die ich liebte, hing die ganze beschissene restliche Woche mit keinem geringeren als Martin Oberkrapfen und seiner Herde schwanzwedelnder, debiler Idioten ab. Darunter befanden sich übrigens auch Paulchen und Dannylein, die beide schon mal mächtig von mir auf die Fresse kassiert hatten, weil sie ihre Schnauze immer zu weit aufrissen.

Sie thronte zwischen Martin und einem anderen käsigen Arsch mit zwei Ohren und aß Tiramisu – lachend! Außerdem trug Madame ein sommerliches weißes Oberteil mit V-Ausschnitt, das mich langsam aber sicher in den Wahnsinn trieb. Nicht, dass sie davon etwas mitbekam, denn ich war ihr keinen einzigen verdammten Blick wert.

Und so sicher, wie sie schön war, konnte sie es während der gesamten Schulzeit nicht einmal verhindern, mich nicht anzuhimmeln. Seit der zweiten Klasse spürte ich ständig ihre träumerischen karamellfarbenen Glubscher auf mir. So sehr es mich früher genervt hatte, wenn mich ihre Stielaugen verfolgten, so wollte ich nun ihre ungeteilte Aufmerksamkeit und vor allem ihren Körper von diesen Arschgeigen wegholen.

Hmmmm. Nach wie vor behandelte sie mich wie Luft, weswegen langsam ein Grollen in mir aufstieg, vergleichbar mit dem Bau einer Bombe, die nur auf ihre Detonation wartete. Zündete diese, würde nicht einmal ihr dämlicher Stolz verschont bleiben. Meiner allerdings auch nicht.

Eifersucht verleitet uns zu den schlimmsten Handlungen. Sie lässt uns rachsüchtig denken und der geliebten Person Schmerzen zufügen, die gleichen Qualen, denen man selber ausgesetzt ist. Aber ich war längst über den Punkt hinaus, an dem ich Mia Engel einfach nur wehtun wollte. Pff! Am liebsten hätte ich sie *umgebracht*. Ganz fucking ehrlich!

Sie kam, stellte mein Leben auf den Kopf, und ging. Nun war nichts mehr wie zuvor!

Gestern hatte ich wie ein kleines Baby in meinem Bettchen geheult – allein bei der Vorstellung, sie mit irgendjemandem außer mir glücklich zu sehen, dass sie einen anderen anlächeln, küssen und ... berühren könnte. Irgendwo. Egal wo. Der Gedanke war schlichtweg unerträglich!

Zumal ich nicht mehr in diesem beschissenen Chaos durchblickte. Einerseits hatten wir uns notgedrungen sozusagen als Paar geoutet, waren aber gleichfalls nicht länger zusammen. Auch wenn ich zugeben musste, dass ich ja vorher schon nicht gerade unauffällig vorgegangen war. Ein kleiner Rückblick: Zuerst schlug ich Martin Arschgesichts Visage zu Brei, weil er Mia geküsst hatte und das vor den Schlampen-Augen von Eva. Als Nächstes flippte ich aus und griff besagte Schlunze an, nachdem sie mein Mädchen gefickt hatte – auf die unschöne Art. Dann fickte ich Mia – auf die schöne Art – direkt auf der Abschlussstrandparty. Yeah! Eins zu null! Verschissen!

Die Reaktionen der verkackten Spanner erstaunten mich allerdings. Sie fielen nämlich komischerweise nicht so beleidigend aus, wie ich angenommen hatte. Das lag höchstwahrscheinlich daran, dass gleich am Dienstagmorgen ein Depp mit dem schwachsinnigen Namen Jamie, der eine Klasse über mir war – und natürlich seine riesige Klappe aufreißen wollte –, von Tom zu hören bekam, dass er es erst gar nicht wagen sollte, sofern er seine Eier noch brauchte. Ich hatte lediglich als unmissverständliche Botschaft provozierend meine Braue hochgezogen, um ihm zu verstehen zu geben, dass ich ihn in der Luft zerfetzen würde, sollte er sich trauen, Samstag zu erwähnen oder gar den Namen meines Mädchens in seinen beschissenen Mund zu nehmen.

Genau dieselben tödlichen Blicke verteilte ich großzügig an jeden anderen Idioten. Wie geplant kuschten sie wie kleine Hasen, die sich vor lauter Schiss hakenschlagend davonmachten.

Leider war das auch das einzig Gute. So still ihr Gewäsch auch immer über die Tat an sich schien, umso merkwürdiger mussten ihre Gedanken Mia betreffend sein. Denn sie war nämlich gar nicht das, was in ihren Augen zu Tristan Wrangler passte. Trotzdem versuchten sie, sich diesbezüglich zu beherrschen, und ich hatte meinen gottverschissenen Frieden. Mit Ausnahme von Phil.

Der ließ mich zwar in Ruhe, aber auf eine unangenehme Art und Weise. Mein ältester Bruder, der sonst nie seine verschissene Schnauze halten konnte, redete nicht mehr mit mir. Kein. Einziges. Wort. Nicht beim Frühstück, Zocken, Fernsehschauen, dem Rauchen illegaler Substanzen oder während ausschweifenden Abendgelagen. Tommy und ich probierten, die Anspannung aufzulockern, wenn mein Vater da war, aber selbstverständlich merkte dieser, dass sich Scheiße im Busch befand und gewaltig stank. Phil zählte bislang nie zu den schweigsamen Personen. Allein dieser Umstand gab mir schwer zu denken. Aber ihn anzusprechen, war unmöglich. Ich wusste nämlich nicht, wie. Diesem ganzen Mist musste Katharina – sein frisch gefärbter schwarzhaariger Tussen-Betthase – auch noch das verschissene Krönchen aufsetzen.

Acht Tage nach diesem ganzen Fiasko baute sie sich ungefähr einen Millimeter vor meiner Nase auf. Die in die Hüfte gestemmten Arme verschwanden fast unter einem breiten Gürtel, der sich Rock schimpfte, und sie funkelte mich unverwandt an. Ich runzelte die Stirn. Was war das jetzt für ein Fuck? Wollte sie mich etwa einschüchtern?

Sie imitierte meine Mimik und irgendwas in ihrem lodernden Blick befähigte mich, sogar mal die Klappe nicht aufzureißen. Man glaubt es kaum! So, wie sie mich visuell erdolchte, tat ich daran eindeutig besser. Nachdem sie also meine volle, schweigende Aufmerksamkeit gewonnen hatte, sagte sie etwas, was einem Schlag in den Magen gleichkam. »Gott sei dir gnädig, deine Mutter würde sich im Grab umdrehen, Tristan Wrangler!« Tief bedauernd schüttelte sie den Kopf. Ihre schwarzen, langen Locken wippten dabei mit; dann wandte sie sich ab und ich blieb mit schmerzendem Bauch zurück, einschließlich eines schlechten

Gewissens.

Fuck! Ich konnte wahrhaftig hoffen, dass meine Mum gerade woanders hinsah, vorausgesetzt sie beobachtete mich von irgendeiner dämlichen fluffigen Wolke aus, wie sich viele zu gern einreden. Denn das auf der Party ... Oh Mann, sie würde garantiert im Grab rotieren und sogar raussteigen, um mich persönlich übers Knie zu legen. Fazit: Ich war ein schlechter Sohn, ein feiger Bruder, ein miserabler Freund und ein zerstörerischer Ficker. Kurz: ein ziemlich übler Mensch. Und ich hatte zielgerichtet darauf hingearbeitet, genau so zu werden. Nun bekam ich die Quittung, in dem sich alle langsam, aber sicher distanzierten.

Das nannte ich gefickt und allein sein!

Na gut. Es gab noch Tommy und Vivi ... Die waren zwar auch nicht gerade von meinem idiotischen Verhalten begeistert, behandelten mich aber auch nicht wie einen Schwerverbrecher und ließen mich zudem nicht ständig fühlen, wie heftig diese ganze Scheiße, die ich mit meinem Mädchen abgezogen hatte, war. Das wusste ich selber zu gut. Dafür brauchte ich weder Phil noch seine Schlampe!

Tja. Ich hatte immer hart ausgeteilt und jetzt musste ich wohl mal einstecken. Jede Rechnung ist irgendwann mal fällig. Es fragte sich nur, wann.

Momentan grübelte ich unheimlich viel über Richtig oder Falsch nach. Eine Premiere in meinem Leben. Eindeutig.

Ich hegte nämlich eine Hoffnung: Wenn ich meine Fehler endlich erkannt hatte, konnte ich sie beheben, oder? Wenn ich Mia liebte, es ihr zeigte, würde ich sie zurückbekommen, ODER?

Aber liebte ich sie tatsächlich? Empfand ich diese bedingungslose Zuneigung, diese Verbundenheit mit ihr, diesen Drang, dafür zu sorgen, dass es nur ihr gut ging? Wenn man liebt, will man denjenigen beschützen, dem sein Herz gehört, weil eine Zerstörung der geliebten Person den eigenen Untergang bedeutet. Meine Handlungsweise ließ eher was anderes vermuten – das Gegenteil.

Also konnte man von Liebe sprechen? Verdammt! Keine Ahnung! Ich war doch kein scheiß Gelehrter, sondern das Arschloch in dieser Geschichte! Daher gab ich das Philosophieren auf und klärte das auf meine Art. Zumindest käme es auf den Versuch an.

Sollte ich Mia wirklich, wirklich, wirklich lieben, würde ich meinen Ficker in keine andere stecken können, ohne am schlechten Gewissen zu krepieren.

Ganz einfach!

Japp. Auf die Tristan Wrangler-Tour schien alles ziemlich einfach.

Dass der Entschluss vielleicht nicht der beste war, wollte ich nicht verleugnen, aber er reifte schon deshalb heran, weil mein Mädchen nach wie vor nicht an ihrem Platz neben mir saß – wo ich sie übrigens begeistert willkommen geheißen hätte –, sondern bei dem Rudel voller stinkender, widerlicher Arschkrapfen hockte.

Und was tat sie dort? Sie lächelte Paul an, und zu allem Überfluss auch noch Martin! Sie wirkte relaxt! Bei ihnen! Verdammte Scheiße noch mal, so hatte sie sich nur mir gegenüber zu verhalten! Kein anderer Wichser durfte sie so erleben, so losgelöst, oder in den Genuss ihrer exquisiten Pussy kommen, denn sie wussten es ohnehin nicht zu schätzen. Oh fuck!

Was, wenn der Ficker irgendeinen perversen Dreck mit ihr abzog oder im Bett etwas machte, was sie nicht wollte, sie vielleicht noch schief ansah, nur weil sie nicht nur aus Haut und Knochen bestand oder ihr auf irgendeine andere Art und Weise wehtat? Dann würde ich einen Mord begehen müssen und es täte mir nicht leid.

Oberfuck! Und erneut kreisten meine Gedanken nur um sie. Das war doch kein verfickter Zustand! So ging das nicht weiter!

Was du kannst, kann ich schon lange, Miss Angel, überlegte ich, während ich sie anhaltend beobachtete. Meine Augen verengten sich.

Und genau, als meine Laune gefährlich kippte, sah sie wie zufällig zu mir. Die Betonung lag auf WIE. Als der Alarm in ihren Pupillen aufblitzte, grinste ich – leicht, davon überzeugt, dass ich ihr mit meiner Botschaft Angst einjagen würde, da sie instinktiv wusste, dass ich etwas plante. Fragend und gleichsam fordernd hob sie eine Braue.

Ich zuckte nur die Schultern und zwinkerte ihr zu. Dabei kniff ich die Lider so fest zusammen, wie es die verdammten Obertussen in den Filmen immer taten. Volles Programm mit Nase krausziehen und allen Schikanen, bis ich schließlich den Blick mir nichts, dir nichts von ihr nahm. Zur Erinnerung: Der hatte sie in den letzten Tagen auf Schritt und Tritt verfolgt, aber nun war Schluss damit, das Manöver wurde soeben beendet. Ab diesem Moment konzentrierte ich mich ausschließlich auf Eva. Damit konnte ich Mia wirklich treffen, denn Eva stellte so was wie ihre verfickte Erzfeindin dar. Zwar hätte ich mir sehr wohl eine andere Schlampe am Tisch aussuchen können, aber in

Wahrheit wollte ich Eva, weil das pure Arschloch in mir durchkam. Und sie war auch mein auserkorenes Ziel, weil sie neben mir saß.

Ab sofort himmelte ich eben dieses Brot an, das sich mit ihrer Kleintittenfreundin Valerie über ihre neuen Blumentöpfe von Ikea unterhielt. Meine Fresse! Schon nach zwei Minuten war ich dermaßen angepisst, dass ich am liebsten randaliert hätte, nur weil ich mir diese Scheiße reinziehen musste.

Doch ich wurde erlöst, als ich vernahm, dass die Arschkrapfen-Gang zahlen wollte. Ich hörte genau, wie Martin – bald tot – Oberfreak sagte: »Und für die Kleine übernehme ich!« Mias verhaltene Proteste bekam ich übrigens auch mit. Der Arsch beachtete sie nur nicht.

Fröhlich verließen sie das Lokal. Dabei drehte sie sich noch einmal um, unsere Blicke trafen aufeinander. Sie kaute ... auf ihrer Unterlippe ... die Hände zu Fäusten geballt, die Augen offen und voller Sehnsucht ... Mein Herz setzte ein paar Schläge aus, dann fing ich mich wieder und legte einen Arm um Evas knochige Schulter, um ihr mit meiner Nasenspitze mit einem leisen »Mhm« über ihre Wange zu streichen, während ich mein Mädchen weiterhin im Fokus behielt. Das Brot erstarrte, Mia presste die Lippen aufeinander, fletschte fast die Zähne, hob das Kinn in die Höhe, drehte sich um und marschierte so vorzüglich arschwackelnd davon, dass mein Ficker mir von unten mit Mord und Totschlag drohte, wenn ich nicht sofort meine Finger von der hirnlosen Tussi neben mir entfernte und unverzüglich seiner Pussy hinterherlief. Ich blieb cool, obwohl es mich alles kostete, und löste mich mit einem erleichterten Seufzen von Eva, sobald sich die Glastür hinter meiner persönlichen Sirene geschlossen hatte.

Nun wurde ich von der Seite zugelabert, doch ich schloss nur die Lider, legte den Kopf in den Nacken und drängte mein Umfeld in den Hintergrund.

Besonders Eva ... Sie war zwar wirklich »eine Schönheit«, daneben nervte aber umso mehr ihr quäkendes Gefasel und diese ständig fuchtelnden Bewegungen, ganz zu schweigen von diesem künstlichen Gehabe. Dazu kamen ihre beispiellos abgrundtiefe Oberflächlichkeit und ihre Bosheit, die bei jedem Wort durchsickerte. In ihrer Gesamtheit zeichnete sich somit eine groteske, abstoßende Grimasse, die in mir regelmäßig Ekel hervorrief.

Ja Fuck! Weil du wahre Schönheit in Form von deinem Mädchen gewöhnt bist, nur gehörst du eher in die Eva-Liga. Also gib dich damit zufrieden, Pisser! Okay, die ungeliebte Stimme war zurück. Und ja, ich war genauso widerlich wie das Weib, nur nicht auf den ersten Blick.

Bei Mia Engel und mir verhielten sich die Dinge jedoch absolut unterschiedlich. Beim flüchtigen Hinsehen glich sie nicht der typischen Beauty, lernte man sie jedoch kennen – ihr zauberhaftes Wesen –, versteckte sich dort eine Miss World. Wohingegen meine Optik alles war, womit ich auftrumpfen konnte. Darunter war ich hohl … Nur Mia gelang es, diesen leeren, stillen Raum zu füllen – mit Liebe, Herzlichkeit und ihrem Mitgefühl. Mit ihr kam ich mir wie ein guter Mensch vor, äußerlich sowie innerlich. Ohne sie allerdings …

Mit einem spöttischen Lächeln schüttelte ich den Kopf, als mir die nächste Erinnerung durch den Verstand geisterte. Ich hatte ihr einmal vor gefühlten Ewigkeiten gesagt, sie wäre ein NICHTS. Aber in Wahrheit war es genau andersrum.

Denn was bringt einem die Attraktivität, wenn man nur einer Plastikpuppe entspricht, die mit NICHTS gefüllt ist?

5. Der Frust mit der Lust und das Glück mit der Liebe

Mia 'the burning' Engel

Weshalb noch mal hielt ich mich von meinem Lieblingsmenschen auf diesem Planeten fern? Von dem einzigen Wesen, das mich wirklich verstand und mich komplett so akzeptierte, wie ich war? Von jenem Mann, der mich zum Lachen brachte? Und zum Stöhnen? Mit dem ich im siebten Himmel schwelgte und mich vollkommen entspannen konnte?

Wieso noch mal durchlebte ich gerade freiwillig meine eigene kleine Hölle, obwohl ich nichts anderes wollte, als am gegenüberliegenden Tisch zu sitzen, neben Tristan Wrangler? Oder vorzugsweise auf seinem Schoß?

Leider kann man alte Gewohnheiten nur sehr schlecht ablegen. Denn wann immer er mich mal nicht ansah – was wirklich selten vorkam –, beobachtete ich ihn heimlich. Seine chaotischen dunkelbraunen Haare, diese grünbraunen Augen, umrahmt von dichten, schwarzen Wimpern. Den kantigen Kiefer – oh ja, der machte mich besonders an. Ich hatte es immer geliebt, diese Muskeln zu berühren, wenn er mich geküsst hatte. Als ich es wagte, einen kurzen Blick zu riskieren, während er in das Café schlenderte, bemerkte ich, dass er unrasiert war. Genauso wie die letzten drei Tage. Ich musste nur die Lider schließen, um die harten Stoppeln an meinen Innenschenkeln zu spüren. Dabei hallte sein tiefes männliches Stöhnen durch meinen Kopf und beschwor grausame, aber gleichzeitig geliebte Bilder herauf – von seinem durchtrainierten, braun gebrannten Körper und was er mit ihm vollbringen konnte sowie seinen selbstbewussten und geschmeidigen Bewegungen … Wie er mich festgehalten hatte … Auf so viele verschiedene Arten.

Er war stark genug für mich. Physisch und psychisch. Unbeabsichtigt war er mein Fels in der Brandung geworden.

Ohne ihn fühlte ich mich immer noch schwach und verletzlich, weswegen ich mich an Martin und seine Jungs gehängt hatte. Unter ihrer rauen Schale versteckten sich echte Kuschelbären, was ich aber unter Androhung der Todesstrafe für mich behalten musste. Bei ihnen, besonders bei Martini – ja, so nannte ich ihn mittlerweile – und bei Paul, wurde dieses Bedürfnis nach Nähe und Schutz erfüllt.

Aber war ich deswegen glückselig, heiter, losgelöst? Fehlanzeige!

Tristan hatte gesagt, er wolle sich für mich ändern. Leider konnte ich nichts dergleichen feststellen, denn sein Fanclub umlagerte ihn wie üblich, sozusagen die Altvorderen der Schule. Allen voran ... Die mit dem Handyvideo droht.

Allein ihr überlegenes Geschmunzel machte mich richtiggehend aggressiv, was sehr untypisch für mich war. Und der Idiot realisierte es nicht mal, weil er mich die ganze Zeit regelrecht fixierte – zumindest bis zu diesem gewissen Moment. Ich sprach gerade mit Paul und Martini über verschiedene Rülpsarten und versuchte, die beiden kichernd zu überzeugen, sie mir nicht an Ort und Stelle zu demonstrieren, als mein Bauch sich plötzlich zusammenzog. Instinktiv blickte ich in das schmerzlich vertraute, lockende Gesicht und erstarrte. Er wirkte entschlossen. Und wie hinterhältig er grinste. Wunderschön und ... gefährlich. *Oh nein, Tristan! Was hast du vor?*

Als Antwort auf die stumme Frage nahm er zum ersten Mal seit gefühlten Ewigkeiten seinen Blick von mir und sah bedeutungsvoll zu Eva. *Botschaft angekommen!*

Ich wollte sterben. Einfach nur umfallen – tot sein – und mich damit retten. Ausgerechnet sie!

Das Miststück nutzte ohnehin nur die Gelegenheit wegen des blöden Videos und ... durfte deswegen mit ihm glücklich werden! Doch sie würde *ihn* niemals glücklich machen!

Mein Magen rebellierte fortwährend, krampfte sich zusammen, sodass mir kotzübel wurde. Ich musste hier raus. Zum Glück entschieden die anderen, zu zahlen. Martin übernahm meinen Anteil, obwohl ich das nicht wollte. Meine Proteste schienen ihn nicht zu interessieren, also beschloss ich, die Augen verdrehend, ihm später fünf Euro ins Handschuhfach zu legen. Von keinem würde ich was annehmen, nur von Tristan ... Der hatte sich leider soeben bildlich von mir abgewandt. Offenbar reichte es ihm. Und ich war ... aufgeschmissen.

Nicht mal die Ausgelassenheit der Jungs konnte mich

ablenken, während wir nach draußen gingen und ich erneut in seine Richtung linste. Vielleicht war das alles lediglich eine grauenhafte Fata Morgana gewesen, aber nein … Es kam sogar viel schlimmer! Geradezu provozierend langsam legte er seinen muskulösen Arm um die Schulter der Erpresserin. Seine Nase strich über ihre Wange; ich spürte fast seinen heißen Atem und erschauderte in derselben Sekunde wie sie – nur aus einem anderen Grund. Mit einem hysterisch wütenden Schrei wollte ich mich auf ihn stürzen, ihm dieselben Schmerzen zufügen wie er mir. Doch ich verwarf den Gedanken sofort. Niemand würde mich noch mal demütigen, nicht einmal er.

Mit letzter Kraft beherrschte ich mich, und obwohl meine Finger bebten, meine Knie kaum mein Gewicht tragen konnten, legte ich einen einigermaßen ordentlichen Abgang hin. Ich hoffte ehrlich, dass ich erfolgreich verbergen konnte, was er meinem Herzen antat, wie er es mir aus der Brust riss und immer und immer wieder darauf herumtrampelte, bis nichts als ein matschiger Klumpen übrig blieb, der unter dem Druck wohl nicht mehr die Energie für den nächsten Schlag aufbringen würde.

***

Als ich nach der Mittagspause im Informatikunterricht saß, ging es mir erst richtig miserabel. Schweißnasse Hände und ein Looping vollführender Magen waren noch die kleinsten Auswirkungen der letzten Begegnung. Die schlimmsten Visionen zogen in meinem gestressten Kopf ihre Bahnen. Mit jeder Sekunde wurde eines unabwendbarer: Ich würde kotzen. Entweder aus dem Mund oder aus den Augen! Genauer Ausgang? Unklar! Nur die Garantie, dass es geschah, war eindeutig. Also stiefelte ich schon mal zur Toilette.

Dort drapierte ich penibel die eigentlich saubere Klobrille erst mal mit Klopapier, denn mir war nicht klar, wie lange ich hier ausharren musste. Womöglich konnte ich mich entspannen, wenn wenigstens das Bedürfnis verschwand, ständig loskotzen zu müssen.

Zitternd setzte ich mich auf die weiße Brille, betrachtete düster die hässliche grüne Kabinentür und stöhnte entnervt, als ich die mit schwarzem Edding hingekritzelten Botschaften las.

Trixi, ich will ein Kind von Dir. ♡ E

Tristan Wrangler, fick mich! H

♥ Tristan W. ♥ hat den Größten. ♥ U

Ich liebe Tristan Sexy. J

Er hat mich gefickt. Öfter als Euch! M

... schrieb ich kichernd dazu. Nur so zur Aufheiterung. Keines der Mädchen würde jemals auf die Idee kommen, dass die Nachricht von mir stammte.

Doch als ich schlurfende Schritte untermalt von raschelnder Kleidung im Toilettenraum vernahm, blieb mir die Fröhlichkeit im Hals stecken. Als Nächstes ertönte ... Geschmatze!

»Ist jemand hier?« Das war Eva, alias die Erpresserin, alias das Miststück – derzeit atemlos. Und ich wusste sofort, warum sie sich so anhörte! Automatisch platzierte ich meine Füße auf die Klobrille und duckte mich. Mein sowieso schon ramponiertes Herz begann zu rasen, als eine Stimme erklang, die samten sein sollte, jedoch nun aber rau und ... erregt war ... und das nicht meinetwegen.

»Scheiss drauf!«

Direkt neben mir knallte die Tür der Kabine zu, was dem Schrecken in mir neue Nahrung gab. Presslufthammerartig pumpte das Blut durch meine Venen und mir ging der Sauerstoff aus, sodass es in meinen Ohren rauschte. Zusätzlich gelang es mir nicht, meine weit aufgerissenen, mit Tränen gefüllten Augen zu schließen oder meinen Mund, der derzeit akut auszutrocknen drohte.

»Öffne meine Hose!«, befahl er gewohnt dominant.

Tristan ... bitte ... nicht!, betete ich. Die Wand rechts neben mir erzitterte, als ein Körper dagegen gestoßen wurde. Mühsam konnte ich ein gequältes Schluchzen unterdrücken.

Das hier war doch verrückt ... und die Hölle noch dazu!

50

Ich schlug eine Hand vor die Lippen, um keinen Ton von mir zu geben, der stark einem Wimmern geglichen hätte, aber auch, um verfolgen zu können, was weiter geschah, so schmerzhaft es auch sein würde. Das Öffnen eines Reißverschlusses und ein heiseres Stöhnen durchbrach die Stille. *Sein* Stöhnen. Wegen ihr entkam ihm dieses von mir so geliebte Geräusch. Und plötzlich wusste ich: Wenn es ihr wieder gelingen sollte, ihm diesen einmaligen Laut zu entlocken, der selbst von mir unverursacht ein tiefes Vibrieren in jeder Zelle meines Körpers auslöste, dann würde ich sterben – bei lebendigem Leibe.

Da ich allerdings leben wollte, unternahm ich das einzig Angebrachte und presste schnell und mit aller Härte meine kleinen Ohrmuscheln zu. Um das Ausklinken perfekt zu machen, kniff ich darüber hinaus die Lider zusammen. Ganz nach dem Motto: Kann ich weder sehen noch hören, bin ich auch nicht da.

Auf diese Art dröhnte mein Puls noch lauter, und ich hätte am liebsten ein beruhigendes Musikstück gesummt, leider musste ich leise sein. Sollte er mich nämlich erwischen, wäre das ebenso mein Ende. Also dachte ich an eine Melodie, ein friedliches, wunderschönes Klavierstück, das so gar nicht zur derzeitigen Situation passte (Aschenbrödel-das tschechische gute ...). Dabei redete ich mir ein, ich befände mich gar nicht auf dem Mädchenklo des örtlichen Gymnasiums, sondern auf meiner Lichtung. Spontan überlegte ich, am kommenden Samstag mit Stanley einen ausgedehnten Spaziergang durch den Wald zu unternehmen. Mein Hund könnte herumtoben und ich endlich wieder auf andere Gedanken kommen.

Sehr gut wirkte mein ausgeklügeltes Ablenkungsmanöver aber nicht. Unentwegt stellte sich mein masochistisches, krankes Hirn vor, was Tristan wohl gerade tat ... Ob er sie mit seinen Fingern oder gar mit seinem/meinem Ficker in den Wahnsinn trieb? Ob er sie küsste und wenn ja, wo? Ob er sie mit seinem intensiven Blick anglühte, sie mit seinen heißen Worten verrückt machte? Ob er vielleicht exakt in diesem Moment merkte, dass andere mindestens genauso gut waren wie ich und dass er sich die Gefühle für mich nur eingebildet hatte? Ob er das Interesse an mir verlor?

Die Tränen verselbstständigten sich und liefen in Strömen über meine Wangen, tropften erkaltet auf meine Schenkel. Das Atmen fiel mir immer schwerer, weil der Kloß in meinem Hals ständig größer wurde und ich ihn hätte laut herausheulen müssen, um nicht endgültig daran zu ersticken.

Ich konnte nicht ewig so weitermachen. Wie lange hockte ich schon hier? Keine Ahnung, doch ich traute mich nicht, mich diesem Albtraum zu stellen, indem ich die Hände von den Ohren nahm und meine Augen öffnete. Nur um wahrscheinlich genau den Zeitpunkt abzupassen, wenn Tristan, von einem wundervollen Orgasmus überwältigt, in die Welt hinausschrie: »Eva, ich liebe dich und nicht den Truthahn!«

Ich schaukelte hin und her, probierte zwanghaft, ein hörbares Heulen zu verhindern. Mittlerweile hatte ich deshalb sogar die Luft angehalten, doch mein Herz überschlug sich weiterhin. In der Gesamtheit fühlte es sich nicht sehr gesund an, was ich da mit mir anstellte. Aber was hatte ich für eine Wahl? Keine, denn aus der Kabine zu stürmen, war ebenfalls keine Option. Bei meinem Glück wäre ich gestolpert, im besten Fall geradewegs in Tristans strapazierte Arme. Ich blieb besser, wo ich war. Doch auch abgeschottet von meinen Sinneswahrnehmungen bastelte mein mittlerweile schon geistig umnachteter Verstand an weiteren Bildern, die unentwegt meinen Kopf fluteten: Bestimmt hatte er sie hochgehoben und gegen die Wand gedrückt. Damit er sie tief spüren konnte – oh ja, tief, das war sein Spezialgebiet. Ihre endlos langen Beine lagen ganz gewiss um seine wundervollen, schlanken Hüften, die er auf diese verzehrend gemächliche und genüssliche Art bewegte …

Klasse! Das war's!

Der Schluchzer schoss aus mir heraus – laut und keuchend. Ich riss die Lider auf und schrie grell, denn ich blickte unmittelbar in besorgte braungrüne Augen.

»Tristan!«, rief ich irgendwie einerseits erschrocken und erleichtert, andererseits auch vorwurfsvoll. Keine Ahnung, wie lange er schon in schwarzem engen Hemd, zerzausten Haaren, Engelszügen, Adoniskörper in Levis Jeans vor mir kniete und mich beim Selbstquälen beobachtete. Es war so peinlich!

Stirnrunzelnd wollte er mein Gesicht berühren, doch ich wich zurück und musterte angeekelt seine Hand. Schließlich hatte er sie gerade mit höchster Wahrscheinlichkeit in einer anderen … *Frau* … gehabt. Er seufzte schwer, senkte leicht verunsichert den Arm und signalisierte, dass es nicht so war.

»Ich hab sie nicht angefasst, Mia … Nicht so … Sie hat mir einen geblasen, okay!« Er hätte mir genauso gut eine reinhauen können. Gequält stöhnte ich auf. Die bisher gnädigerweise nur verschwommenen Visionen wurden scharf: Eva vor ihm auf den Knien, in ihrem dreckigen Krötenmaul eines meiner Lieblingsteile von ihm. Der besagte Knoten, der mich am Atmen hinderte und trotz Angst vor Entdeckung immer größer wurde, zerbarst unwiederbringlich. Mit seinem Platzen öffneten sich alle Schleusen, der gesamte Kummer, der sich aufgestaut hatte und nur ein Ventil suchte.

»Warum sagst du mir das? *Willst* du mich quälen?« Heulend versteckte ich mich hinter meinen bebenden Fingern.

»Fuck, Baby, weil, weil ... gottverdammte Scheiße! Wieso bist du überhaupt hier?«, grollte er plötzlich. Sofort loderte Wut in mir auf, die ich willkommen hieß, weil sie die erniedrigenden Tränen wegätzte. »Ich war vielleicht auf dem Klo, Mista *Ich stecke meinen Schwanz in jeden Abfalleimer auf zwei Beinen* Wrangler!« Den Sarkasmus hatte ich eindeutig von Tristan. Eine Weile sah er mich ausdruckslos an und ließ letztendlich einfach den Kopf hängen ...

»Ich wollte dich nicht anschreien, nur leider bin ich gerade verdammt sauer auf mich selbst, weil ich schon wieder Scheiße gebaut habe«, murmelte er, noch immer vor mir in der Hocke. Erschöpft fuhr er sich durch die Haare, schnaufte tief und betrachtete mich schließlich flehend.

»Ich wollte nicht mit ihr ficken, weil ich sie ficken wollte! Ich musste wissen, ob ich dich liebe. Deswegen hatte ich es vor!«, nuschelte er sehr schnell. Was für eine Logik!

»Aber sie hatte den Ficker nur kurz im Mund ... dann habe ich sie zum Teufel gejagt. Widerlich, die Alte! Und als ich mir dachte, dass ja niemand von der Scheiße erfahren wird, höre ich mein Mädchen in der Kabine direkt neben mir!«

»Was?« Wie hatte er mich denn gehört? Ich starrte ihn an und er starrte zurück, leicht bis mittelschwer verwirrt.

»Du hast eine Melodie gesummt; ich glaube aus so einem tschechischen Märchen ... Ganz schön gestresst ...« Stöhnend schloss er die Lider. »Klar ... warst du das.« Fünf Sekunden grübeln, geblähte Nasenflügel – dann flogen die Augen auf. »Warum bist du nicht rüber gestürmt und hast mir in die Eier getreten? Weshalb tust du dir die Scheiße an – ich meine, wieso sitzt du hier? Du hättest doch nur ...« Den Satz beendete er nicht, stattdessen begann er den nächsten, nicht weniger chaotischen. »Also ich hämmere an deine Tür wie irre – nichts. Blieb demnach nur, hinüberzuklettern. Und ...« Sein Gesicht mutierte zu einer schmerzverzerrten Grimasse. »Du sahst aus wie in Trance, oder so ... So ein süßes Häufchen Elend. Aber ich wusste nicht, was ich sagen sollte. Jedenfalls nicht sofort, ich war noch am Nachdenken, als du zu dir kamst ...«

Die nächste Pause folgte; plötzlich wurde sein Blick weich und er wisperte heiser. »Ich weiß nicht, was ich verfickt noch mal tun soll. Sag mir, was du willst! Wie kann ich dich glücklich machen? Ich schwöre, ich tue ALLES! Ich schneide mir sogar den Schwanz ab – okay, nur, wenn es wirklich keinen anderen Ausweg gibt, ja? Ich lass mich zur Frau umoperieren ... hierfür gilt das Gleiche. Ich fasse nie mehr einen Joint an. *Ugh!* Widerlich, das krasse Zeug. Ich schaue mir jede beschissene Folge von Gilmore Girls an, auch Vampire Diaries, wenn es sein muss, oder sogar ... Twilight. Ehrlich, ich krepiere auf der Stelle, wenn du es unbedingt verlangst. Ich ... Ich ... Fuck, Mia! Ich liebe dich so sehr! Es macht mich verrückt! Was kann ich sonst noch sagen? Ich weiß einfach n ...«

»Stopp!«, stieß ich hervor, von seinem Vortrag total überwältigt, und krallte mich in seine breiten Schultern.

»Was?« Beschämt blinzelte er zu Boden – niedergeschlagen, mit lascher Stimme. Fertig ...

Wärme breitete sich in mir aus, während das kaputte Herz in meiner Brust regenerierte. Die grobzackigen Fragmente fügten sich zusammen, als würden unsichtbare Hände sie an dem korrekten Platz einpassen und meine Mundwinkel zogen sich weit nach oben. Ich konnte überhaupt nichts gegen den puren Endorphin-Schub machen, der meinen Körper in Form von einem heftigen Kribbeln durchrauschte.

Nebenbei hallten in meinem überlasteten Kopf seine Worte wider – die schönsten, die jemals an mich gerichtet wurden. Es klang so einfach, als wären sie selbstverständlich. Fuck, Mia! Ich liebe dich so sehr ... Ich liebe dich so sehr ... Ich liebe dich so sehr!

Mit aller Kraft warf ich mich auf ihn. Dabei war mir total egal, dass meine Hose am rechten Fußknöchel hing, die ich aber wegstrampelte, und dass Klopapier an meinem nackten Hintern klebte, dass ich soeben jegliche Würde verlor, als ich mich stürmisch an ihn klammerte, mein Gesicht in seiner Halsbeuge vergrub und endlich seinen mittlerweile vertrauten und so vermissten Duft einsog.

Angespannt verharrte er reglos, doch es war mir schnuppe. Mir war klar, dass er sich komplett überrumpelt fühlte, weshalb ich ihm die Zeit gab und meinen Vorsprung derweil frech genoss. Aber nach einigen Sekunden machte es *Klick*! Seine Arme umschlangen mich fest. Sehr fest. Tristan drückte mich an sich, während er mich ein wenig hochhob, sodass ich meine Beine um ihn legen konnte.

Er lehnte sich an die Kabinentür, ich auf ihm drauf, mich an ihm festhaltend, und ... diesmal heulte ich nicht, sondern strahlte wie ein Honigkuchenpferd.

Von zu Tode betrübt bis himmelhoch jauchzend innerhalb von Lichtgeschwindigkeit. Ich war geradezu übermütig vor unbändiger Freude. Scheiß drauf, dass er meinen ‚Ficker' gerade in Evas Maul gehabt hatte.

Tristan Wrangler liebte mich!

Träume konnten also tatsächlich wahr werden!

»Du darfst mich nie wieder verlassen. Egal, was passiert. Du bist das Leben für mich. Ohne dich bin ich tot«, flüsterte er rau. Kurz darauf ging ihm wohl erneut ein Licht auf! »Fuck! Ich hab dir den Scheiß echt noch nie gesagt, dabei weiß ich es schon so lange ...«

Er umarmte mich noch ein wenig inniger und seine Nase strich über meine Schläfe, unauffällig schnüffelte er an mir. Sein Mund folgte auf direktem Wege. »Ich bin wirklich ein Vollidiot«, gluckste er, und ich musste ebenfalls kichern, obwohl ich ihn viel lieber küssen wollte. Trotz meines Lachens versuchte ich es, indem ich mich zurücklehnte und meine Lippen den seinen darbot. Er nutzte das Angebot, bevor ich meinen Angriff starten konnte. Allerdings lief es nicht so ab wie in meiner Vorstellung, wo er voller Leidenschaft seinen Emotionen Ausdruck verlieh. Nein, er nahm behutsam mein Gesicht in seine Hände, damit ich mich nicht bewegte, und küsste meine Stirn. »Ich ...«, Kuss auf die Nasenspitze, »Tristan Wrangler«, auf die rechte Wange, »liebe«, linke, »Mia Marena Engel«. Er stoppte Millimeter vor meinem nach ihm lechzenden, strahlenden Lächeln, »über alles.« Und endlich küsste er mich. Zärtlich, nicht fordernd.

Ich seufzte laut auf und schmolz förmlich dahin, wünschte mir, er würde mich auf diese Art den ganzen Tag verzaubern. Seine Zunge streichelte sanft meine Lippen, überflüssig, denn ich würde mich ihm niemals verwehren. Kurz darauf eroberte er zaghaft meinen Mund, aber auch meine Seele, und berührte mich, als wäre es das erste Mal. Tief – so wie immer.

Es war ein keuscher, unschuldiger, erforschender und dennoch so süßer und intimer Kuss.

Die Hölle war in Wirklichkeit der Himmel. In diesem Moment reifte in mir die Überzeugung, dass jeder Traum in Erfüllung gehen konnte, sofern man nur daran glaubte. Kriege könnten beendet, Hungersnöte bekämpft werden, und die Menschen wären fähig zu lernen, sich gegenseitig zu respektieren ...

Ich war die personifizierte Hoffnung. Wenn sich der unerreichbare Tristan Wrangler in mich, die kleine Mia Engel, verlieben konnte, war alles möglich.

Meine Finger lösten sich von seiner Schulter, wo sie garantiert Abdrücke hinterlassen hatten, und strichen über seine Muskeln. Sie ertasteten die weiche Haut an seinem Hals, diesen sexy Kiefer, seine eleganten Wangenknochen und die heiligen Haare. Ich wollte den Kuss unterbrechen und ihn fragend ansehen, doch er kam mir zuvor.

»Baby, lass den Zurückhaltungsscheiß. Mach mit mir, was du willst!« Ich kicherte, weil er meine Worte zu meinen Gunsten umwandelte, und küsste ihn heftiger, krallte mich in seine dichten Strähnen, kratzte über seine Kopfhaut und presste mich enger an ihn.

Langsam rutschte er an der Kabinentür hinab, was mir aufgrund seines athletischen Körpers wie die Geschmeidigkeit pur vorkam. Ich genoss es, ihm in jeder Lebenslage vollkommen zu vertrauen und mich auf ihn verlassen zu können.

Er scherte sich einen ... Scheiß ... darum, wo wir uns befanden, denn er ließ sich auf seinem Götterhintern nieder, während er die Beine unter mir ausstreckte. Als Nächstes grinste er mich an – wieder mit diesem verwegenen Funkeln – und bewegte seinen Unterkörper nur ein winzig kleines, aber dafür wissendes Stück. Gleichzeitig musste ich lachen und nach Luft japsen, als dadurch heiße Wellen in mir entfesselt wurden ...

Heiter gluckste er an meinen Lippen. »Du bist so witzig, Mia-Baby«, und kreiste mit seinen Hüften, wobei er mir raubtierhaft in die Augen blickte. Der Reißverschluss seiner Jeans drückte sich kalt in mein Fleisch, da ich ohne Hosen auf ihm saß, aber was sich darunter verbarg, war mittlerweile sehr hart ... und *sehr* groß. Meine Antwort auf diese Empfindungen bestand aus einem innigen Stöhnen, ohne eine Möglichkeit, die unbändige Lust auf eine andere Art rauszulassen. Begierig vergrub ich meine Hände erneut, aber auch intensiver in seiner total ruinierten Frisur, küsste ihn leidenschaftlich und rieb mich an ihm. Mit einem rauen, kehligen Laut fasste Tristan verzweifelt nach meinem Haar, zog mich zurück und unterbrach somit unsere Verbindung. Keuchend musterte er mich und schnaufte so kräftig durch, dass er klang, als hätte er mich bereits gefickt. Seine Halsschlagader pochte heftig, was mich nur noch mehr anmachte. »Vergiss es. Nein! Wir ficken nicht auf der gottverdammten Schultoilette. Diese Überallrumfickerei muss aufhören!«, stieß er atemlos hervor. Dabei hielt er mich so eisern, als wollte er verhindern, dass ich mich wieder auf ihn stürzte.

»Ich hab aber nichts gegen Überallrumfickerei«, schmollte ich. Ganz ehrlich! Ich liebte alles, was er sexuell gesehen mit mir anstellte. Zum Beispiel, wenn er mich in einer Kirche befriedigte, auf der Strandparty, in der Dusche der Umkleiden, dann war ich selig. Vorausgesetzt niemand bekam davon etwas mit. Meine exhibitionistische Ader bezog sich einzig und allein auf Tristan, und das sollte auch so bleiben. Lediglich bei ihm konnte ich mich fallen lassen, so sein, wie ich war, mich hingeben, genauso wie er bei mir. Selbstvergessen vergötterte ich zudem seine verrückten Ideen, bewunderte seine Skrupellosigkeit, war dankbar für seine Abhängigkeit von meinem Körper und seinem grenzenlosen Verlangen, mir Erlösung zu verschaffen.

Für einige Sekunden suchte er in meiner Mimik wohl eine tief verborgene Antwort, vermutlich eher um selber die richtige Entscheidung zu treffen. Nach was auch immer er forschte, er glaubte offensichtlich, es gefunden zu haben, was sein resigniertes Seufzen bestätigte.

»Ich versuche mich so zu verhalten, wie es dir gebührt, und du nimmst es nicht an ...« Wow! Solche Formulierungen trotz der üblicherweise so dreckigen Ausdrucksweise!

»Tristan!« Ich verhakte meine Finger mit seinen und legte sie an meine Wange. »Du kannst mich lieben, wo, wie, wann und so oft du willst. Ich liebe es nämlich, wenn du mich liebst ...« Es zu formulieren fiel mir nicht schwer, weil es nun mal den Tatsachen entsprach. Besonders betonte ich das Wort lieben ... Obwohl das im Grunde nicht erforderlich war. Sobald er mich berührte, erschuf er ein Band zwischen uns, was seine Gefühle direkt auf mich übertrug. »Solange es nicht die gesamte Schule mitbekommt. Ich weiß nicht viel über Sex und eigentlich auch nicht von der Liebe. Aber ich denke, es ist alles erlaubt, was beiden gefällt und Spaß bereitet. Was wir tun ... was zwischen uns passiert, ist so einzigartig, dass es unmöglich falsch sein kann. Ich habe es nie bereut, auch nicht das erste Mal. Egal wie, es ist stets richtig und etwas Außergewöhnliches. Wieso sollten wir uns nicht gegenseitig glücklich machen, wenn wir das können? Schließlich bist du erwachsen und ich ... bald.« Ich zuckte mit den Schultern. Fassungslos starrte er mich an und wirkte selbst dabei wunderschön. Er war so ... Tristan ...

Offenherzig lächelte ich und beugte mich ganz langsam vor, um ihm einen winzigen Kuss zu schenken. Ohne Zunge. Nur weiches Fleisch auf weichem Fleisch.

Er grinste mich an.

»Mhm, das gefällt mir. Wie bist du nur so ein kleines weißes Ding geworden?«, brummte er genießerisch. Seine Daumen streichelten mich. »Ich liebe dich, habe ich dir das schon gesagt?«, fügte er hauchend hinzu. Ein Schauder durchfuhr mich; ich würde mich wohl nie daran gewöhnen, diese hingebungsvollen zauberhaften Worte von diesem traumhaften Mann zu hören. Dann kicherte ich, weil mir immer wärmer wurde und die Endorphine nur so strömten.

»Wenn ich Nein sage?«, murmelte ich provokativ an seinen Lippen.

»Dann muss ich es wiederholen.« Sein Schmunzeln wurde breiter.

»Nein«, erwiderte ich scheinbar gelassen.

Er drückte seinen Mund auf meinen. »Ich liebe dich.«

Als erneut ein Schauer über meinen Rücken rieselte und ich wieder »Nein« wisperte, lachte er leise.

»Ich liebe dich.« Auch ich musste kichern, nach wie vor direkt an seinen weichen, glatten, sanft geschwungenen Modelllippen.

»Nein.«

»Du willst doch sicher noch ein paar erstklassige Orgasmen erleben, oder Baby?«, bohrte er schelmisch. »Wenn ja, solltest du mich schleunigst küssen!«, befahl er trocken und jetzt lachte ich wirklich, aber er erstickte es mit seinem Kuss – einem echten diesmal, mit Zunge und ziemlich ausgiebig. Eigentlich wurde daraus eine ausgewachsene Knutscherei. Seine Hände griffen meinen nackten Hintern und er gluckste, als er das Klopapier fühlte, während ich errötend die Augen verdrehte. Doch damit hielt er sich nicht lange auf, denn er zupfte es einfach weg und warf es achtlos beiseite, um meine Backen kräftig durchzukneten und mich ebenso verzehrend zu küssen. Nicht mehr und nicht weniger. Er vertiefte es nicht so wie sonst. Das war neu.

Einerseits empfand ich Enttäuschung – es pochte nämlich verlangend zwischen meinen Beinen und Tristan konnte mich innerhalb von Minuten erlösen –, andererseits war ich viel zu glücklich mit ihm in meinen Armen, um aktiv einzugreifen.

Ich nahm, was er mir gab, ohne dass er sich wie ein Sexualstraftäter vorkam, weil er mich am Samstag ‚gefickt‘ hatte. Ihn plagte deshalb ehrlich ein schlechtes Gewissen. Was tatsächlich *bescheuert* war ... Die Geschichte war vielleicht ein bisschen außer Kontrolle geraten, wir hatten allerdings daraus gelernt und demnach überwog nicht das Negative, es war auch zu etwas gut gewesen. Ich sag ja: Alles im Leben ist Ansichtssache.

Aber ich wollte und würde nichts an unserem Sexualverhalten

verändern, denn das machte uns aus. Zu gern bewiesen wir unsere Zuneigung auf die physische Art. Darauf konnte und wollte ich nicht verzichten.

Sollte er letztendlich bereit sein, mir alles zu geben, wäre ich da. Bis dahin sehnte ich mich danach, genoss und kostete aus, was wir gerade taten.

Zwischen uns war momentan alles so zerbrechlich und schwach. Es existierten keine Regeln, was möglicherweise das wahre Problem darstellte. Was wussten wir schon voneinander? Viel dürfte es nicht sein, denn wir kannten uns kaum – außer den Sex betreffend. Um alles über eine Person zu erfahren, muss man vorsichtig und bedächtig vorgehen. Die menschliche Seele ist zu komplex und verzweigt, als dass sie so einfach zu erforschen wäre.

Doch wir würden es schaffen, weil unsere Körper schon vor Langem erkannt hatten, was wir zum damaligen Zeitpunkt nicht einmal ansatzweise ahnten.

Wir gehörten zusammen.

6. Mein Mädchen, meine Brüder und ich

Tristan 'protective' Wrangler

Normalerweise hätte ich Mia Engel hier und jetzt auf dem Boden der Schultoilette beglückt.

Hey, zu meiner hygienellen Verteidigung: Die Putzfrau namens Renate, die schon seit dreißig Jahren dort schrubbte – ja, schrubbte –, war ein Sauberkeitsfreak. Bei ihrem Fanatismus wäre es möglich gewesen, Essen vom Klodeckel zu lecken. Aber auch wenn es den wahren Sinn des Begriffes Scheißhaus entsprechen würde, also von oben bis unten alles versifft und vollgeschissen, es hätte keine Rolle gespielt. Was mein Mädchen betraf, setzte bei mir grundsätzlich alles aus. Ich vergaß meine Umgebung und konzentrierte mich ganz auf sie. Als sie auf mir saß, mit ihrer heißen nackten Pussy an meinem Ficker, ihren Fingern in meinen gottverdammten Haaren, ihren Kirschlippen auf meinen und darüber hinaus mit diesem glücklichen Strahlen in den Augen ... war ich so was von verloren, dass ich nicht mal wusste, wo ich mich befand.

»Baby ...«, hauchte ich, nachdem wir uns etwas voneinander gelöst hatten und wieder einigermaßen im Hier und Jetzt ankamen.

»Hm?« Mia hielt mich umschlungen, ihr Kopf lag an meiner Schulter und sie zeichnete verträumt die Muskeln und Sehnen an meinem Unterarm nach. Mein Arsch knutschte noch immer die kalten, hässlichen grünen, aber sauberen Fliesen, während ich verdaute, was soeben passiert war.

Ich hatte Mia Engel gestanden, dass ich sie liebte, und bereute es kein fucking bisschen! Erstens wurde es genau genommen Zeit und zweitens war es das Beste, was ich je getan hatte. Allumfassende Zufriedenheit machte sich in mir breit, sogar Freiheit verspürte ich, obwohl ich die Fesseln mit dieser Aktion nicht enger hätte knüpfen können. Aber je enger, desto besser.

Vielleicht war genau das vonnöten gewesen: mein Mädchen über alles andere zu erheben – ganz besonders über meine beschissenen Zweifel!

Mittlerweile hockte sie seitlich auf mir, weil ihr in der ungemütlichen Pose die Beine eingeschlafen waren.

»Wir sollten gehen.« Ich streckte mich etwas und rieb dabei ihren Arm, als ob ich uns aus dieser entspannenden Trance reißen wollte.

»Wohin?«, murmelte sie wohlig, rekelte sich gemütlich auf mir und ließ nicht mal die geringsten Anstalten einer baldigen körperlichen Aktivität erkennen.

Amüsiert gluckste ich und erwiderte: »Zu mir«, als würden wir jeden Tag dort verbringen.

»Was?« Hastig hatte sie sich aufgerichtet und starrte mich aus flüssigem Karamell und mit sehr offenem Mund an.

»Pass auf, dass keine Fliege darin landet«, warnte ich und sie klappte die Futterluke eilig zu. Ihre Augen wurden aber nahezu riesig, weshalb ich meine verdrehte und eine Hand andächtig auf ihrem dichten Haar platzierte. Sie runzelte die Stirn, aber ich wollte, dass sie es endlich kapierte. Daher verharrten meine Finger auf ihrem Kopf, als befänden wir uns auf ihrer gottverdammten Taufe, damit ich sie segnen konnte.

»Ich wiederhole es gerne noch einmal für dich: Mia, ich liebe dich, und somit will und werde ich alles mit dir teilen. Auch mein Zuhause.«

Sie biss sich auf die Lippe und zog eine Grimasse, als hätte sie in eine saure Scheißzitrone gebissen. »Oh, äh ... hm ...«

Was war denn nun schon wieder los?

»Mein Vater!«, platzte es plötzlich aus ihr heraus. »Er, er sollte erst mal nichts von uns wissen. Deshalb ... dürfen wir es nicht allzu bekannt machen, zumindest bis zu meinem Geburtstag. Weißt du? Weil sonst ... Also, ich meine ... das wäre machbar oder ... was denkst du?«

»Was ich denke?« Jetzt war ich derjenige mit dem dämlichen Gesicht. *Echt* dämlich! Permanent hatte sie mir unterschwellig ein schlechtes Gewissen bereitet, weil ich sie vor der Öffentlichkeit versteckt hatte und mit einem Mal favorisierte sie das Versteckspielen?

»Fuck, nein!«, donnerte ich los und Mia zuckte zusammen.

»Fuck, doch«, konterte sie jedoch auf ihre ruhige Art und erhob sich. Das hieß so viel, wie: *Die Diskussion ist beendet, Freundchen! Vergiss es, dass du deinen Dickschädel diesmal durchsetzen kannst!*

Als sie in ihre Hosen schlüpfte, arbeitete es in mir und dann war es schon zu spät. In meiner Verwirrung hatte ich glatt das Spannen vergessen!

Sie funkelte mich nur an und hielt mir auffordernd ihre Arme entgegen.

Zunächst war mir ehrlich nach einem Lachflash. Die kleine Mia wollte mir nämlich tatsächlich beim Aufstehen helfen. Nur leider war ich ein großer Scheißer, außerdem der Mann und ein verdammt sportlicher Arsch. Dennoch nahm ich ihre winzigen Hände und ließ mich von ihr ziehen, dabei machte ich mich extra schwer und grinste sie provokativ an. »Oh man, Tristan!« Sie lachte ausgelassen und strengte sich richtig an, zerrte und ruckte an mir, um mich auf die Beine zu befördern. Mein Mädchen besaß Kraft! Sie schaffte es. Na gut, ich schummelte schließlich und half mit.

Kaum stand ich, versteckte sie ihr Gesicht an meiner Brust, bemühte, sich zu beruhigen, während ich mich unverhohlen über sie amüsierte ... dann fiel es mir ein – natürlich.

»Kommst du mit zu mir?«, erkundigte ich mich verboten pussy-sanft, obwohl das eigentlich anders geplant gewesen war.

Genuschel: »Deine Brüder ...«

»... halten den Mund«, vervollständigte ich den Satz.

Ein Seufzen: »Ich soll echt mit zu dir kommen?«

Entnervt verdrehte ich die Augen, denn mein Mädchen tat immer so, als wäre es das achte Weltwunder, dass ich sie bei mir haben wollte. Aber in dieser Frage: *Wer hatte wen mehr verdient?* würden wir uns wohl nie einig werden.

»Du darfst auch echt *mit* mir kommen«, grinste ich dreckig an ihren glänzenden Strähnen.

»Mhm, das könnte ich jetzt tatsächlich«, meinte sie plötzlich trocken und riss mir mal wieder den Boden unter meinen Zementtretern weg. Herausfordernd blitzte sie mich an.

»Stimmt, die Pille wirkt! Na ja, meine Spermien dürften vom Kiffen und Rauchen sowieso halb tot sein ... Trotzdem! Fuck, die Pille wirkt!« Und das, wo ich mir fest vorgenommen hatte, sie vorerst nicht zu ficken. FUHUCK! Bisher war es mir nur einmal vergönnt gewesen, in ihr abzuspritzen, und da konnte man mich nicht mal zurechnungsfähig nennen, wegen des rauschartigen Zustands, in dem ich durch viel Alkohol, Drogen und Mia Engel geschwebt war ...

»Fuck?«, fragte sie leicht verwundert. »Gutes oder schlechtes Fuck?« Das war typisch mein Mädchen, und so witzig, dass ich loswieherte.

»Ich würde gerne in dich spritzen, geht nur leider in den nächsten Stunden nicht-Fuck«, erklärte ich. Ihre Augen wurden groß, die Wangen rot, dann fuhr ihre rosa Zunge Unheil verkündend über das Tiefrot ihrer Lippen. Hallo? Wer war hier das Raubtier?

Sofort befürchtete ich, dass sie mich mit ihrem Kirschmund, ihrem Pflaumenarsch und ihrem passend fruchtigen Duft attackieren würde, wobei ich chancenlos wäre, obwohl ich sonst den Oberattackierer mimte. Erschrocken ließ ich sie los, stieß die Kabinentür in meinem Rücken auf und wich vor dem Sexmonster mit deutlich abwehrender Geste zurück.

Diesmal lachte sie wieder. In der Hinsicht wechselten wir uns wohl ab. »Woher weißt du, dass ich mich auf dich stürzen will?«

»Ist das nicht ein Dauerzustand?«, scherzte ich und entspannte mich.

An der Hand zog ich sie erneut in meine Arme »Ich flehe um Gnade, Miss Angel«, flüsterte ich und beobachtete mit größter Befriedigung ihre Mimik, die detailreich widerspiegelte, wie pitschnass ihr Höschen soeben wurde. Allein mein Name für sie reichte aus, sie so weit zu bringen, was beinahe gefährlich war. Atemlos nickte sie.

»Warten Sie bitte damit, mir den Verstand zu rauben. Wenigstens, bis wir bei mir sind, damit ich mich revanchieren und Sie gebührend ficken kann?«

Mia versuchte angestrengt, sich aus ihrer Lust zu befreien und ihren Fokus auf etwas anderes zu richten als auf meinen Ficker, der sich protestierend gegen ihren Bauch presste. Der wollte da jetzt nämlich rein ..., und zwar von unten und das schön tief.

»Wenn es sein muss ...« Mehr als ein Hauchen brachte sie momentan nicht auf die Reihe. Erleichtert distanzierte ich mich etwas von ihr, stellte alle Berührungen ein, bewegte mich gleichzeitig aber mit enormer Vorsicht. Wir waren beide wie Beutegreifer, die nicht genug voneinander bekamen.

Ein paar Minuten später traten wir aus dem Gebäude, das bereits menschenleer war, bis auf den Hausmeister, der hier irgendwo rumschwirrte. Uns erwarteten dicke Tropfen, die der Himmel auskotzte, oder auch die Neuauflage der Sintflut.

Mia warf mir einen besorgten Blick zu und checkte unsere Outfits. Meines war ebenso wenig für das Sauwetter geeignet wie ihre dünne Jeans und ihr weißes sommerliches Oberteil. Leider hatte ich nicht den geringsten Bock, den Rest des Tages in der verkackten Schule zu verbringen, daher nahm ich ihre Hand und küsste ihr Gelenk.

»Wer zuerst am Baby ist!« Damit rannte ich einfach los und riss sie mit mir. Sie japste erschrocken auf, konnte jedoch ihr Gleichgewicht halten und kam mir ausgelassen nach, um mich zu überholen ... Ich hielt mich sehr zurück, doch sie raste dank ihrer Turnschuhe richtig los, und obwohl sie um einiges kleiner als ich war, legte sie ein ordentliches Tempo vor. Natürlich konnte sie nicht mit mir mithalten, aber hätte sie Tussentreter und Minirock getragen, wäre sie nicht halb so schnell. Und die Gefahr im Regen zu ersaufen, klang nicht nach einem würdigen Ende.

Der himmlische Sturzbach prasselte auf uns ein, raubte mir zudem eisig kalt die Sicht, aber ich musste nur ihrem sorglosen Lachen folgen, um mich nicht zu verlaufen. Immer.

Vor lauter Schwung hätten wir mein Auto beinahe gerammt. Mia berührte außer Puste die Tür und schrie hüpfend »Erster!«, ehe sie ausrutschte und sich mit beiden Fäusten an mir festkrallte.

Mit glänzenden Augen, geröteten Wangen und pitschnassen Haaren sah sie freudestrahlend zu mir auf. Und wieder einmal geschah es: Die Stimmung kippte ... das Prickeln breitete sich aus ... alles andere rückte in den Hintergrund – nur noch sie zählte.

Zärtlich nahm ich Mias Kinn in eine Hand, dirigierte es so, damit ich ihre weichen Lippen, auf denen sich die Wasserperlen zu einer Party eingefunden hatten, küssen konnte. Sie packte den Stoff unter ihren Fingern fester, seufzte leise und spielte mit meiner Zunge ... Es war perfekt.

So stand ich eine kleine Ewigkeit im strömenden Regen an meinem Baby Nummer zwei und küsste mein Baby Nummer eins.

***

Ehrlich, ich war happy.

Und durchnässt bis auf die Knochen, sodass die Kleidung an meinem Körper klebte, außerdem völlig außer Puste. Nass wie die scheue Katze und schnaufend wie eine Dampflok. Aber das Gute daran: Mein Mädchen befand sich neben mir und war ebenfalls ziemlich feucht. Also, ich meine ... überall diesmal. Außerdem schnappte sie hektisch nach Luft. Ihr Gesicht hatte ein sanftes Rosé angenommen und ihr Brustkorb hob und senkte sich auf delikateste Weise. Deshalb saß ich auf dem Fahrersitz meines Autos und grinste wie ein Idiot. Aber auch weil mein Mädchen mich anlächelte, und verdammte Scheiße, dieses schöne Lächeln war eines der sorgenfreien Sorte.

Ihre einzigartigen Augen zeugten von blanker Zuneigung,

versprachen Ruhe, wo sonst nur Chaos herrschte – wie eine Tasse heißer Kakao nach einem verregneten, stürmischen Tag in wilder Natur ...

Der von unseren Küssen geschwollene Mund schimmerte kirschrot, und ich wollte nichts mehr, als diese saftigen, obstigen Murmeln naschen ... Ihre eingefärbten Wangen, die wirkten, als hätte eine dieser berühmt-berüchtigten Begegnungen zwischen uns stattgefunden ... und dann war da einfach sie.

Klar, dass ich auch etwas sagte, was nur ein Vollidiot zustande bringen konnte.

»Isst du gerne Kirschen?«

»Ist das wichtig?«, entgegnete sie mit hochgezogener Braue, aber herrlich bebenden Lippen ... und nicht ganz so herrlich, vor sich hin zitterndem Körper, denn sie fror. FUCK!

Wieder machten sich meine Gedanken selbstständig und gingen die verschiedenen Möglichkeiten durch, sie aufzuwärmen. Besonders eine schien mir sehr reizvoll. Aber ich würde sie nicht ficken, um ihr einzuheizen. Nicht, dass ich es nicht wollte, aber ...   Fuck!

»Du hast nämlich Kirschlippen«, kam ich vorwitzig und total bekloppt zum Thema zurück und versuchte, meine ausschweifende Fantasie im Zaum zu halten.

»Ich nehme das mal als Kompliment.«

»Wenn es um dich geht, ist alles, was ich von mir gebe, ein verficktes Kompliment«, schleimte ich.

»Mir ist kalt«, reagierte sie sachlich und ich verdrehte die Augen. Aber sie hatte recht.

In Lichtgeschwindigkeit schaltete ich den verpissten Motor an und drehte die Heizung auf volle Leistung. Der erwartete Effekt blieb leider irgendwie aus. Daher fuhr ich schnell los, während ich eine Hand über ihren Oberschenkel rieb.

Gleich wären wir daheim und meine Brüder könnten einen verdammt glücklichen Scheißer erleben. Tommy würde keine Einwände haben, er würde sich eher freuen, wahrscheinlich, weil ihm klar geworden war, wie sehr ich mich wegen Mia verändert hatte. Zwar vermutete ich es lediglich, aber außerdem *war* sie einfach zu lustig und echt mitreißend, sobald sie sich einem öffnete. Man musste sie einfach mögen. Das hatte selbst Vivian schon gemerkt, mit der sie ja unheimlich viel Zeit verbrachte. Und wo die kleine Hexe war, war eben auch er.

Bei Phil sah die ganze Sache schon anders aus. Sein krasses Verhalten konnte ich nicht einschätzen und wusste nicht damit umzugehen.

Allerdings grübelte ich noch, ob ich das überhaupt wollte. Doch sollte er ein Wort gegen diese verletzliche, frierende Person neben mir verlieren, wäre er seine verfluchten Eier los und bekäme sie als Omelett vorgesetzt.

Ich würde nicht zulassen, dass er Mia beleidigte, demütigte oder anderweitig fertigmachte. Niemand hatte die Berechtigung dazu. Weder meine Geschwister noch die anderen verschissenen Typen in der Schule oder sonst irgendwer.

Nie wieder.

7. ZUHAUSE BEI TRISTAN WRANGLER

Mia 'the chief cook' Engel

Ich hatte in meinem bisherigen Leben nicht oft Angst, auch wenn ich schon einige brenzlige Situationen durchstehen musste. Jetzt jedoch war es so weit; vor Furcht drohte ich, mir in die Hosen zu machen. Denn Tristan parkte vor einer der zwei strahlend weißen Garagen des gelben Gebäudes, das eher einer Villa glich, und hielt mir kurz darauf ein schwarzes verschnörkeltes Gartentor auf.

Ich war bereits zweimal hier gewesen, doch bei beiden Gelegenheiten viel zu abgelenkt, um mich auf meine Umgebung zu konzentrieren. Außerdem war das inkognito geschehen. Mit einem Mal als offizielle Freundin aufzutreten, verursachte bei mir leichte bis mittelschwere Magenbeschwerden.

»Hast du schon mal ein Mädchen mit nach Hause gebracht?«, erkundigte ich mich, während Tristan – natürlich leise fluchend – in seinen Hosentaschen nach dem Schlüsselbund suchte.

Er schenkte mir nur einen Bist-du-total-bescheuert-Blick. »Hätte ja sein können«, murmelte ich, als er aufsperrte und mich in den großen Flur zog.

Zitternd streifte ich die Schuhe ab. Schauderte ich vor Kälte oder doch eher vor Sorge? Ich wusste es nicht. Auf jeden Fall verkörperte ich ein bebendes Elend, und je weiter wir uns dem Wohnzimmer näherten, desto schlimmer wurde es.

»Shhht, Baby ...«, beruhigte mich Tristan und streichelte mit seinem Daumen über meinen Handrücken.

»Es ist nur etwas frisch«, grummelte ich vor mich hin. Im nächsten Moment passierten wir bereits den Rundbogen und landeten geradewegs in der riesengroßen guten Stube der Wranglers. Helle Brauntöne dominierten den Raum und es war offensichtlich, dass das Familienoberhaupt jemand war, der die ganze Welt bereist hatte.

Hier eine große afrikanische Statue von einer schwangeren Ureinwohnerin, da das Bild von einer Gorillamutter und ihrem Affenbaby. Dort asiatische Schälchen, ein kleiner Buddha … zudem Tausende Bücher, in scheinbar allen Ecken verstreut … Außerdem schien einer der Männer, den grünen Daumen zu besitzen, denn jeder freie Platz dominierte eine blühende Pflanze. Es glich beinahe einem botanischen Garten und ließ eine Art Dschungel-Feeling aufkommen. Man musste es lieben und konnte sich nur wohlfühlen.

Phil und Tom saßen auf der weißen Leder-Dreisitzer-Couch und zockten irgendein Playstation-Spiel.

Tom bemerkte uns zuerst. Mit großen Augen stupste er ungläubig Phillip an und deutete auf uns, als könnten wir lediglich eine Fata Morgana sein.

Der schaute genervt auf, vermutlich, weil sein Bruder Pause gedrückt hatte. Reihte sich aber prompt in die vorherrschende Mimik zum Thema Schock ein, als er uns wahrnahm. Ein Kichern konnte ich mir jetzt wirklich nicht mehr verkneifen.

Tristan knurrte was von »gottverschissenen Idioten« und verschwand einfach durch eine Tür, die sich rechts von uns befand. Ich wollte ihm schon nachrufen, was ihm einfiel, mich allein zu lassen, aber bevor ich Ernst machen konnte, kehrte er mit einem hellen Handtuch zurück. Stumm zog er mich zu einem einzeln stehenden Sessel und seitlich auf seinen Schoß. Er schiss auf seine Brüder – mit seinen Worten ausgedrückt –, begann, mir das Gesicht abzutrocknen und gleichzeitig zu sprechen.

»Jetzt schaut nicht so gottverschissen blöd aus der Wäsche! Ihr habt es doch sowieso schon gewusst!«

»So bildlich ist das was anderes … «, verkündete Tom tonlos – wohl immer noch schockiert. Ohne etwas zu erwidern, rubbelte mir Tristan die Haare trocken. Dabei wurden sie so durcheinandergewirbelt, dass sie mir überwiegend die Sicht auf mein Umfeld versperrten. Dennoch konnte ich erkennen, wie uns der Blonde der beiden Jungs unvermindert anstarrte. Seine Paralyse steigerte sich noch, als er sah, wie rührend sich Tristan um mich kümmerte.

»Fuck … Tris …«

»Was?« Provokativ zog der Angesprochene eine Braue nach oben, strich mir die feuchten Locken hinter die Ohren und schaute mich an. Strahlende grünbraune Diamanten. »Ich will nicht, dass sich mein Mädchen erkältet, also trockne ich es ab. Hast du das noch nie bei deiner Schlampe gemacht?«, äußerte er, ohne Tom weiter zu beachten.

»Dein Mädchen?«, gluckste dieser. Tristan verdrehte die Augen, während seine Hand auf meinem Kopf verharrte. Dann wandte er sich seinem Bruder zu und funkelte ihn drohend an.

Phil schwieg derweil und betrachtete ausdruckslos die Szene, bis er seine Aufmerksamkeit direkt auf mich lenkte und Karamell auf Wasser traf. Für eine Millisekunde entlockte es ihm ein Grinsen, was in einem entnervten Stöhnen endete. Ich kicherte und Tristan musterte mich verwirrt. Meine Erklärung bestand aus einem Schulterzucken, also drehte er sich wieder zu Tom, um ihm einen seiner legendären Texte reinzudrücken. Eine dieser typischen Tristan-Ansagen, die mich jedes Mal so anmachten.

»Ja, zum Fuck! Mein Mädchen! Was im Klartext bedeutet: Ein falscher Blick, ein falsches Wort, eine falsche Bewegung und ich schwöre euch, ich mutiere zum verfickten Verräter! All eure unsauberen, feuchten, geilen, kleinen Geheimnisse landen eiskalt bei Dad und ihr auf dem Internat. Keiner außer mir fickt mit meinem Mädchen, verstanden?«

»Passt schon.« Tom fixierte den Boden, vermutlich um das dämliche Grinsen zu tarnen, und Phil schnaubte ironisch. »Ich kann dein tolles Mädchen auch ganz gut leiden«, fügte Tom sarkastisch hinzu und fuhr sich durch sein blondes Chaos. Ah ja, wieder eine Familienähnlichkeit …

Er zwinkerte mir zu. »Du bist ziemlich witzig«, flüsterte er hinter vorgehaltener Hand in meine Richtung und ich lachte, weil es auf ihn nämlich auch zutraf … vorausgesetzt er gab einem die Gelegenheit, ihn kennenzulernen.

»Dito! Zumindest wenn dein Mageninhalt nicht gerade Hallo sagt, wobei, dabei eigentlich auch. Ich habe noch nie jemanden so laut Brüllkotzen gehört wie dich …« Übermütig schmunzelte ich, versaute aber leider den gesamten Effekt, weil ich im nächsten Moment knallrot wurde. Tristan gluckste leise und ich fühlte seine Lippen auf meiner Schläfe. Als er aber mein Zittern registrierte, runzelte er seine Stirn. So witzig die Situation auch war, fror ich nach wie vor erbärmlich.

»Scheiße!«, fluchte er. »Wir gehen hoch! Stört uns ja nicht und Klappe halten!«, informierte er seine Brüder, warnte aber gleichzeitig, als Tom einen Gegenkommentar loswerden wollte.

Eilig brachte er mich die polierten hellen Stufen hinauf und den langen Flur entlang bis zu seiner strahlend weißen Zimmertür … Sein Gang und die ganze Haltung wirkten so beschwingt – so voller Leben.

»Hast du Angst?«, fragte er spielerisch, als er mich eintreten ließ.

»Nein.« Sein Zimmer sah noch genauso aus, wie ich es in Erinnerung hatte. Penibel aufgeräumt, fast schon steril und dennoch stylish – männlich.

»Das solltest du aber. Du befindest dich mitten in der Höhle des Löwen ...«, hauchte er hinter mir und umfasste meine Hüften. Langsam presste er mich gegen seinen steinharten ... Körper und beugte sich herab, um mit seinen Lippen über meinen Hals zu wandern.

»Ich würde dich am liebsten an Ort und Stelle ficken, im Stehen ... davon wird dir auch warm«, flüsterte er heiser in mein Ohr. Ich schlang meine Arme über seine und lehnte den Hinterkopf an seine Schulter, um forschenden Lippen besseren Zugang zu gewähren.

»Du weißt ja, alles und so ... «, murmelte ich und erschauderte, als sein lachender heißer Atem über meine empfindliche Haut fegte. Sanft nahm er mein Ohrläppchen zwischen seine Zähne und knabberte daran.

»Das habe ich immer im Kopf, Mia-Baby ... Aber ich werde mich erst mal um deine anderen Bedürfnisse kümmern.«

»Die wären?«

»Dir ist kalt und du bist nass.« Sein Grinsen war dreckig zweideutig, als er mich ins Bad dirigierte.

Ich kicherte.

»Also machen wir dich einfach heiß und noch nasser!« Mit einem Fußtritt fiel die Tür ins Schloss. Oh Gott! Als er mich losgelassen hatte, wandte ich mich zu ihm um und kam mir nun tatsächlich wie die in die Enge getriebene Beute vor. Mit einem gefährlichen Grinsen sperrte er uns mit einem Klick endgültig ein.

Oh, du heiliger Tristan!

Ohne den lodernden Blick von mir zu nehmen, begann er, langsam und bedächtig seinen Gürtel zu öffnen.

Mir stockte der Atem. Er war ja so dermaßen ... Woah!

»Wir werden duschen ...« Unter Garantie strahlte ich wie ein Atomkraftwerk. Abwägend, als müsse er erst darüber nachdenken, ergänzte er mit rauchiger Stimme: »Und vielleicht, wenn Sie sehr brav sind, Miss Angel ... werde ich Sie lecken. Das will ich schon die ganze Zeit tun.«

Ohhhhhh!

Leise lachend nestelte er am Knopf seiner Hose. Mein Augenmerk lag auf seinen langen Fingern, die so wundervolle Dinge mit mir anstellen konnten, wusste um das Feingefühl, was in ihnen steckte, denn genau das hatte er mir mehr als oft bewiesen. Tristan besaß so unsagbar sexy Hände. Ich hätte sie den ganzen Tag anstarren können, ohne je genug davon zu bekommen. Aber da waren ja noch sein perfektes Gesicht und dieser athletische Körper! Schluckend blinzelte ich zu ihm hoch.

»Hast du jetzt Angst?« Nebenbei bemerkte ich, wie er den Reißverschluss herunterzog, und musste erneut schlucken. Völlig befangen war ich zu keiner Regung fähig, doch sein Lächeln nahm mir meine Unsicherheit. Allein seine Mimik drückte aus, was er für mich empfand. Dieses Geschöpf – perfekt oder nicht – liebte mich. Und mit einem Mal konnte es mir nicht schnell genug gehen, weshalb ich selbst aktiv wurde.

»Immer noch nicht.« Zielsicher griff ich nach dem Saum meines Oberteils und zerrte es mühelos über meinen Kopf. Mit dem BH machte ich auch kurzen Prozess, ebenso mit meinen Jeans, aus denen ich mich umständlich rauszwängte, weil sie durchnässt vom Regen waren. Tristan kommentierte meinen Striptease im Eiltempo mit einem Glucksen, während ich gerade meine Socken fallen ließ. Als ich jedoch meinen Slip mit derselben Geschwindigkeit loswerden wollte, packten jene langen Finger, von denen ich am liebsten rund um die Uhr träumte, meine Handgelenke und hielten mich auf. Verwundert sah ich in seine Augen. Sie waren dunkel, allerdings auch amüsiert und ernst – eine verwirrende Mischung.

»Stopp den süßen übereifrigen Scheiß!« Auch das kam ernst, beinahe streng. »Wir können uns nicht immer aufeinander stürzen wie im Vollrausch.«

»Wenn ich mit dir zusammen bin, befinde ich mich ich aber im Vollrausch.« Ich funkelte ihn an, und jetzt wurde es ... allmählich ... echt peinlich! Wie eine Verrückte hatte ich mir die Kleider vom Leib gerissen. Oh Gott ...

»Schäm dich nicht! Ich finde es fucking fantastisch, dass du bei mir so offen bist. Ich liebe es, dass du dich in meiner Gegenwart wohlfühlst und dir keine Gedanken mehr wegen deines Körpers machst.«

Da war es wieder, das Stichwort: mein Körper! Mein ungeliebter, hässlicher Körper! Ich verzog das Gesicht, doch Tristan schüttelte den Kopf und ging urplötzlich vor mir auf die Knie.

Wow! Das hatte ich nicht erwartet, denn er war immer noch voll angezogen und triefend nass, nur seine Hose stand offen. Seine Mundwinkel hoben sich und ich dachte, ich würde aus Ehrfurcht vor diesem unbändig schönen Mann tot nach hinten kippen.

»Du bist scharf. Richtig scharf. Alles an dir strahlt Sexbombe pur aus, wenn wir allein sind.« Ich konnte förmlich spüren, wie ich ein paar Nuancen dunkler und damit der Rotton intensiviert wurde, den meine Haut bereits angenommen hatte. Es war unmöglich diese Farbe zu toppen.

Fehler!

Natürlich war es möglich. Denn Tristan Wrangler war dazu imstande noch viel versautere und erregendere Dinge von sich zu geben. Er war der absolute Dirty-Talk und Dirty-Sex-Meister, ganz ohne abgefahrene Praktiken oder viel Tamtam.

»Ich bin süchtig nach dir.« Mit diesem Satz drückte er seine Nase in meine unteren, viel zu angeschwollenen Lippen. Ich japste nach Luft, als er sich leicht bewegte. Behutsam und sinnlich. All mein Blut floss so rasch in meine südlichen Regionen, wie sich die Feuchtigkeit zwischen meinen Beinen sammelte. Zumindest fühlte es sich so an. Wenn er so weitermachte, würde ich oben nachschütten müssen, um nicht zu dehydrieren. Meine Knie bebten, die Knochendichte war scheinbar nicht mehr vorhanden.

Blind tastete ich nach hinten und war wirklich erleichtert, als ich das Marmorwaschbecken fand, denn ansonsten wäre ich jetzt einfach so eingeknickt.

Ein Murmeln durchbrach die Stille, wobei ich aber nicht wusste, ob Tristan zu mir oder meiner Schnecke sprach. Viel zu sehr war ich damit beschäftigt, nicht vor ihm zusammenzubrechen.

»Ich wollte wirklich warten und dir zeigen, wie sehr ich dich, so wie du bist, verehre, bevor ich mich auf deinen Körper stürze, aber ich merke schon wieder, dass dir dein Hammerbody peinlich ist, und verdammt noch mal, Baby, das kotzt mich an! Sag oder denk niemals wieder etwas Abfälliges über ihn, denn ansonsten werde ich dich jedes Mal besinnungslos ficken. Denn, Scheiße noch eins, das hier muss dir nicht unangenehm sein. Ich liebe deine sinnlichen Kurven ...«

Ich war gelinde gesagt ... sprachlos. Sanft umfasste er meine Unterschenkel und wanderte nach oben über meine Kniekehlen und meine Oberschenkel. Er ließ mich fühlen, wie sehr er es liebte, mich zu berühren. Am Bund meines Höschens hielt er inne.

»Ich hoffe, das ist nicht dein Lieblingsslip.« Diese Frage war wohl rein rhetorischer Natur, denn mit einem Ruck nach links und nach rechts blieb nur noch ein Fetzen von einem ursprünglich hübschen Betty-Boop-Motiv übrig. Empört starrte ich zu ihm hinab, doch er grinste lediglich frech.

»Das hättest du jetzt nicht gedacht, hm?« Atemlos kicherte ich und er wandte seine Aufmerksamkeit meinem soeben entblößten Fleisch zu.

»So wunderschön ...« Zärtliche Fingerspitzen spielten an meinen nun wieder vorhandenen Locken. Ich wand mich etwas.

»Tristan?«, hauchte ich zittrig, als er völlig in seine Betrachtung versunken den Kopf zur Seite neigte.

»Hm?« Mit beiden Händen spreizte er meine Beine. Plötzlich kam ich mir unheimlich nackt vor. Die Unsicherheit ergriff erneut Besitz von mir. Tristan war völlig in Trance, während er hauchzart meine äußeren Lippen nachzeichnete.

»Du hast mal gesagt, dass du mich lieber rasiert magst.«

Das brachte ihn wieder in die Gegenwart und seine dunklen Augen fanden meine.

»Ich mag dich nicht nur, ich liebe dich, verdammt noch mal. Egal, wie!« Ein Finger verweilte immer noch an Ort und Stelle, reizte mich geschickt. Leise seufzte ich auf und klammerte mich fester an den kühlen Marmor. Aber ich war mir sicher, dass er mich ... blank eben lieber mochte. Das konnte ich nicht verleugnen.

»Soll ich mich rasieren?«, erkundigte ich mich atemlos. Tristans gemeißeltes Gesicht verlor für einen Moment die Fassung, doch dann ... grinste er schelmisch.

»Nein«, erwiderte er trocken und entzog sich mir.

»Nein?«, wiederholte ich jetzt wirklich gehemmt und betrachtete ihn genauso verwundert, wie er es gerade getan hatte.

»Nein!«, bestätigte er nüchtern und stand auf. Er langte hinter mich und wühlte in einer Schublade. Sein Duft strömte mir betörend entgegen und ich senkte für einige Sekunden verträumt die Lider, inhalierte tief, schwelgte, genoss.

»Zieh mich aus!« Er hatte gefunden, was er im Schrank suchte und schloss ihn mit einem bestimmten Ruck. Unmittelbar vor mir blieb er stehen, abgestützt am Waschtisch, leicht nach vorne gebeugt und ich dazwischen gefangen. Angestrengt schluckte ich. Seine Nähe machte mich an, schüchterte mich aber gleichzeitig ein. Er war einfach viel zu sexy. »Ich warte, Miss Angel«, forderte er, und der heisere, aber dennoch so resolute Klang seiner Stimme ließ mich heftig erschaudern und mein Herz schneller schlagen.

Ich schluckte erneut, hob unsicher die Finger und öffnete bebend Knopf für Knopf seines Hemdes. Durch die Nässe ging es nur mühsam, aber mit seiner Hilfe gelang es mir, den Stoff über seine breiten Schultern zu streifen, während sich sein männlicher Körper köstlich vor mir hin und her bewegte. Wie hypnotisiert starrte ich geradewegs auf seine fast nackte, muskulöse Brust.

»Weiter!«, trieb er mich herrisch an.

Mein Zittern wurde immer stärker, je länger er sich so dicht vor mir befand. Wie schaffte er es nur, mich immer wieder derart aus dem Konzept zu bringen? Es war schon fast gespenstisch, was dieser Mann mit mir anstellte. Mein Atem stockte, als ich den Saum seines Muskelshirts packte und seine Makellosigkeit freilegte.

Der Punkt, an dem ich meine Beherrschung vollends verlor, war beinahe erreicht. Das Shirt beiseite werfend legte ich beide Hände auf seine Haut, ertastete ausgeprägte Bauchmuskeln und lehnte mich nach vorn, um seine linke Brustwarze zu küssen.

Sein Geschmack liebkoste meine Zunge, füllte meinen Mund. Zu sagen, es wäre gut, würde einer glatten Untertreibung gleichkommen. Die Kälte und Feuchtigkeit intensivierten das Aroma.

»Du hast etwas vergessen!« Fest packte er meine Haare und zog meinen Kopf zurück. Ich keuchte auf und blickte ihn erschrocken an. Tristan bedachte mich jedoch mit einem warmen Lächeln und senkte seine Lippen sanft auf meine, während er mich immer noch festhielt. Dieser Traummann war eben voller Gegensätze, und genau das war so heiß! »Die Hose«, murmelte er.

Wortlos folgte ich seiner Aufforderung und entledigte ihn seiner Hose samt den Shorts und Socken. Mein Zittern war komplett verschwunden, als ich vor ihm in die Hocke ging und ihn fixierte. Meinen Ficker.

Mit einem Grinsen und kindlicher Vorfreude umschloss ich ihn mit meinen Lippen, konnte mich ihm aber nicht ausreichend widmen. Mit einem Zischen brachte mich Tristan an den Schultern in die Senkrechte, als besäße ich das Gewicht einer Feder.

»Mund weg!« Unversehens fand ich mich auf der Anrichte wieder, in der auch das Waschbecken eingelassen war.

Der kalte Marmor bescherte mir eine Gänsehaut, was aber Tristan nicht zu bemerken schien. Offenbar war er mit seinem Werk noch nicht vollends zufrieden, nahm hier und da ein paar Korrekturen vor, indem er meine Beine weiter spreizte und meine Füße links und rechts auf dem Waschtisch abstellte. Hatte ich mich eben tatsächlich entblößt gefühlt? Blöde! Denn jetzt war ich es erst wirklich. Er lächelte begeistert.

»Nicht bewegen, Baby«, flüsterte er und küsste federleicht meine Schläfe.

Dann machte er den Wasserhahn zu seiner Rechten an und sah mir mit erhobener Braue in die Augen. Ausgesprochen ratlos, atemlos und überrumpelt erwiderte ich seinen Blick und bemerkte am Rande, wie er einen Rasierer unter den Wasserstrahl hielt.

»Du wirst mich rasieren?«

»Glaubst du etwa, ich lasse dich da ran? Wie oft hast du deine Pussy bis jetzt rasiert?«

»Äh, einmal?«

»Genau.« Das war wohl Antwort genug.

Behutsam strafften sanfte Fingerspitzen meine äußeren Schamlippen, während die Klinge über meine Haut glitt. Einerseits war die Berührung kaum spürbar, andererseits versetzte sie sämtliche Zellen in Schwingungen. Tristan war derweil in seine eigene Welt abgetaucht, so konzentriert, wie er sich an die Arbeit machte. Er erinnerte an einen Hobbybastler, der an seinem Modellflugzeug werkelt. Ich kicherte, als mir bewusst wurde, dass meine Schnecke sein Hobby Nummer eins war. Aber dann kam mir ein anderer Gedanke.

»Und du? Wie oft hast du eine Pussy rasiert?« Tristan stockte, schaute zu mir hoch, während er mit Bedacht »Ein paar Mal« brummte. Bevor meine Fantasie mit mir durchgehen konnte, meinte er: »Aber keine war so perfekt wie deine. Nimmst du es mir übel, wenn ich dir sage, dass ich deine Pussy als aller erstes geliebt habe?«

Ich verneinte stumm, denn ich wusste ja, dass es sich so verhielt. Er küsste mein Knie, bevor er sich wieder seiner Tätigkeit widmete. »Es ist ein großer Vertrauensbeweis von dir, dass du mich das tun lässt.«

»Tristan, ich liebe dich«, wisperte ich nur. Erneut verharrte er …

Mit einem Seufzen setzte er ernsthaft entgegen. »Und ich verehre dich.«

Gleichzeitig kam alles zum Erliegen: mein Atem, meine Fähigkeit zu sprechen und allen voran, mein Herzschlag …

***

Tristan wurde schnell fertig, weil er wirklich sehr gewissenhaft arbeitete. Als er letztendlich zufrieden und ich hoffnungslos überflutet war … und auch noch frustriert, weil er nur meinen äußeren Bereich berührt hatte und nicht das pulsierende verlangende Fleisch dicht daneben, richtete er sich auf.

Göttlich nackt und göttlich schön nahm er mein Gesicht in beide Hände.

»Du bist schon wieder so heiß, weil du fucking frustriert bist. Und das macht mich unglaublich an ...«, flüsterte er, bevor er seine Lippen auf meine presste und diese langen Finger auf einmal in mich eindrangen. Ich stöhnte in seinen Mund; denn dieser Überfall kam ziemlich unvorbereitet. Automatisch bewegte ich meine Hüften in dem Takt, den er vorgab, und krallte mich an seinen Schultern fest. Tristan grinste und krümmte in mir diese wundervollbringenden Werkzeuge.

Ein atemloses »Ahh ...« war meine Antwort, ergänzt durch ein »Gott, Tristan ...«

Plötzlich distanzierte er sich von mir.

»Hey!«, protestierte ich. Er beachtete mich jedoch nicht. Im Gegensatz, er tat ganz geschäftsmäßig.

»Du erkältest dich wirklich noch.« Mitten im Satz hob er mich von der Anrichte und bugsierte mich in die runde, große Angeber-Dusche, die sich mitten im Raum befand. Ich verdrehte die Augen.

In der Kabine war locker Platz für uns beide. Mit einem Grinsen stellte er das Wasser an und regulierte profimäßig die Temperatur, bevor der erste kalte Strahl uns treffen konnte. Den Duschkopf haltend ließ er das heiße Nass auf meinen Körper prasseln. Ganz langsam. Von unten nach oben. Auf eine Reaktion wartend. Meine Haut prickelte teilweise angenehm, teilweise quälend, als er zwischen meinen Beinen ankam.

Duschen mit Tristan ...

Eine wirklich sinnliche Angelegenheit, denn ich ließ es mir nicht nehmen, ihn auch zu waschen und seine perfekten glatten Muskeln zu bewundern, die nicht ekelhaft aufgepumpt waren, sondern elegant geschmeidig, was aber seine Stärke nicht schmälerte. Eine Braue abwartend hochgezogen, beobachtete mein feuchter Sexgott, wie ich nach dem Duschgel griff. Frech grinsend verteilte ich etwas davon auf meinen Handflächen, schäumte es kurz auf und begann mit festen knetenden Fingern seinen Körper zu massieren. Überrascht von der Wohltat stöhnte er auf und kippte den Kopf nach hinten.

»Das fühlt sich gut an, Baby«, murmelte er genussvoll und legte locker seine Arme auf meine Hüften, um mich mit den Daumen zu streicheln.

»Vor allem für mich. Umdrehen!«, befahl ich voller Vorfreude. Sein leicht gebräunter Rücken war nämlich so atemberaubend, dass ich meinen Blick kaum abwenden konnte. (Genau wie seine

Hände, sein Gesicht und der Rest seines Körpers). Er gehorchte und stöhnte lauter, als ich mich durch die Muskelstränge arbeitete. Tristan zu massieren war Erotik pur. Allein die Geräusche, die er von sich gab, erregten mich so sehr, dass ich Mühe hatte, nicht über ihn herzufallen.

»Wieso hast du mir nicht früher gesagt, dass du so fucking gut massieren kannst?«, wollte Tristan nach Luft ringend wissen, während ich mich links und rechts seiner Wirbelsäule hinab knetete.

»Ich besitze viele versteckte Talente, die Sie noch nicht kennen, Mista Wrangler«, grinste ich verwegen und umfasste seinen wundervollen strammen Hintern, bearbeitete auch diesen und presste meine Brüste gegen ihn. An seine breiten Schultern gelehnt registrierte ich seinen beschleunigten Atem, stöhnte selber ungläubig, weil ich nicht fassen konnte, dass ich wahrhaftig Tristan Wranglers einmalige Götter-Kehrseite in beiden Händen hielt.

»Das glaube ich dir aufs Wort«, keuchte er und wandte sich um. »Genug gegrabscht! Jetzt bin ich dran!« Schelmisch funkelte er mich an, worauf ich vor ihm zu einer Pfütze schmelzen wollte. Wunderbar groß und männlich machte er einen Schritt nach vorne, sein eingeseifter Körper drückte sich gegen meinen. Ich wich zurück, wurde aber von der Duschwand aufgehalten, was mir einen kleinen Schrei entlockte.

»Kalt, oder?« Amüsiert glühten seine Augen mich an, kombiniert mit einem schiefen Grinsen, das meinen Herzschlag aus der Spur brachte. »Tristan, ich ...«, kann nicht mehr warten, wenn du mich die ganze Zeit reizt, wollte ich kontern, aber er legte mir einen Zeigefinger auf die Lippen und schüttelte den Kopf.

Fest hielt er meinen Blick gefangen, und kniete sich hin. Komplett perplex wagte ich nicht einen Ton von mir zu geben, mein Atem setzte aus. Das Knistern wurde unerträglich.

»Ich liebe dich, Mia-Baby.« Plötzlich umfassten gespreizte Finger meine linke Hüfte, während die anderen meinen rechten Fußknöchel anhoben. Erschrocken schnappte ich nach Luft, als er mein Bein über seine Schulter legte.

Wow!

Für einen Moment half er mir, mein Gleichgewicht zu finden. Ich konnte es nicht verhindern, aber mittlerweile keuchte ich genauso schwer wie vorhin, als wir durch den Regen zum Auto gelaufen waren. Seine vollen Lippen verharrten nur ein paar Zentimeter vor meiner schmerzhaft pochenden Mitte und sein

Ausdruck ... Woah!

Er entließ meinen Fuß aus seiner Hand, streichelte sich aufwärts entlang und verweilte schließlich auf dem obersten Ansatz meiner Oberschenkel.

Dann lächelte er – süß und liebevoll – und küsste die Innenseite meines weichen Schenkels, um anschließend mit der Nasenspitze demselben Weg zu folgen. Das daraus resultierende Zittern kroch von den Zehen gemächlich hinauf, vereinnahmte mich, gipfelte in einem Prickeln meiner Kopfhaut und einer Flut von Schauern, die mich förmlich überrannten. Als er zwischen meine Beine glitt, konnte ich mir ein Wimmern nicht mehr verkneifen. Mein Fokus verengte sich tunnelartig, die Empfindungen überstrahlten alles andere.

Dann spreizte er ein wenig meine Mitte, sodass er perfekt an meinen angespannten Lustpunkt gelangen konnte, fesselte meinen Blick mit seinen dunklen Augen, die wie Diamanten schimmerten, und beugte sich vor, um genüsslich mit seiner Zunge fest und bestimmt direkt über diese eine besondere Stelle zu gleiten. Ich schluchzte laut auf und krallte mich in seinen Haaren fest, während ich von ihm an die Duschwand gepresst wurde.

»Hilfe ...«, kam von mir abgehackt, weil er noch einmal darüber leckte. Die Gefühle durchrauschten mich wie heftige elektrische Stromstöße und ich kniff die Lider zusammen, als sich bereits die Explosion in mir aufbaute, ohne dass ich es verhindern konnte.

Viel zu lange musste ich auf die Verführungskünste von Tristan Sexy verzichten.

Warm umhüllte sein Atem meine aufgeheizte Haut; ich hörte sein dämonisches leises Glucksen und versuchte, mich zu wappnen. Aber gegen das, was er mit mir vorhatte, gab es keine Vorbereitung. »Tristan ... bitte ...«, flehte ich.

Ohne auf mich zu reagieren, saugte er sich fest und begann, seine Zunge ohne jede Gnade über das kleine Nervenbündel schnellen zu lassen. Ich biss die Zähne aufeinander, als sich ein lautes Stöhnen befreien wollte, um dem Druck Herr zu werden, der mit aller Macht ein Ventil suchte. Aufgebracht schnaufte er, das nahm ich noch wahr. Als er jedoch seine Berührungen intensivierte, um mich dazu zu bringen, mich komplett fallen zu lassen, einfach weil er es liebte, hätte ich alles getan, um endgültig zu kapitulieren. Es war so gut, so feucht und so warm und so prickelnd ... So intensiv hatte ich seine Lippen und seine Zunge noch nie gefühlt.

Diese Nachdrücklichkeit und das Energische ließen meine Empfindungen ungeahnte Höhen erreichen. Meine Augen verdrehten sich lustvoll, meine Hüften zuckten unkontrolliert, aber ich brachte dennoch keinen Laut über meine Lippen, weil Tom und Phil im Wohnzimmer saßen.

»Mia!«, knurrte Tristan warnend und löste sich von mir.

»Deine Brüder ...«, stieß ich hervor.

»... können ruhig mitbekommen, wie geil ich dich mache!« Er gab mir einen Klapser auf die Schnecke – ich quietschte empört –, um mich anschließend mit einem Kuss dort zu versöhnen.

Alle Barrieren fielen; ein tiefes Stöhnen kämpfte sich nun doch aus meiner Brust, als er seine Bemühungen noch mals steigerte. Keuchend wand ich mich umher, meine Hand in seinen Haaren wurde zur Faust und ich presste ihn gegen mich. Tristan leckte mich so, wie er es noch nie getan hatte.

»Ich. Liebe. Deine. Pussy!«, betonte er zwischen seinen berauschenden Zärtlichkeiten. Lauter und immer lauter wurden meine Geräusche, sämtliches Denken wurde eingestellt, ich lief förmlich aus, was ihn noch mehr anheizte. Dann grinste er mich von unten herab an, wobei ich sein Gesicht nur ganz verschwommen ausmachen konnte.

»Und jetzt bringen wir die Wände zum Beben«, verkündete er hinterhältig und drang im nächsten Moment in mich ein – mit Mittel- und Zeigefinger. Immer tiefer schob er sie in mich, als wollte er meinen Bauch von innen erforschen. »Tristan!«, rief ich und schlug eine Hand vor den Mund, um meine Schluchzer zu dämpfen.

»Baby!«, warnte er und zerrte an meinem Arm, um mich ungehemmt hören zu können. Als ich den anderen heben wollte, weil er seine Finger krümmte und sie erbarmungslos in mich hineinstieß, packte er beide Gelenke und hielt mich einfach fest.

Dann brachte er mich zum Schreien ... richtig laut.

Diese Mischung aus seiner begabten Zunge, ihm hilflos ausgeliefert zu sein und diesen wissenden Bewegungen war perfekt, berauschend, ekstatisch, überwältigend ... Ich flog ... Die Spannung entlud sich ähnlich dem Urknall, explodierte auf ihrem Höhepunkt und fiel schlussendlich in sich zusammen. Tristan war darauf jedoch vorbereitet, ließ nicht von mir ab und bearbeitete mich ohne Erbarmen weiter, verlängerte somit meinen Orgasmus, bis ich fast ohnmächtig wurde. Dabei erhob er sich, stützte mich einerseits, während er mich andererseits zwischen seinen warmen Körper und die Duschwand presste. Ohne ihn hätte ich mich nicht mehr aufrecht halten können.

Aber irgendwann war es vorbei ...

Irgendwann konnte ich wieder klar denken. Erschöpft vergrub ich mein Gesicht an seiner Brust, schlang meine schwachen Arme um ihn und lehnte mich völlig verausgabt und kraftlos gegen ihn, während seine Finger in mir nach und nach zur Ruhe kamen.

»Das hat sogar Vivi gehört«, murmelte ich vorwurfsvoll und küsste ihn träge. Hier und da – alles, was ich gut erreichen konnte.

»Kann sein.« Schulterzuckend zog sich Mista Sexgott aus mir zurück und steckte die Orgasmus-Übeltäter einfach so in meinen Mund. Mit großen Augen starrte ich ihn an, doch er lächelte nur dreckig.

»Das schmeckt verdammt gut, Baby ... «, überredete er mich. Zaghaft kostete ich meinen eigenen Saft. Meine Grimasse machte wohl deutlich, dass ich dem Aroma nichts abgewinnen konnte. Salzig und irgendwie deftig. Einfach bäh!

Ausgelassen lachte Tristan und schleckte sich schließlich selber sauber – mit Genuss. »Ich mag die Geschmacksrichtung Mias-Pussy am liebsten!«

»Dann hast du ganz schön verkrüppelte Geschmacksnerven«, antwortete ich trocken und küsste lieber noch ein bisschen das Wasser von seiner Schulter.

Penetrant klopfte es. »Was? «, bellte Tristan ungehalten.

»Dad fragt, ob das Mädchen noch lebt«, ertönte Tom kichernd und Tristan schnaubte genervt, während ich sofort in Angstschweiß ausbrach.

»Dein Vater?«, wiederholte ich schockiert, doch Tristan drückte mich nur beruhigend gegen sich.

»Was macht er verfickt noch mal schon hier?«, brüllte er, als könnte sein Bruder was dafür.

»Er hat einen Sonnenstich und sieht aus wie roter Rettich.«

Tristan schüttelte nur den Kopf, als wäre so etwas nichts Ungewöhnliches und duschte mich nebenbei ab, wobei ich mich wie die Primaballerina, die ich vor langer Zeit gewesen war, drehen musste. Als ich dachte, Tom wäre längst weg, hörte ich ihn erneut.

»Was macht ihr verdammt noch mal?« Man merkte an der ‚blumigen' Sprache eindeutig, dass Tom und Tristan Brüder waren.

»Duschen, du Idiot. Wir kommen gleich!«

»Aber dieses Mal bitte etwas leiser!« Seine Schritte verhallten endlich und wir beendeten die Wasserspiele.

Dann standen wir vor demselben Kleiderproblem wie immer.

Seufzend brachte er zwei Stapel Stoff. Beim Anziehen grabschten wir, soviel wir konnten. Noch immer war Tristan hart und er zischte, als er die Hose hochzog, machte aber keine Anstalten, sich Erleichterung zu verschaffen, also unternahm ich auch nichts. Schon deswegen, weil ich die Befürchtung hatte, dass er mich wieder so zum Schreien bringen würde – vor seinem Vater.

Zum zweiten Mal!

Allein daran zu denken, ließ mich knallrot werden. Dafür schlug ich Tristan einfach mal so mir nichts dir nichts gegen die Brust, nachdem er sich das weiße enge Shirt übergestreift hatte.

»Ist das dein Dank für den Monsterorgasmus oder bist du sauer, weil ich mich anziehe?«, grummelnd rieb er sich über die Stelle.

Ich schlüpfte in seine schwarze Schlabberjogginghose.

»Nein! Das war für die Rumschreierei vor deinem Vater!«

Tristan lachte mich aus. Was sonst!

»Ich hab nicht geschrien.«

»Du hast mich dazu gebracht. Bei dir kann man ja nicht anders, als laut zu werden! Und zwar sehr, sehr laut!« Schmollend wandte ich mich ab. Tristan nahm meine Hand und verschränkte sorgfältig unsere Finger. »Sei mir nicht böse, Baby.« Treuherzig und unwiderstehlich schaute er auf mich herab, und ich seufzte resigniert, denn ich konnte ihm immer noch nichts abschlagen.

»Nie«, wisperte ich also lächelnd und stellte mich auf die Zehenspitzen, um ihn zu küssen.

Dann gingen wir nach unten ...

***

»Dad?«, fragte Tristan, sah sich verwundert und göttlich verwirrt im großen, jedoch leeren Wohnzimmer um. Ein unverständliches Grummeln von der Couch zeigte uns, wo sich Herr Wrangler befand. Tristan zwinkerte mir zu und zerrte mich zum Sofa. Je näher wir kamen, umso unsteter wurde mein Herzschlag. Ich kannte Herrn Wrangler nur flüchtig, aber jetzt war er der Vater meines Freundes!

Doch als ich ihn erblickte, musste ich mir ein wirklich lautes Lachen verkneifen. Ein gekochter Hummer hätte ihm locker Konkurrenz machen können, so rot, wie er war. Sofort überschwemmte mich Mitgefühl. Wie ein Käfer lag er gequält auf dem Rücken, ein Arm bedeckte die Stirn, während sein attraktives, jugendliches Gesicht den Schmerz verriet.

Dennoch tat es seinem guten Aussehen kaum einen Abbruch. Die edlen englischen Züge hatte er offenkundig an Tristan weitergegeben, ebenso wie die dichten Haare, die jetzt jedoch im wahrsten Sinne zu Berge standen. Ein aufgeknöpftes weißes Hemd verbarg zum Teil seinen Oberkörper; der Rest versteckte sich zum Glück unter einer dünnen Decke.

Tristan lachte ungehalten los. »Fuck, Dad! Zu lange am FKK-Strand gewesen?« Abrupt öffnete der Ausgelachte die Lider, um seinen Sohn zweifelnd anzufunkeln, doch dann betrachtete er mich. Schock mischte sich mit Unglauben, als er kurz unsere verschränkten Hände anvisierte. Seine Augen huschten zwischen seinem Jüngsten und unseren verschlungenen Fingern hin und her. Sein Kiefer klappte nach unten und er war nicht in der Lage ein Wort rauszubringen. Bis es Tristan reichte.

»Ja, Dad, also, das ist mein Mädchen, du kennst sie ja schon. Das ist Mia-Baby.« Damit schob er mich vor sich und ich musste ein Seufzen unterdrücken, als ich schüchtern zu Herrn Wrangler trat und meinen Arm in seine Richtung streckte.

»Hallo, Herr Wrangler, es wäre schön, wenn Sie mich nicht Mia-Baby nennen würden.«

Wie in Trance nahm er die ihm dargebotene Hand und schüttelte sie – mit einem ziemlich entrückten Ausdruck.

»Hi, Mia, schön, dich zu sehen. Dein Mädchen?«, japste er dann, als wäre Tristans Aussage erst jetzt gestrandet. Die Schüttelei stoppte umgehend; ich konnte beinahe fühlen, wie Tristan hinter mir die Augen verdrehte. Sein Vater war so verdattert, dass er vergaß, mich wieder loszulassen; mir wurde das immer unangenehmer.

»Ja, mein Mädchen.« Damit befreite mein Sexgott mich aus dem Klammergriff seines Vaters und ersetzte ihn durch seinen, während er es sich am Fußende der Couch gemütlich machte. Dann zog er mich auch noch auf seinen Schoß. »Du hast einen verdammten Sonnenstich?« Wie nebenbei fing er an, mit den Spitzen meiner Haare zu spielen.

Herr Wrangler hatte scheinbar noch zu tun, die Ereignisse der letzten zwei Minuten zu verarbeiten. Dann platzte es aus ihm heraus:

»Mia Engel ist deine Freundin?«

»Oh, Dad!« Tristan klang unterschwellig amüsiert, aber auch nachsichtig. Ich kicherte.

»Wie lange schon?«

»Immer wieder samstags.« Nun war es an mir mit den Augen zu rollen.

»Aha ...« Sein Vater starrte uns immer noch an, also raffte ich mich auf und versuchte, etwas gegen die angespannte Stimmung zu unternehmen.

»Haben Sie erhöhte Temperatur?«

Herr Wrangler nickte mechanisch. »Haben Sie es schon mit kalten Umschlägen probiert?«

Er verneinte. »Wenn ich mich bewege, wird mir schlecht und die Jungs wissen nicht mal, wo die Handtücher sind«, antwortete er, als wäre das selbstverständlich. Endlich erholte er sich von dem Schock, den wohl unsere Beziehung bei ihm ausgelöst hatte.

»Wo haben Sie die Handtücher?«, erkundigte ich mich sanft und er musterte mich erstaunt, bevor sich ein kleines Lächeln auf seine vollen Lippen schlich. Die hatte Tristan eindeutig auch von ihm.

»Im unteren Bad, rechter Schrank oben.«

»Okay«, meinte ich und sprang so schnell von Tristans Schoß, dass sein Fluch mich kaum noch erreichte.

Beladen mit den gewünschten Utensilien kehrte ich zurück und wurde mit einem wütenden Blitzen von Mista Sexy begrüßt. Was auch immer sein Problem war, seinem Vater ging es schlecht und hatte damit eindeutig Vorrang. Ich wollte ihm gern helfen, anstatt nutzlos rumzusitzen und ihm beim Quälen zuzuschauen. Was dachte er nur von mir? Und wieso war er sauer? Auf meinen fragenden Blick hin seufzte er nur theatralisch.

»Schüsseln? «, wollte ich noch wissen, begab mich aber schon in die angrenzende riesige Küche – die überwiegend in glänzendem schwarzen Marmor gehalten war. »Äh, weißt du, wo die Schüsseln sind, Tris?« So typisch Mann. Ohne eine Reaktion abzuwarten, fing ich schon mal an zu suchen. »Meinst du das ernst?«, kam von seinem Sohn.

Ich fand eine große blaue Schale und füllte sie komplett mit eiskaltem Wasser, holte eins der Handtücher und deponierte alles auf dem Wohnzimmertisch. Tristans Vater lächelte mich freundlich an.

»Das musst du nicht tun, Mia.«

»Ich weiß«, erwiderte ich nüchtern. »Könnten Sie eventuell Ihre Hose ausziehen?« Tristan verschluckte sich so heftig, dass er unkontrolliert husten musste. Lachend klopfte ich auf seinen Rücken. Selbst sein Vater konnte sich das Schmunzeln nicht verkneifen, schlug aber die Decke zurück, um meiner Aufforderung nachzukommen.

Nachdem Tristan vor dem Erstickungstod gerettet war, half ich Herrn Wrangler beim Entkleiden. Gott sei Dank gab Tristan mal keinen Kommentar dazu ab und behielt auch seine Mimik einigermaßen unter Kontrolle.

So oder so war das Ganze schon unheimlich peinlich. In der Sekunde, als ich die besagte Hose faltete und sich das Familienoberhaupt lediglich in äußerst engen roten Boxershorts und nach wie vor offenem Hemd wieder lang machte, stürmten Tom und Phil herein und glotzten zunächst doof aus der Wäsche.

»Egal, was ihr vorhabt, wir wollen es nicht wissen«, rief Phil skeptisch.

Die beiden traten langsam näher und verteilten lauter Lieferserviceprospekte vor uns.

»Wo bestellen wir heute?«, wechselte Tom das Thema. Davon ließ ich mich nicht beirren, sondern wickelte behutsam Herr Wranglers durchtrainierte Unterschenkel in die kalten, feuchten Handtücher, wobei ich aber mit Adleraugen von Tristan beobachtet wurde.

»Keine Ahnung«, tönten der Vater und die Söhne unisono. Ich runzelte die Stirn.

»Bestellt ihr jeden Tag euer Essen?«

»Klar. Oder glaubst du, einer von uns kann kochen?« Tristans Ironie füllte den Raum.

»Und Vivi oder Katha, haben die schon mal was für euch gekocht?« Irgendwie taten sie mir leid. So ein Männerhaushalt ist sicher nicht leicht zu führen – auch noch mit solchen Männer-Männern. Tristan grölte los und Phil grummelte nur. »Gott sei Dank nicht!«

»Ich kann für euch kochen«, bot ich sofort an, worauf alle mucksmäuschenstill wurden und die Lider weit aufrissen. »Boah, Mia! Du kannst kochen? So richtig kochen?« Tristan fing sich als Erster wieder und war vorsichtig ausgedrückt aus dem Häuschen. Kichernd drehte ich mich zu ihm.

»Für dich immer«, flirtete ich. »Also, was wollt ihr heute essen? Lasagne? Burger? Schweinsbraten?« Die fantastischen Vier schienen absolut überfordert und nicht zu einer Antwort fähig.

»Ich mach euch Lasagne«, bestimmte ich also. Ihnen allen wäre ein Orgasmus sicher, denn ich konnte die beste Béchamelsoße zubereiten.

»Aber fühl dich nicht gezwungen, Mia. Uns macht es nichts aus, etwas zu ...«

»Dad, sei still!«, fuhr ihn Tristan an und legte seine Hand auf mein Knie.

»Fühl dich gezwungen, Baby. Mach den Scheiß schnell fertig, dann fahren wir einkaufen.« In seiner Vorfreude auf ein hausgemachtes Essen war er so süß, dass mir die Tränen kamen.

Wann hatte er wohl das letzte Mal etwas mit Liebe Gekochtes serviert bekommen?

»Gleich, okay?«, fragte ich ihn, blinzelte mehrfach und atmete tief durch, um meine überschießende emotionale Seite zu unterdrücken. Tristan nickte und strich mir mit den Fingerknöcheln über die Wange. »Wieso haben Sie überhaupt den Sonnenstich?«, wandte ich mich an seinen Vater, um mich abzulenken und den letzten Wickel zu bereiten.

»Ich habe versucht, eine Katze von einem Baum zu holen.« Alle lachten los. Herr Wrangler fühlte sich wohl gezwungen, sich zu verteidigen. »Sie kam da nicht alleine runter; das Biest ist hysterisch miauend immer weiter nach oben geklettert und ich hinterher ... in der puren Sonne.« Er zuckte mit den Schultern. Ich war von seinem Engagement begeistert und schlug Tristan auf den Hinterkopf, weil er sich über seinen Vater lustig machte. Alle verstummten sofort.

»Hast du mir gerade auf den Hinterkopf gehauen?« Tristan betrachtete mich mit verengten Augen.

»Hat sie!«, ereiferten sich die drei Petzen aus einem Munde.

»Nein, Tristan.« Ich stand auf. »Das hast du dir mit Sicherheit nur eingebildet.« Dann zog ich ihn auf die Beine und musterte seinen Vater. »Die Wickel sollten Ihnen bald Linderung verschaffen. Wenn ich wiederkomme, wechsel ich sie noch mal.«

»Danke, Mia.« Mit einem Lächeln, was ein paar kleine Fältchen um die Augen vertiefte, nickte er mir zu. Ansonsten wirkte er aber nicht älter als dreißig, wenn man mal sein rotes Gesicht außer Acht ließ. »Ach, und nenn mich bitte David!«, bot er fröhlich an.

***

»Sie lieben dich!«, war das Erste, sobald wir im Auto saßen. »Sogar Phil. Er wollte es vertuschen, aber ich habe ihn durchschaut. Als du angeboten hast, für uns zu kochen, war es um ihn genauso geschehen wie um jeden anderen Menschen, der sich zwanzig Minuten wirklich mit dir befasst.« Tristan lehnte sich lässig in seinem Sitz zurück und schenkte mir diesen besonderen Blick, bei dem mir ganz warm im Bauch wurde. »Aber ich liebe dich immer noch am meisten, vergiss das nie!« Er beugte sich zu mir, küsste mich fast schon besitzergreifend und das so lange, bis ich nur noch Sternchen sah und keine Luft mehr bekam.

In meinem Kopf bildeten sich neue Hirngespinste und Träumereien.

Davon, dass ich für Tristans Familie die Frau ersetzen könnte, die sie so dringend brauchten ... Man spürte es bei ihnen allen, wie nötig es wäre. Am allermeisten bei meinem persönlichen Helden. Tristan war total außer Kontrolle geraten, aber wie denn auch nicht? Sein Vater wurde durch seine Arbeit extrem in Anspruch genommen, zudem fehlte die Konsequenz, ebenso wie die Intuition einer Mutter. Dabei liebte David Wrangler seine Kinder sehr – das war eindeutig. Er wollte nur ihr Bestes. Diesem gutmütigen Mann brach sicher das Herz, dass er, ohne gegensteuern zu können, beobachten musste, wie seine Söhne sich zerstörten, die Familie auseinanderbrach – Stück für Stück ... Aber vielleicht ... vielleicht könnte ich ein bisschen Ordnung in dieses Chaos bringen und vielleicht ... durfte ich dafür ein Teil im Leben dieser wunderbaren Menschen werden.

8. MEIN MÄDCHEN UND SEINE WÜNSCHE

Tristan 'confused' Wrangler

Mein Mädchen war zwar liebevoll, mitfühlend, hilfsbereit aber auch wahnsinnig! Denn als ich gefragt hatte, ob wir einen Einkaufswagen brauchten, hatte sie verächtlich abgewunken. Tja. Kein Kommentar ...

Jetzt trug ich Lasagnenudeln, Sahne, Milch, einen riesigen Haufen Hackfleisch (natürlich nur Rind ...), Tomaten in der Dose, geriebenen Käse – gleich zweimal –, Salz, Pfeffer, Chili, Muskat, italienische Gewürze und natürlich Mehl spazieren. Klar, ich hatte ja echt nichts anderes zu tun, als wie ein Zirkusclown Lebensmittel zu balancieren! Ach, und Mia war gerade dabei, Butter auf alles andere zu deponieren, sodass ich bald nicht mal mehr merkte, wo ich hinlief und mir immer mehr wie ein verschissener Packesel vorkam.

»Geht's?«, fragte sie auch noch scheinheilig besorgt. Meine Antwort bestand aus einem Augenrollen, von dem ich aber annahm, dass sie es nicht mal mehr sehen konnte. Dabei war das Gewicht nicht das eigentliche Problem. Mir machte der Dominoeffekt Sorgen. Sollte nur ein Teil runterfallen, würden sich die anderen anschließen, ganz sicher. Elendige Mitläufer.

Die kleine Göre kicherte schon wieder und verschwand mit schwingenden Hüften, wobei ich nichts anderes tun konnte, als ihr hinterher zu dackeln – vorzugsweise schwanzwedelnd – wie ein kleiner dämlicher Idiot. Was hätte ich jetzt für Tüten oder einen verdammten Einkaufswagen gegeben?

Aber verdammt. Das war es wert. Alles!

Denn meinem Vater stand seine Begeisterung bezüglich Mia förmlich auf der Stirn geschrieben. Tommy liebte sie sowieso schon, was sein bewundernder Blick aussagte, mit dem er mein Mädchen bedachte. Selbst Phil schien langsam (aber sicher), seine Vorurteile abzubauen und das mit uns zu akzeptieren.

Spätestens nach dem Essen würde er sie sowieso vergöttern, denn mein ältester Bruder war ein verfressenes Arschloch und seine Schlampe konnte nicht mal Rühreier machen. Ha ha! (Ich stellte mir vor, ich wäre Nelson von den Simpsons) Hauptsache sie machte äußerlich was her! Aber leider kann er sich ihr gutes Aussehen nicht in die Futterluke stopfen, überlegte ich schadenfroh, während ich meinem offensichtlich in allen Dingen begabten und gleichzeitig wunderschönen, anbetungswürdigen Baby durch das große Geschäft folgte.

Zielsicher führte sie mich auch noch zur Getränkeabteilung und betrachtete skeptisch meine vollgeladenen Arme, während sie sich an die volle Unterlippe tippte.

»Was trinkt ihr eigentlich so?«

»Cola, Fanta, Red Bull, Jack Daniels, Wodka – am besten Smirnoff ... Der Orangensaft damals war eine Ausnahme. Da hat sich Dad vergriffen ...«

»Hauptsache ungesund also!«, motzte sie und griff nach einer verdammten Apfelsaftschorle. Ungläubig musterte ich sie. Mir war absolut unklar, ob das meine Brüder trinken würden und erst recht, ob ich das runterwürgen konnte. Zudem hatte ich keine Peilung, wie und wo sie das noch auf den Lebensmittelberg legen wollte, denn das schwebte ihr eindeutig vor. Sie beäugte den Haufen Zutaten nämlich extrem nachdenklich, als würde sie ein Loch für die Flasche suchen.

»Denkst du nicht, dass du mir etwas zu sehr vertraust?« Ich beobachtete sie fast schon ängstlich.

»Die eine Flasche geht schon noch, Mista Wrangler. Sie sind doch ein durchtrainierter Scheißer. Oder etwa nicht?«, scherzte sie und klemmte sie einfach unter meinen rechten Arm.

»Miss Angel ...«, hauchte ich ihr entgegen, dann runzelte ich die Stirn. »Stellen Sie das etwa infrage? Ich glaube, Sie schlagen gerade über die Stränge.«

»Ach ja?«, tönte sie vorlaut und blitzte mich mit ihren karamellfarbenen Scheinwerfern an, während ihre Wangen mit einem sanften, süßen roten Ton überzogen wurden.

Ich nickte bestimmt. »Oh ja!«

»Beweisen Sie es!« Provokativ zog sie eine Braue nach oben. Boah ... dieses ...

»Trisi?« Oh fuck, nicht die Fotze!

Ich linste an meinem Mädchen vorbei, um geradewegs in zugekleisterte Glubscher zu sehen. Woher nahm sich die Schlampe eigentlich das Recht heraus, so vorwurfsvoll zu klingen, als hätte sie irgendeinen verrückten Anspruch auf mich?

Gerade wollte ich schon zu einer pissigen Antwort ansetzen, als Mia plötzlich rausplatzte: »Eva!« Und zwar schockiert, geradezu verängstigt. Mein Kopf fuhr zu ihr herum und fixierte sie misstrauisch aus halb zusammengekniffenen Lidern. »Was machst du denn hier?«, fragte Mia zusätzlich. Konsterniert blickte ich wieder zu Eva, die überheblich ihre dünnen Zahnstocherarme vor der Brust verschränkte.

»Was wohl? Ich gehe einkaufen. Und ich denke, ich werde wohl noch einen kleinen Abstecher machen.«

»Warte!«, hörte ich meine liebste Stimme flehen, doch die Angesprochene wandte sich bereits um und marschierte einfach so davon. Als mein Mädchen sich auch noch umdrehte, mich stehen ließ, um Eva hinterherzustürmen, klappte mein Unterkiefer ungefähr bis auf die Butter auf.

»Was zum Fuck?«, fluchte ich und folgte ihr mitsamt meiner Last, während Mia um die Ecke bog. Dort angekommen konnte ich sie allerdings nirgendwo mehr ausmachen. Sie war weg, genau wie der aufgetakelte Barbieverschnitt. Wieso zum Teufel lief sie Eva hinterher? Was sollte der Scheiß?

Das ganze Spiel war mir zu blöd und ich würde hier mit Sicherheit nicht auf der Suche nach ihr durch den kompletten Laden rennen wie Bello, der sein Herrchen suchte. Darum ging ich zur nächstbesten Kasse, um den Scheiß, den ich trug, erstens loszuwerden und zweitens zu bezahlen, denn der Mist störte allmählich gewaltig. Alles kreuz und quer in Tüten verstaut lehnte ich mich an eine Wand, von der aus ich eine gute Aussicht auf das gesamte Geschäft hatte und wartete – mit finsterer Miene und auf eine Erklärung bestehend. Ich kam mir vor wie bestellt und nicht abgeholt, und das hatte noch keine Frau gewagt.

Zu ihrem Glück tauchte sie jedoch bald wieder auf und kam schnell auf mich zugelaufen. Teilweise Schuld, aber auch Frustration strahlte mir entgegen. Was mich am meisten aufregte und irritierte, war die Sorge in ihrem Gesicht, als ihre Augen die meinen fanden. Irgendwas war hier faul. Aber bevor ich sie auch nur ansatzweise ins Kreuzverhör nehmen konnte, kaute sie wortlos auf ihrer Unterlippe, schlang plötzlich die Arme um meine Hüften und presste sich an mich. Ich erstarrte eine Sekunde, bevor ich die Geste erwiderte und beruhigend ihren Rücken rieb. Meine Wut auf mein Mädchen verebbte so schnell, wie der Groll gegen Eva anwuchs. So heftig, dass ich ihr die kleinen hässlichen Titten rausreißen wollte.

»Verdammte Scheiße, Baby, sag nur einen Ton und ich kümmere mich darum«, knurrte ich aufgebracht.

Mia schüttelte lediglich hektisch den Kopf. »Es hat nichts mit Eva zu tun ... Sie ist ganz nett zu mir gewesen. Ich musste sie nur wegen Englisch etwas fragen ...«, log sie mich an und ich wurde nur noch argwöhnischer. Aber Mia wollte, dass ich ihr glaubte, also nahm ich ihr die Vorstellung ab – zumindest tat ich so. Was ich mir in meinem Hirn zusammenreimte, brauchte sie ja nicht wissen. Genauso wenig, dass ich Eva noch mal eine eindeutige Warnung zukommen lassen würde, sollte sie vorhaben, mit meinem Mädchen zu ficken. Jetzt aber hielt ich mein Baby einfach nur fest, und zwar solange, bis sie freiwillig von mir abrückte.

Als sie das tat, war das Thema offensichtlich nicht mehr der Rede wert, denn sie lächelte engelsgleich und streichelte meine Wangen. Dann stellte sie sich auf die Zehenspitzen und drückte ihre roten Lippen auf meine. Verdammt ausgehungert küsste ich sie zurück. Und wie ...

***

Ich nahm meine Lippen nicht mehr von ihr, auch nicht, als sie ihre Hüften in unserer Wohnküche schwang, Käse rieb, Soße zubereitete und Hackfleisch anbriet. Auf die Schultern, den Nacken, die Schläfen oder die Wangen tupfte ich hauchzarte Küsse. Und sie liebte es. Meinem Vater ging es schon ein bisschen besser und die Dauerzocker waren oben in ihren Zimmern, während mein Mädchen schnippelte, rührte und wirbelte wie eine verdammte Fünfsterneköchin.

Sie machte sogar dreimal so viel als nötig, damit wir die nächsten zwei Tage auch noch ausgesorgt hätten.

Das Essen war amüsant und angespannt gleichzeitig, aber zum Niederknien lecker. Mia fühlte sich in der Gegenwart meiner Brüder immer noch nicht richtig wohl, aber bei der ganzen Scheiße, die wir ihr angetan hatten, war das kein Wunder. Doch es wurde besser, denn Phil wirkte nicht mehr ganz so abweisend. Er redete sogar ein paar Sätze und ich bekam ganz genau das leise Stöhnen mit, was er zu vertuschen versuchte, als er den ersten Bissen probierte.

Ich unterdrückte meines nicht, denn ihr Essen schmeckte so fantastisch, wie sie war ... Sie besaß wirklich sehr viele verborgene Talente. Ein wandelnder Jackpot auf zwei Beinen.

Ich konnte meine Augen nicht von ihr lassen, meine Finger sowieso nicht, denn sie war absolut hinreißend. Selbst Dad fand sie unwiderstehlich und hatte einen kompletten Narren an ihr gefressen, seitdem sie sich so liebevoll um ihn gekümmert hatte.

Mir wäre das nicht mal in den Sinn gekommen, aber ich vergrub mein schlechtes Gewissen in der hintersten Ecke.

Dafür betrachtete ich sie lieber ausgiebig: ihr geradliniges Profil und das verträumte Lächeln, mit dem sie meine Hände anstarrte. Sie war mein! Endlich konnte ich es in die Welt hinausschreien, wenn ich wollte.

Wir waren alle schon längst fertig mit dem Essen – wobei wir aber auch alles in uns reingeschlungen hatten –, da saß Mia immer noch dran. Ich war kurz davor, es ihr vorzukauen, so langsam, wie sie war. Schließlich war da noch mein Ficker, der sich nach ihrer Pussy sehnte. Der nervte allmählich enorm mit seinem Rumgepoche und Steifgewerde in den unmöglichsten Momenten.

Aber selbst sie hatte es irgendwann geschafft und wirkte nach dem Gelage um einiges entspannter. Mit den Händen auf dem Bauch lehnte sie sich gemütlich in ihrem Stuhl zurück.

»Bist du fertig?«, fragte ich unnötigerweise, aber ich wollte nicht unhöflich sein – also noch unhöflicher als normalerweise.

»Und wie«, brummte sie zufrieden und lächelte mich träge an.

»Endlich!« Wie eine Sprungfeder schnellte ich hoch, während meine Brüder die Augen verdrehten und mein Vater ebenso glücklich aussah wie mein Mädchen, obwohl er immer noch knallrot war.

Mit einem Grinsen hielt ich ihr galant wie der Gentleman, der ich wohl nie werden würde, die Hand hin. Sie lächelte zurück und ergriff sie schüchtern. Ihre Wangen überzogen sich mit einem sanften Pink, das sich vertiefte, als ich sie mit einem Ruck auf die Beine zog und mich gleichzeitig bückte, um sie über meine Schulter zu schmeißen.

»Tristan!«, quietschte sie und meine Familie fing an zu lachen. Besonders, als sie schrie: »Ich hab gerade gegessen und bin kotzig!« Lachend marschierte ich mit meiner Beute aus der Küche. »Ich hoffe, sie tut es! Aber erst im Bett!«, rief Tom uns hinterher.

Doch ich war schon leichtfüßig die Treppen hochgelaufen.

»Gott, Tristan ... bitte ...«, kicherte mein süßer Kartoffelsack.

»Ja, ja, gleich sind wir da«, beruhigte ich sie, öffnete die Tür, trug sie zu meinem Bett und ließ sie mit viel Schwung auf die Matratze fallen.

Unverzüglich sprang ich hinterher und wuzelte mich energisch mit den Hüften zwischen ihre Beine. Meine Arme stemmte ich rechts und links neben ihrem Oberkörper ab, während sie mich fröhlich anfunkelte.

Bevor sie etwas sagen konnte, nahm ich ihre Lippen mit einem tiefen, verzehrenden Kuss in Beschlag, fühlte ihr breites Lächeln an meinem Mund, bevor ihre weiche Zunge mir entgegenkam, und sich ihre Hände seufzend an meiner Schulter festkrallten.

Sie schmeckte so gut ...

»Immer noch kotzig?«, murmelte ich an ihrem Mund. Sie kicherte süß und bewegte zielsicher ihr Becken.

»Sie haben mich erfolgreich abgelenkt, Mista Wrangler.« Ihre heiße Mitte presste sich gegen meinen Ficker, während sie sich an mir rieb und ihr Atem immer schneller wurde. Ich stöhnte auf.

Meinen Kopf auf einen Ellbogen gestützt, streichelte ich ihre Wange und schaute sie an. Sie strahlte – ich strahlte zurück. Träge fuhr sie über die Muskeln an meinem Rücken herab, rutschte schließlich einfach so unter meine Jogginghose und auch noch unter meine Shorts. Dann packte sie fest meine hinteren Backen und grinste mich dreckig an.

»Ich liebe deinen Arsch«, stellte sie fest. Meine Augen weiteten sich, weil sie ein Schimpfwort benutzte.

»Ich liebe dich«, brachte ich gerade noch so raus und küsste sie kurz. »Alles an dir: deinen Arsch, deine Titten, deinen Bauch, deinen Rücken, dein Gesicht, hab ich was vergessen?« Während meiner Aufzählung küsste ich alles, was ich erreichen konnte, was sie wieder zum Kichern brachte. »Ja, meine Beine.« Sie schlang sie um meine Hüften und drückte mich an sich. Ich biss die Zähne aufeinander.

»Oh, wie konnte ich nur!«, scherzte ich und kümmerte mich entschuldigend um ihre Oberschenkel. »Deine Beine liebe ich natürlich auch. Jeden verdammten Zentimeter davon.« Ich kitzelte ihre Kniekehle und sie wand sich wie ein Fisch auf dem Trockenen. Aber ich lachte nur leise. Erst recht, als sie versuchte, meinen vorwitzigen Händen zu entkommen.

Auch gut, dann glitt ich eben an ihrem Oberschenkel nach oben und schaute amüsiert dabei zu, wie ihre Pupillen größer wurden und ihre Miene sich verdunkelte.

»Ich habe noch was vergessen«, zwinkerte ich und strich an dem Saum ihrer/meiner Jogginghose entlang, die meinen Lieblingsteil ihres Körpers verdeckte.

»Hmm«, summte sie träumerisch und presste sich gegen meine Handfläche. Das sanfte Lächeln, mit dem sie mich bedachte, war so schön, dass es mich verführte, sie erneut und voller Ehrfurcht zu küssen.

Dabei malte ich mit den Fingerspitzen leichte Kreise zwischen ihre Beine. Mia hatte natürlich nichts Besseres zu tun, als atemlos in meinen Mund zu keuchen und sich an mir festzuklammern.

Mein Ficker pulsierte in meiner Hose – wollte endlich in sie spritzen! Mein verzweifeltes Stöhnen hallte im Zimmer wider, allein bei dem Gedanken, in ihr zu kommen – mit ihr zusammen. Sie reagierte mit einem Wimmern, weil es sie so verdammt anmachte, wenn ich ihr meine Lust zeigte. Von Leidenschaft überwältigt konnte es ihr mal wieder nicht schnell genug gehen, denn ihre Arsch grabschende Hand rutschte in meiner Shorts nach vorn und griff nach *ihm*.

Ich zuckte zusammen und keuchte auf, aber sie umschloss ihn fest und begann, mir geübt einen runter zu holen. Oh, du heiliger Fuck!

»Boah, Mia!« Sie kicherte in unseren Kuss, fing meine Zunge wieder mit ihrer ein und ahmte ihre eigenen Bewegungen nach. Meine Hüften kreisten im Takt und ich wünschte mir, wir hätten bereits keine Kleidung mehr an und ich würde tief in ihr stecken.

»Ich will da reinficken.« Meine Finger presste ich gegen ihren durch beide Hosen feuchten Eingang und sie bog sich mir entgegen. »Jetzt!« Abrupt kam ich auf die Knie und riss mir alles Störende vom Körper. Warf mich währenddessen auf dem Bett rum wie ein Irrer, um alles loszuwerden und weil es mir, verschissen noch eins, nicht schnell genug gehen konnte. Als Mia mich auslachte, zog ich eine Braue nach oben.

»Versuchst du mir gerade klarzumachen, dass es bei dir nicht genauso dringend ist?«, meinte ich arrogant und kümmerte mich darum, auch ihre Pants zu entfernen.

Als sie wie Aphrodite vor mir lag, strich ich mit beiden Händen ihre seidig weichen Beine entlang. Mein Mund folgte der Spur gemächlich nach oben. Sie rekelte sich köstlich, gab kleine noch köstlichere Laute von sich und genoss jede einzelne Berührung meiner Lippen und meiner gierigen Zunge.

Ich ließ ihre triefende, vor Feuchtigkeit glänzende Pussy absichtlich aus und schob ihr Shirt hoch, um auch ihren Bauch küssen zu können. Sie versteifte sich, so wie immer, wenn ich sie dort anfasste. Doch ich machte einfach weiter, ebenfalls so wie immer, und das so lange, bis sie sich verdammt noch mal wieder entspannt hatte und wie Eis in der Sonne unter meinen Zärtlichkeiten schmolz.

Erst nach fünf langen quälenden Minuten schob ich ihr Oberteil mitsamt BH höher und seufzte gequält, weil ich mich nicht entscheiden konnte, welcher vorwitzigen Brustwarze ich mich zuerst widmen sollte. Kurzerhand umschloss ich eine mit den Lippen und die andere mit den Fingern.

Unter meiner Technik stellten sie sich sofort auf und sie kam mir entgegen, was ich ausnutzte, um sie endgültig auszuziehen, während ich ihre Brüste ehrte. Meinen Ficker versuchte ich zu ignorieren, obwohl er gegen ihren samtigen Oberschenkel und ihre feuchte Hitze gegen meinen Bauch gedrückt wurde. Außerdem missachtete ich konsequent, dass er geradezu tropfte ...

Doch sie ließ meine Bemühungen, meine Bedürfnisse links liegen zu lassen, nicht außer Acht. Denn nach ein paar Minuten packte sie mein Gesicht mit beiden Händen. Wäre ich ihrer Bewegung nicht gefolgt, hätte sie mir wahrscheinlich meinen verdammten Quadratschädel abgerissen, so sehr wollte sie mich küssen.

Nur um mein Leben zu retten, robbte ich nach oben, unsere Lippen krachten aufeinander – genau wie unsere Unterkörper.

Wir stöhnten beide laut auf. Sie fühlte sich so heiß an und so feucht und so schön flutschig, weil sie frisch rasiert und aalglatt war.

Ich konnte mich kaum noch auf den Kuss konzentrieren und darauf, was für wundervolle Töne sie von sich gab, als sie ihre Pussy an meinem Ficker rieb. So lange, bis er sich mit der Spitze an ihrem Eingang befand. Na gut, vielleicht hatte ich auch mit einer leichten Hüftdrehung meinem Glück nachgeholfen, aber verdammte Scheiße, ich hatte doch jetzt wirklich genug Geduld gezeigt, oder?

»Tristan!«, wimmerte sie flehend, ich stöhnte verzweifelt.

Bestimmend positionierte sie sich und ich biss die Zähne zusammen, weil sie sich selber um mich schob, sehr langsam und vor allem nicht gerade weit. Ich spürte, wie die festen Muskeln mich willkommen hießen, aber nur bis zur Eichel. Das war noch schlimmer, als wenn ich mit einem Ruck in sie gedrungen wäre. Es war kaum zum Aushalten!

»Okay!« Mit einem Stoß versank ich in ihr und sie japste erschrocken nach Luft. Ein Stöhnen entrang sich mir, weil ich einerseits zerfließen, andererseits aber in Feuer aufgehen wollte, als ich sie komplett fühlte. »Fuck, Baby, ich liebe das!« Bis zum Anschlag in ihr ließ ich genüsslich mein Becken kreisen, weil ich wusste, wie heiß sie das machte.

Mia wölbte ihren Rücken, gleichzeitig umschlangen mich ihre Beine, sodass ich noch einen besseren Winkel hatte und sie noch tiefer ausfüllen konnte. Ihre Muskeln spannten sich genau im richtigen Moment an, während sie sich unserem Rhythmus hingab, als ich anfing sie richtig zu ficken. Fuck! Sie war so verfickt erotisch!

»Stopp!«, stieß ich in letzter Sekunde hervor und ging ganz raus, während ich meinen pulsierenden Schwanz umfasste. Sofort versteifte sich Mia am ganzen Körper und blickte mich schockiert an.

»Was?« Sogar ihre Hände waren in meinen Haaren erstarrt.

»Fuck!«, fluchte ich, weil mein Ficker heftig pochte und bereit zum Abspritzen war.

Das kam aber nicht infrage, ich wollte genießen, verdammte Scheiße! Ich hatte lang genug auf das hier verzichtet!

»Was ist?« Sie war immer noch irritiert.

»Ich ... bin nur kurz davor, dich unkontrolliert von oben bis unten vollzuspritzen.« Meine Stimme klang angestrengt und rau.

»Jetzt schon?« Mühsam versuchte sie, ihr selbstzufriedenes Schmunzeln zu verkneifen, worauf ich die Augen verdrehte. »Ja, jetzt schon! Du machst mich echt fertig, Frau! Eigentlich bin ich dafür bekannt, stundenlang ficken zu können!«

»Das weiß ich zu gut!« Jetzt machte sie keine Anstalten mehr, es zu unterdrücken, sondern grinste ziemlich breit. Und das durfte sie auch. Nur sie brachte mich dermaßen aus dem Konzept, dass ich - Tristan *Fickt dich die ganze verdammte Nacht* Wrangler – fast zu früh kam. Was für ein Desaster! Durch unser kleines Gespräch hatte sich der ungeduldige Penner zwischen meinen Beinen allerdings etwas beruhigt und ich atmete tief und zittrig durch.

»Okay ...« Mental wappnete ich mich, um das Paradies nicht gleich wieder vorzeitig verlassen zu müssen.

»Okay!« Ihre Unterschenkel umfingen meinen Arsch und schoben mich ungeduldig zu ihr. Aufschnaufend beugte ich mich wieder über sie, strich mit meinem harten Körper über ihren weichen einladenden Untergrund und registrierte die leichte Schweißschicht auf unserer Haut, die das Ganze nur erotischer machte. Dann küsste ich sie – sanft und langsam. Genauso drang ich wieder in sie ein.

Laaaaaaaaaaaaaaaaaaaangsaaaaaaaaaaaaaaaam ... Vorsichtig begann ich, mich in ihr zu bewegen, ging dabei aber so behutsam vor, als wäre ich ein Bombenentschärfer, der mit äußerster Vorsicht versucht, nicht den falschen Draht durchzuschneiden. Mia war es aber total egal, ob die verdammte Bombe explodierte. Im Gegenteil, ich hatte den Eindruck, sie tat alles, um uns ins Nirwana zu befördern.

Sie stöhnte laut in meinen Mund, strich mit ihren Händen über meinen Rücken und kam meinem langsamen Takt entgegen. Egal ob mit ihrer Hüfte oder mit ihrer Zunge. Sie passte sich mir vollkommen an – in jeder Lebenslage. Das war wohl das Geheimnis unseres Glücks.

Ihre Muskeln zogen sich immer häufiger um mich zusammen, sie bebte und ihre Nägel liebkosten nicht mehr – sie kratzten.

Dennoch stand sie lediglich am Abgrund, war noch nicht bereit zu springen. Angestrengt grunzend hielt ich inne, entfernte mich etwas aus ihr und griff nach ihrer Hüfte, um auch sie zu stoppen. Gleichzeitig löste ich mich von ihren mittlerweile roten, geschwollenen Lippen und schaute in ihre wunderschönen lustverschleierten Augen. Wissend erwiderte sie meinen Blick, vergrub ihre Finger in meinen Haaren.

Entschuldigend und sicherlich auch etwas gequält lächelte ich sie an, doch sie kicherte nur leise und verhielt sich zum Glück still. Wie hatte ich so etwas nur verdient?

»Ich werde niemals eine andere Frau lieben als dich und ich werde niemals mit einer anderen das hier machen wollen.« Damit bewegte ich mich erneut, aber ohne komplett in sie zu stoßen.

Als sie meine Worte erreichten, reagierte sie nicht wie erwartet. Sie strahlte nicht, nein, ihr Ausdruck verdüsterte sich stattdessen und sie biss sich fest auf die Lippe. Ich hielt sofort inne. »Hey!«, und umfasste ihre Wangen. »Was ist, Baby?«

Sie tat alles, um sich zusammenzureißen, schloss die Lider, als ihre Lippen anfingen zu zittern, zog die Brauen zusammen und atmete tief durch. Es klappte. Nach einigen Sekunden hatte sie sich so weit im Griff, dass sie mich zumindest schwach anlächeln konnte.

»Ich liebe dich auch, Tristan. Ich liebe dich so sehr, wie noch nie jemand einen anderen auf dieser Welt geliebt hat. Und ich werde dich so lange lieben, bis diese Welt untergeht.«

Eine Weile betrachtete ich sie nur. Sollte ich ihr das jetzt einfach so durchgehen lassen? OH FUCK, MACH EINFACH WEITER!, schrie der emotionslose Sack da unten.

»Okay …«, antwortete ich sanft, auch wenn alle Alarmglocken in mir schrillten. Doch das geriet umgehend in Vergessenheit, als sie mich an sich drückte, küsste und damit sämtliche Gehirnzellen blockierte. Meinen Namen stöhnend kippte sie ihr Becken und spannte sich an. Das war's! Ich konnte es einfach nicht mehr aushalten, mein ganzer Körper vibrierte regelrecht vor Anspannung.

»Ich kann nicht mehr …«, verkündete ich rau. Auf keinen fucking Fall würde ich heute, hier und jetzt ohne sie kommen. »Aber du bist noch nicht so weit!«

»Das macht nichts, Tristan!«

»Es macht auf jeden fucking Fall was! Ich komme nicht ohne dich!«, quetschte ich zwischen zusammengebissenen Zähnen hervor, weil ich mich mittlerweile wirklich stark zügeln musste. Fahrig ließ ich eine Hand zwischen uns gleiten und malträtierte dabei meine Unterlippe. Ihre Augen wurden groß, als ich mit dem Zeigefinger auf ihren total angeschwollenen pulsierenden kleinen Startknopf drückte.

Ihr stockender Atem wurde lauter und heftiger, ihre Muskeln kontrahierten und ich presste meinen Kiefer zusammen, weil der Ficker unbedingt in diese Pussy spritzen wollte. Sofort!

»Tristan ...«, wimmerte sie auch noch und fing meine Lippen erneut ein.

»Oh Baby ... bitte ...« Ich rieb fest, sozusagen verzweifelt über ihre Clit, ihr Stöhnen wurde intensiver und sie verkrampfte sich förmlich. Ihre Beine bebten, ihre Hüften ruckten unkontrolliert, ihr Rücken bog sich durch ... dann ... konnte ich nicht mehr und ließ einfach los.

Mitten in ihre göttliche, gerade kommende Pussy.

Dabei rührte ich mich kein Stück, war ihr aber so nah, dass ich meine Stirn gegen ihre lehnte und in den Empfindungen schwelgte, die uns durchrauschten, das gemeinsame Pulsieren, ihr zitternder Körper unter meinem ...

Und ich stöhnte sehr laut. Sie auch.

Und ich liebte sie so verdammt heftig, sie mich genauso.

Und mein Herz raste unkontrolliert in meiner Brust, ihres sowieso.

Und wir waren füreinander bestimmt. Zwei Teile, die zusammengehörten, Topf und Deckel. Ying und Yang. Wir waren die Sonne und der verdammte Mond, Tag und Nacht.

Wieder auf dieser Erde und im Hier und Jetzt angekommen, aus dem Himmel der Glückseligkeit zurückgekehrt, rollte ich mich zur Seite, um sie nicht zu zerquetschen, denn ich musste mich jetzt wirklich ganz dringend ausruhen. Ich zog sie mit mir an meine Brust, umfasste sie fest und sie keuchte leise auf, als mein Ficker aus ihr flutschte. Mit fragend gerunzelter Stirn musterte ich sie.

Sie wurde ein kleines bisschen rot, weswegen ich meine Augen verdrehen wollte, doch sie schaute nur zwischen ihre Beine und ich folgte ihrem Blick.

»Oh!« Dann musste ich lachen, als ich ihre verzweifelte Miene mit der Tatsache verknüpfte, dass sie sich unwohl fühlte, weil mein Sperma gerade aus ihr lief und ihre Schenkel und mein ganzes Bett vollsaute.

Kaum zu glauben, bei dieser Aussicht probte der unersättliche Penner sofort wieder den Aufstand. Aber ich ignorierte ihn mal wieder und gab ihr einen Kuss auf die Nasenspitze.

»Einen Moment!« Leichtfüßig sprang ich auf und holte schnell das verdammte Arschpapier aus dem Bad, um sie zu säubern. Mir wäre es wirklich scheißegal gewesen, aber ich wusste, dass sie sich so nicht wohlfühlte.

Mia lächelte mich schüchtern an und stellte die Füße für mich auseinander, worauf ich nur gequält stöhnen konnte.

»Pressen!«, forderte ich trocken und hielt das Papier vor. Zuerst wirkte sie verdammt verwirrt, aber dann ging ihr wohl ein Licht auf und sie spannte mit einem kleinen, absolut verzweifelten »Gott …« ihre inneren Muskeln an, während ihr Gesicht dabei die Farbe der Tomatensoße annahm, die sie vorhin gezaubert hatte. Das machte sie drei- oder viermal, bis ich schon wieder komplett hart war. Doch ich wischte brav alles ab, schließlich war ich ein penibler Scheißer, bevor ich ihr einen Abschlusskuss auf den Kitzler gab. Sie seufzte auf – natürlich …

Als sie rückstandsfrei war, kuschelte sie sich erneut an meine Brust, malte Muster auf meinen Bauch und ließ ihre Nase über meine Haut wandern, um zu vertuschen, dass sie so unauffällig an mir schnupperte. Ich streichelte ihren Rücken, drückte ihr ab und zu ein oder zwei sanfte Küsse auf die fruchtig duftenden Haare und inhalierte genauso auffällig unauffällig ihr Aroma.

Und so lagen wir da. Splitterfasernackt. Fertig. Und glücklich. Verdammt glücklich.

Ich hätte ewig so chillen können, doch offenbar hatte Mia Engel andere Pläne, denn sie entschloss sich – mir nichts, dir nichts –, die nächste Bombe platzen zu lassen.

»Tristan?«, murmelte sie nah an meiner Haut.

»Hm?«, nuschelte ich etwas genervt zurück, denn verdammte Scheiße, ich hatte fast geschlafen.

»Willst du mal …«, druckste sie herum, eindeutig unangenehm berührt. Sofort war ich hellwach, harrte der Dinge, die da kommen würden, und fixierte dabei die Decke. »Ähm … mit zwei Frauen schlafen?«

»Nein!«, schoss es umgehend aus mir raus.

»Was?«, schockiert richtete sie sich auf, um mich ungläubig anzusehen. Die glänzenden Haare fielen in sanften Wellen über ihre Schultern und Brüste. Ich seufzte schwer und strich die Strähnen von ihrer Brustwarze. Sie sollte hier mal keinen auf Meerjungfrau machen und was verstecken.

»Fuck, nein, höchstens mit zwei Mias!«, erklärte ich bestimmt, denn ich wollte mit gar keiner mehr schlafen, außer mit meinem Mädchen.

»Du willst nicht mit mir und noch wem anders schlafen?«

»Wie kommst du auf so eine gottverdammte Scheiße? Ich will nicht mit dir und noch wem anders schlafen, verdammte Scheiße! Also lass den Fuck, Baby! Und komm mir jetzt ja nicht mit noch einem Typen. Denn ganz sicher teile ich dich nicht mit einem anderen Penner! Kein bisschen! Weder im Bett noch sonst irgendwo!« Allein der Gedanke daran machte mich rasend! Und Mia-Baby ... Tja, Mia-Baby kaute nachdenklich auf ihrer Unterlippe rum. Wortlos zog ich sie zwischen ihren Zähnen hervor und funkelte sie gelinde gesagt scheißwütend an. »Ich würde gerne mit dir und noch einer Frau schlafen.«

»Was?«

»Ja!« Sie straffte ihre Schultern. »Ich will dich dabei sehen, mit einer ... anderen.« Ich verengte sofort meine Augen zu Schlitzen – sie verdrehte ihre. »Ich bin eben ... neugierig. Du hattest schon genug Sex in deinem Leben, aber ich noch nicht. Du bist mein Erster!«

»Ja, fuck! Der Gedanke gefällt mir, dass diese Pussy nur mir gehört, und das soll auch so bleiben!« Besitzergreifend legte ich meine Hand auf ihre Hitze und sie keuchte leise.

»Tristan bitte, ich will es nur probieren. Es ändert nichts an meinen Gefühlen für dich. Ich will nur wissen, wie es ist, okay?«

Fuck! Jetzt bat sie mich darum und ich wusste schon, was passieren würde, wenn mein Mädchen mich um etwas bat. Geschlagen ließ ich mich auf den Rücken fallen und rieb mir angestrengt über mein Gesicht. »Und mit wem willst du den Dreier machen, du kleines versautes Luder?« Ich klang absolut emotionslos.

Stille. Ich linste sie aus einem halb geöffneten Lid an und beobachtete ihre Reaktion. Sie kaute und kaute und kaute.

»Ich werde die gottverdammte Schlampe nicht aussuchen, und lass den Scheiß endlich!«, verkündete ich scharf. Sie atmete tief durch und sagte dann einfach so: »Eva Eber.«

»WAAS?«, grölte ich durchs ganze Haus und saß im nächsten Moment kerzengerade im Bett. Alles, was offen sein konnte, war es auch: mein Mund, meine Augen, mein Arsch. Ich hätte mit Vivi gerechnet, aber das wäre wegen Tom nie infrage gekommen – dementsprechend die perfekte Ausrede ... Aber so?

»Hast du deinen kleinen Arsch offen?«, fragte ich sie laut und jede Zurückhaltung war passé.

»Äh, nein ...«, stammelte sie und schaute mich etwas bestürzt an. Sofort probierte ich, mein Temperament zu zügeln, denn ich wusste, sie mochte es nicht, wenn ich ausflippte. Na gut. Wer mag das schon?

»Aber ich ... ich ... ich finde sie schön ... und in letzter Zeit verstehen wir uns ganz gut ... Wir haben da diese Lerng...« Skeptisch zog ich eine Braue nach oben, denn den Eindruck hatte ich nicht. Auf der Suche nach einer Lüge visierte ich sie intensiv an, versuchte, mir einen Reim auf alles zu machen, wollte erfahren, wieso sie so etwas Abwegiges von mir verlangte. War sie masochistisch oder einfach nur verrückt? Ich hatte keinen blassen Dunst.

Sie hielt meinem Blick stand. Fest. Und ich konnte in ihrem klaren, hellen Karamell keinerlei Anzeichen von Verunsicherung oder eine Spur von Unwahrheit entdecken. Verdammt, im Prinzip hatte sie bereits gewonnen, denn ich würde alles für sie tun.

»Fuck ... dann ficken wir eben mit Eva«, verkündete ich resigniert, wobei ihr Name wie ein Schimpfwort meinen Lippen entkam. Da konnte und wollte ich mich nicht verstellen, denn sie war und blieb eine arrogante Schlampe ohne Hirn und Verstand. Aber wenn Mia sie wirklich wollte, dann würde Mia sie bekommen ... Die Betonung lag auf fucking wenn!

»Gut.« Erleichtert atmete sie aus und sank wortlos in meine Arme, während wir uns wieder lang machten. Auch wenn sie noch so locker wirkte, es war zu spüren, wie es in ihrem Kopf ratterte und sie ihre Lippe vergewaltigte. »Aber ein paar Regeln hätte ich«, sagte sie nach einiger Zeit zaghaft.

»Wäre ja schlimm, wenn nicht!«

»Ähm ... könntest du sie bitte ... nicht küssen?«

»Das Letzte, was ich will, ist diese gottverdammte Schlampe zu küssen! Das Letzte, was ich will, ist irgendwas mit ihr zu tun. Ich mache den ganzen Scheiß nur für dich! Kannst du nicht die Regel aufstellen, dass wir das Ganze sein lassen?«

Seufzend verneinte sie. »Und ... kannst du sie bitte ... nicht anfassen ... da unten?«

Ich runzelte die Stirn. »Ja!« Das kam mir gerade Recht. »Sonst noch was?«, fragte ich gereizter, als es klingen sollte. Aber fuck! Ich wollte doch keine andere als mein Mädchen! Wieso kam sie jetzt mit so einer Scheiße daher? Reichte ich ihr etwa nicht? Und was, wenn es ihr mit einer Frau viel besser gefallen würde als mit mir? Was, wenn sie die Ufer wechselte? Was, wenn sie merkte, dass auch andere im Bettsport hochbegabt waren? Na gut, so talentiert wie ich war wohl keiner, aber Eva war von ihren

Fertigkeiten her nicht zu unterschätzen ...

»Und ... kannst du bitte ... nur mich ansehen?« Jetzt lachte ich auf und robbte nach unten, um ihr tief in die Augen – in ihre schöne Seele – zu blicken und meine Hände an ihre Wangen zu legen.

»Ich liebe dich, also sehe ich nur dich.«

Sie nickte schwach, beugte sich vor und küsste mich. Besitzergreifend ...

Irgendwas war hier nicht koscher, aber wieder schaffte sie es mit ihren Lippen, meinen Verstand zu vernebeln, weshalb ich mich nur noch auf ihre Zuneigungsbekundungen konzentrieren konnte und unser Spiel intensivierte. Es zählte nur zu spüren, zu empfangen, zu kosten. Ihre Finger glitten an meinem Bauch hinab, zielsicher zu ihrem besten Freund und umkreisten meine schon wieder feuchte Eichel. Bereit für Runde zwei.

Fordernd presste ich mich in ihre Hand, positionierte sie letztendlich allerdings auf mir und war mit einem Stoß in ihr. Unisono ertönten mein Stöhnen und ihr Keuchen. Alles war, wie es sein sollte.

Noch.

9. Die Hölle hat einen Namen

Mia ´so jealous´ Engel

Wieso hatte ich mich nur darauf eingelassen? Aber wie hätte ich es verhindern können?

Eva wurde wohl relativ schnell klar, dass Tristan sich von mir nicht fernhalten würde, was immer ich auch tat, daher ging sie zu Plan B über. Sie wechselte über zu der Ich-dränge-mich-in-euer-Sexualleben-Taktik und wollte allen Ernstes, dass er mit ihr schlief ... Ihr Vorschlag klang für mich dermaßen absurd, dass ich keine Ahnung hatte, wie ich darauf reagieren sollte. Zumal ich die Überzeugung hegte, dass er es auf Teufel komm raus und unter gar keinen Umständen noch mals mit ihr machen würde, dafür verabscheute Tristan sie zu sehr.

Doch das blonde Gift, was sich mit mir in der Tiernahrungs-Abteilung versteckte, ließ nicht locker. Mit verschränkten Armen funkelte sie mich herausfordernd an und verlangte, es dann eben mit uns beiden zu treiben. Was war das? Ihr schräger Versuch, einen Kompromiss einzugehen?

Fieberhaft dachte ich darüber nach, wie ich ihn dazu bringen sollte, zu glauben, dass ich diesen Irrsinn wirklich wollen könnte. Für mich war offensichtlich, dass die Hölle auf Erden losbrechen würde, wenn ich ihm diesen Vorschlag auch nur unterbreitete, ganz zu schweigen von der Tatsache, dass er womöglich rausbekommen könnte, warum ich das Ganze überhaupt verlangte. So oder so wäre unser privates Filmchen bei meinem Vater, bevor ich vor Angst nur über Flucht nachdenken konnte. Aber das war nicht meine einzige Befürchtung. Weitaus mehr Sorgen machte ich mir um Tristan. Er würde zum Berserker mutieren und dermaßen ausflippen, dass er letzten Endes vermutlich wegen Mord und Totschlag im Gefängnis landete. Aber ich hatte keine Wahl, also sagte ich zu.

***

Die ganze Zeit überlegte ich, wie ich Tristan von Evas ach so tollem Plan überzeugen beziehungsweise wie ich überhaupt beginnen sollte. Ausgerechnet er schnitt das Thema an, indem er mir mitten beim Sex entgegenhauchte, dass er es nur noch mit mir machen wollte. Ich schwankte zwischen Rührung wegen seiner Worte und Abscheu, wenn ich allein daran dachte, was uns noch bevorstand. Aber die geistigen Horror-Bilder von *ihm* in Eva überwogen und ich wollte im selben Moment sterben. Nur mühsam schaffte ich es, nicht zu heulen, und erzählte ihm von ›meiner Idee‹.

Das kostete mich mehr Kraft als angenommen, aber ich redete mir ein, Tristan wäre eventuell von der Aussicht, einen Dreier zu haben, angetan. Klar, ich besaß zwar nicht unbedingt so viel Ahnung von Männern und Tristan war ein typischer Mann – zumindest meistens und in einigen Dingen –, aber eines wusste ich: Jeder andere hätte mir höchstwahrscheinlich die Füße geküsst, dürfte er mit einer der Sexbomben der Schule schlafen. Wie dumm von mir! Obwohl ich es hätte besser wissen müssen, hielt mich diese Hoffnung über Wasser, auch wenn es sich bei der zusätzlichen Partnerin um Eva handelte. Natürlich überraschte mich Tristan mit seiner Reaktion. Denn er wurde vorsichtig ausgedrückt stinkwütend und ich vor den Kopf gestoßen.

Zum ersten Mal schrie er mich an und fragte tatsächlich, ob ich den Arsch offen hätte! Einerseits fand ich ihn deswegen noch süßer und war noch dankbarer als sowieso schon, weil es doch zeigte, wie sehr er mich liebte. So sehr, dass ich ihm vollkommen ausreichte und ich mir sicher sein konnte, dass sogar seine geheimen Fantasien sich nur um mich drehten. Dass kein Schulstar, kein Filmstar, Pornostar, einfach niemand ihn so sehr fesselte wie ich.

Das war wahre bedingungslose Liebe.

Andererseits war ich diejenige, die ihm ein schlechtes Gefühl aufgrund meines ›Wunsches‹ vermitteln musste. Als wäre er nicht der absolute Übergott im Bett. Mir fehlten zwar die Vergleichsmöglichkeiten, aber ich war nicht die Einzige, die sich jeden Körperteil dafür ausgerissen hätte, um mit ihm schlafen zu können. Die komplette weibliche Schulgemeinschaft lechzte danach. Das sagte doch alles.

***

Eine komplette Woche lag hinter uns, die wir gemeinsam verbringen konnten, weil mein Vater Spätdienst hatte und meine Mutter grundsätzlich nichts mitbekam.

In der ganzen Zeit kochte ich für die Familie und vermutete, dass sein Vater mich lieb gewonnen hatte und sogar Tom mich ganz gut leiden konnte. Sogar Phil begann, mit mir ein paar Witzchen zu reißen und selbst Katha lächelte mich des Öfteren an. Nur Vivi fehlte, weil sie mit ihren Eltern im Urlaub war. Diese waren stinkreich und konnten es sich leisten, einfach mal so mitten im Jahr auf die Malediven zu fliegen. Sie würde sicherlich ausflippen, wenn sie erfuhr, dass Tristan unsere Beziehung seiner Familie gegenüber offiziell gemacht hatte.

In der Schule lief alles entspannt. Das Jahr war fast vorbei und ich verbrachte die Pausen mit den Wranglers. Tristan und ich berührten uns zwar nicht und hielten Fummelabstand voneinander, damit wir uns nicht unkontrolliert aufeinander stürzten, aber wir trafen uns jeden Morgen in der Besenkammer, um uns Vorrat zu holen und den Schultag irgendwie ohne die Lippen des anderen zu überstehen. Doch kaum erreichten wir sein Zuhause, hing ich an seinen Hüften – wortwörtlich. Unser erster Weg führte grundsätzlich in sein Zimmer, geradewegs in sein heiligstes Heiligtum, das wir dann nach allen Regeln der Kunst entweihten.

Tristan war so offen wie nie, hatte keine Geheimnisse vor mir und es war selbst für mich unübersehbar, wie sehr er mich vergötterte. Sobald wir alleine waren, las er mir jeden Wunsch von den Augen ab. Egal, ob es darum ging, mich stundenlang zu massieren, stundenlang zu lecken oder sogar mit mir zu kuscheln. Am Anfang hätte ich nicht zu träumen gewagt, dass er mir jemals so ergeben sein würde, aber das war er jetzt: um meinen Finger gewickelt ... Ich natürlich genauso um seinen, aber mein Wort war entscheidend.

Es fühlte sich so unsagbar gut an, die komplette Macht über dieses wundervolle, starke Wesen zu besitzen.

Dies war umso erstaunlicher, wenn man den Ruf der Wranglers kannte. Jeder hatte Respekt vor ihnen. Sie kuschten insbesondere vor Tristan und seiner natürlichen Autorität, die ihm scheinbar mit in die Wiege gelegt worden war ... und so ziemlich alle ahnten, dass etwas zwischen uns lief. Dementsprechend wurde ich auch ganz anders behandelt. Ich konnte mich frei bewegen, ohne die Angst haben zu müssen, wegen meiner Andersartigkeit verhöhnt zu werden.

Das erste Mal realisierte ich, was es bedeutete, ein ganz normales siebzehnjähriges Mädchen zu sein, das sogar noch so ganz nebenbei den Schulschwarm für sich gewonnen hatte – mit nichts anderem als bedingungsloser Hingabe, einer kleinen Prise

Mut und einer großen Portion Hoffnung …

Die ich auch nicht aufzugeben wagte, wenn es um Eva und das Löschen des Filmes ging, wenn sie bekam, was sie wollte. Aber eine kleine ängstliche Stimme in meinem Hinterkopf beschwor mich regelrecht, nicht allzu leichtgläubig zu sein. Dass diese Person niemals genug von Tristan hätte, dass sie uns immer weiter treiben würde und dass es ihr sogar gelingen könnte, alles zwischen uns zu zerstören. Doch es gab keine Alternative, ich musste da durch. Durch meine persönliche Hölle.

***

Ich biss die Zähne zusammen und zog mir mutig die schwarze Unterwäsche an, die mir Tristan damals gekauft hatte, weil ich wusste, dass er sie an mir liebte. Nach einem kleinen Kampf mit meiner Schnecke schaffte ich es, mich komplett zu rasieren. Ein schwarzer flatternder Rock und ein weißes Babydoll komplettierten mein Outfit und waren genau das Richtige. Denn ich hatte schon gemerkt, dass es sehr praktisch und ungeheuer aufregend war, etwas Luftiges zu tragen, wo Tristan uneingeschränkten Zugang hatte, vorausgesetzt er befand sich in der Nähe.

Doch egal, wie hübsch ich mich machte, mit Eva konnte ich einfach nicht mithalten. Sie war der lebendig gewordene Traum fast aller Männer – absolut unwiderstehlich, sexy, wunderschön, kurzum perfekt.

Tristan würde spätestens dann, wenn ich – unförmig und dick – im direkten Vergleich neben ihr – schlank und makellos – stand, erkennen, wie durchschnittlich ich war, wir nicht zusammenpassten, ich seiner nicht würdig wäre und sich schließlich von mir abwenden. Die Furcht, dass er irgendwann wieder zum ›alten‹ Tristan mutierte, begleitete mich ständig. Nie traute ich ihm diesbezüglich über den Weg, so traurig es auch war.

Dafür war zu viel passiert und er hatte mir zu viel angetan. Als phänomenal großes Arschloch übertraf er sich regelmäßig selbst und neigte zu Extremen. Alles war übermäßig ausgeprägt. Vom Ficker bis zu seinem Ego. Sollte er also wieder in sein altes Selbst verfallen, würde es mich umbringen.

Eine kleine Panikattacke hielt mich also gefangen, als ich mich daheim, mit einem Handspiegel bewaffnet, fertigmachte. Irgendwann wurde die Anspannung so hoch, dass ich mir erst mal Stanley schnappte, mich an seinen winzigen Bauch kuschelte und eine Stunde nur heulte.

Danach konnte ich meine Schminkaktion von vorn beginnen. Am liebsten hätte ich alles abgeblasen. So wahnsinnig viel stand auf dem Spiel. Weder wollte ich Tristan teilen noch ihn verlieren. Er gehörte mir! Sein wunderschöner Körper durfte nicht von einer Fremden entweiht werden, und schon gar nicht vor meiner Nase. Aber die Alternative, zukünftig bei meinem Onkel zu leben, sollte mein Vater das Video in die Hände bekommen, kam auch nicht infrage.

**

Wieso hatte ich mich nur darauf eingelassen? Warum? Diese unzähligen Fragen und Befürchtungen schwirrten unaufhörlich durch meinen Kopf, während ich die zwei Etagen in dem dunkelgrau verputzten Treppenhaus nach unten lief, aber auch, als ich die paar Schritte zu Tristans knallrotem Audi ging, der schon in der Sonne glitzernd wartete. Mein Herz überschlug sich beinahe und sein Klopfen war vermeintlich so ohrenbetäubend laut, dass ich annahm, es wäre locker zu hören, als ich stolpernd die Tür öffnete, mich auf den Sitz fallen ließ und sie eilig wieder schloss, um mich darauf steif am Leder festzuklammern.

»Hey«, begrüßte mich seine sanfte Stimme. Ich wappnete mich dafür, ihn gleich anzuschauen und in Ehrfurcht zu verfallen, so wie jedes Mal, wenn ich seine makellose Schönheit betrachtete.

»Hey.« Kaum wandte ich mich ihm zu, stockte mir der Atem.

Er trug ein kakifarbenes Muskelshirt, welches das schimmernde, dunkle Grün seiner Augen betonte. Es passte perfekt zu seinem braun gebrannten Hauttyp. Seine Sonnenbrille steckte im Ausschnitt, während ich die Umrisse seiner ausgeprägten Brust erkennen konnte und seine breiten Schultern und Arme bewunderte. Diese geschmeidigen Muskeln mit den langen Sehnen ... Vervollständigt wurde das Ganze von seiner schwarzen Lieblingsbadehose, in der sein Hintern so göttlich aussah.

Für den Schluss hob ich mir sein Gesicht auf, dieses fesselnde, ebenmäßige Gesicht, das von wirren dunklen Haaren umrahmt wurde und einen liebevollen Ausdruck annahm, wenn er mir seine Aufmerksamkeit schenkte. Augenblicklich beruhigt seufzte ich. Aber als ich gebannt seine rosa, leicht feuchten vollen Lippen anstarrte, konnte nicht widerstehen.

Wie unter Zwang beugte ich mich zu ihm und presste meinen Mund auf seinen. Fest. Verlangend. Verzweifelt.

Er erwiderte meinen Kuss, auch wenn er genau das kurze Zögern spürte. Meine innere Niedergeschlagenheit musste für ihn fast greifbar sein, daher distanzierte er sich etwas von mir, lehnte seine Stirn an meine und legte seine großen, sicheren Hände auf meine Wangen.

»Wir müssen das nicht machen, wenn du nicht willst, Mia-Baby. Du kannst immer noch Nein sagen, verdammt noch mal!«

»Ich will aber!« Gott sei Dank hatte ich meine Lider geschlossen, so konnte er nicht die Gewissensbisse und meine Unsicherheit wahrnehmen. Er seufzte und sein süßer, nach Pfefferminz duftender Atem umnebelte mich. Ich tat es ihm gleich und sog tief seinen Duft und seine intime Nähe wie ein Elixier zur Stärkung ein. Es waren teuer erkaufte Minuten des Trostes, die aber nichts an der Situation änderten. Um nicht noch weich zu werden und wirklich alles abzublasen, obwohl ich nichts sehnsüchtiger wollte, rückte ich von ihm ab, damit er losfahren konnte.

Dabei musterte ich sein markantes Seitenprofil, seine einzigartige Kieferpartie, deren Muskeln deutlich hervortraten. Ganz klar, er tat das nur für mich; ich mutete ihm das zu und nutzte damit schamlos sein Vertrauen aus, indem ich nicht aufrichtig war. Vermutlich hatte er diverse Vermutungen, weshalb ich ihm diesen Dreier vorschlug, denn Tristan war keineswegs dumm, ganz im Gegenteil. Aber solange er der Wahrheit nicht auf die Spur kam, war alles gut. Es wäre ja auch nur das eine Mal. Dann wäre der Film vernichtet und wir könnten in Ruhe weiterleben. Doch warum flüsterte es in meinem Inneren nicht mal mehr, warum schrie es beinahe, dass es so nicht laufen würde?

Wir hatten uns mit Eva draußen verabredet; erstens, weil es noch warm war und zweitens, weil wir uns beide weigerten, es bei ihm zu Hause, in seinem Auto oder bei mir zu machen. Letzteres wäre ohnehin nicht möglich. Tristans Verfickte-Scheiße-noch mal-Baby-spinnst-du-Blick sprach Bände. Deshalb hatte er einen schönen abgelegenen Platz am Strand ausgewählt, der nur zugänglich war, wenn man eine halbe Ewigkeit durch kniehohes Wasser watete. Tristan schnappte sich kurzerhand die Tasche, in der alles Nötige verstaut war: Decken, Getränke Gummis und mich noch dazu. Sein Gepäck trug er sicher auf die andere Seite, während ich an ihm Halt suchte und ihn zu gern nie wieder loslassen wollte.

Angekommen stellte er mich vorsichtig auf meine enorm wackligen Beine. Als er beim Auspacken achtlos die Kondome auf die weiße Decke warf, wurde mir schlecht, denn ich wusste, er hatte sie für den wahrscheinlichen Fall dabei, dass er mit Eva

Sex haben würde.

Wie war ich hier nur reingeraten? Und vor allem ... Wie geriet ich hier wieder raus?

Bäuchlings liegend schaute ich Tristan zu, wie er den Sonnenschirm aufspannte. Sein Körper war die blanke Harmonie und Geschmeidigkeit. Das Spiel seiner Muskeln wurde durch das strahlende Wetter perfekt ausgeleuchtet.

Diese atemberaubende Aussicht ließ mich aufseufzen, denn ich wollte ihn nicht teilen! Aber ich musste.

Vorsichtshalber setzte ich meine Sonnenbrille auf – genau genommen war es seine – und platzierte meinen Kopf auf meine verschränkten Arme, um an meinem Pokerface zu arbeiten und die Ruhe zu bewahren. Gerade vor Tristan war das unabdingbar, weil er mich bis ins kleinste Detail zu kennen schien. Ich fühlte mehr, als dass ich sah, wie er sich neben mir niederließ. Seine Finger reizten meine Kniekehle unter meinem Rock, den er schließlich aus dem Weg schob. Die Spitzen seiner Haare kitzelten meine Oberschenkel, als seine Lippen den Berührungen folgten, und ich musste lächeln. Er war so unendlich süß zu mir. Ob er so wohl auch zu Eva sein würde? Mein Bauch verkrampfte sich bei dem Gedanken und mein Lächeln verschwand.

»Oh, ihr seid ja niedlich!« Als ich Evas nasales Gekrächze hörte, wurde mir richtig schlecht und ich kniff die Augen zusammen. Jetzt war es so weit. Jetzt geschah es. Meine persönliche Hölle würde losbrechen und ich tausend Tode sterben.

Ich hatte nicht viel in meinem Leben – eigentlich gar nichts. Nur Tristan. Und ausgerechnet ihn sollte ich für einen gewissen Zeitraum an sie abtreten und dadurch vielleicht sogar verlieren.

Mein sehnlichster Wunsch in diesem Moment war zu sterben. Vom Blitz getroffen werden, einen Herzinfarkt bekommen, mich an meiner Spucke verschlucken. Aber er wurde mir nicht erfüllt. Mein Herz stellte seine Arbeit nicht ein, auch wenn jeder einzelne Schlag einer Folter gleichkam.

»Seit wann so schüchtern, Baby? Ich will dich ... jetzt«, flüsterte mir seine samtene Stimme ins Ohr, während er immer noch über meine Schenkel streichelte. Mühsam holte ich Luft und zwang mich dazu, mich auf den Rücken zu drehen, um meinem Unheil entgegenzusehen, das zwei Schritte von uns entfernt stand. Mit langen glatten blonden Haaren und unendlich langen Beinen, die in rosa Flip Flops und in einem kurzen Jeansrock steckten – ihr schwarzes Neckholder-Oberteil mit dem paillettenverzierten V-Ausschnitt inklusive einer eleganten Kette mit großen Steinen, die riesengroße Sonnenbrille und rosa lackierte Nägel an den langen Fingern, die eine Zigarette hielten, komplettierten ihren Look. Ihr mit rosa Lipgloss betonter voller Mund war zu einem angedeuteten überheblichen Lächeln verzogen und die kleine Nase kräuselte sich leicht, als ich sie anvisierte.

Blöde Kuh! Unbeschreiblich schöne blöde Kuh! Ob sie Tristan gefiel?

Während ich ihn anblickte, starrte er zu Eva mit verengten Augen. Nicht gerade nett, einladend oder gar lächelnd. Nein, eher misstrauisch und abwertend. Allein dafür liebte ich ihn, aber er musste freundlich zu ihr sein. Ansonsten würde sie nur aus Rachsucht das Video an meinen Vater weiterleiten.

Mit einem tiefen Seufzer strich ich über seine Wange, um seine Aufmerksamkeit zu erlangen. Umgehend versank sein nun dunkles Grün in meinem Karamell.

»Weißt du was, Baby? Wir müssen den Scheiß nicht tun. Du kannst auch jetzt noch sagen, dass ich sie für dich festhalten soll, damit du deine Aggressionen an ihr auslassen kannst!« Er war sichtlich angepisst, um es in seinen Worten auszudrücken. Schnell legte ich meinen Finger auf seine Lippen und musterte Eva.

»Ich werde sie nicht schlagen, Tristan. Ich werde nie jemanden schlagen«, antwortete ich ruhig. »Komm her!«, wandte ich mich beinahe sanft an sie, obwohl ich sie lieber anschreien wollte. Wenn man es genau nahm, hätte ich sie zu gerne windelweich geprügelt, denn sie hatte sich mit Druck in unsere Privatsphäre gedrängelt. In unsere Welt voller Lust, Leidenschaft, in den Zauber unserer Liebe. Sie lächelte schief. »Komm schon, Tristan. Früher hat es dir auch gefallen, mit zweien zu ficken!« Dabei neigte sie leicht den Kopf und schlüpfte aus ihrem Rock.

Es war schwer, meine Mimik zu kontrollieren und auch in Tristan neben mir brodelte es spürbar.

Oh nein! Er durfte sie nicht blöd anmachen. Mit meiner Hand auf seiner Brust fühlte ich seinen Herzschlag, seine Wärme, die Unnachgiebigkeit seiner Muskeln und blinzelte ihn liebevoll an.

»Baby«, sagte ich, worauf sich seine Augen wie immer ein wenig weiteten, wenn ich ihn so nannte. »Es ist okay. Eva kann alles sagen und tun, was sie will. Heute ist ein Ausnahmesamstag, in Ordnung?«

Jetzt fixierte er mich mit halb geschlossenen Lidern, strich mir aber nach einer atemlosen Sekunde die Haare aus dem Nacken, bevor er sich zu mir beugte und mit seinen Lippen über die Mulde unter meinem Ohr wanderte.

»Ich liebe dich«, wisperte er. Als ich erschauerte, gluckste er. »Vergiss das nicht, egal was geschieht«, fuhr er amüsiert fort. Dann glitt er mit seinen Fingern unter mein Oberteil und streichelte meinen Bauch. Ich genoss seine Nähe und kuschelte mich an ihn. Sogar Evas Anwesenheit entfiel mir.

»Tristan?«, hörte ich Eva leise, wobei sie gar nicht mehr nasal klang, doch er ignorierte sie, bis ich mich von ihm löste und sie ansah. Dann erst tat er es mir gleich. Lediglich in Unterwäsche bekleidet stand sie da. Einerseits war sie sehr dünn, aber dennoch gut proportioniert. Mit ihrer Anmut und Grazie, die sie gerade ausstrahlte, gehörte sie auf einen Laufsteg. »Kommst du?«, lockte sie und lächelte süß.

Ich seufzte schwer. Mit hochgezogener Braue und gerunzelter Stirn fragte er, was er tun sollte, was er tun durfte.

»Mach einfach«, versuchte ich aufmunternd zu wirken, doch offenbar scheiterte ich kläglich. Missmutig beobachtete er mich. »Wolltest du nicht mit ihr ficken?«, schoss er gerade heraus, in typischer Tristan-Manier.

Ich verdrehte die Augen. »Ich will dich zuerst dabei sehen.«

Er starrte mich einige Sekunden mit seinem Ich-lese-einfach-deine-Gedanken-weil-ich-dir-nicht-glaube-was-du-sagst Blick an. Um nicht enttarnt zu werden, küsste ich ihn zart. Er erwiderte es, bis ich ihn an der Brust von mir drückte und ihm zu verstehen gab, dass er sich endlich dem großen Übel widmen sollte. Trotzdem zögerte er, erhob sich letztendlich aber anmutig. Auf meine Ellbogen gestützt und mit der Sonnenbrille auf der Nase konzentrierte ich mich darauf, wie er raubtierhaft und wunderschön im gleißenden Licht auf seine Beute zu schlenderte.

Ich registrierte Evas beschleunigten Atem und ihren leeren sowie leicht trancemäßigen Blick, als dieser seinen langen geschmeidigen Körper visuell abtastete, ebenso wie sie schwer schluckte, als er sein Gesicht erfasste.

Lässig stellte er sich einfach vor sie – ohne sie zu berühren oder irgendetwas anderes zu tun. Sie himmelte ihn völlig entrückt an.

Es erschien wie ein Traumbild: diese zwei schönen Wesen in der Sonne und ich im Schatten, wo ich hingehörte.

»Hör mir zu«, begann Tristan ruhig. »Mein Mädchen will nicht, dass ich dich anfasse, dich küsse oder dich ansehe, und ich will das genauso wenig. Nur um das klarzustellen.« Eva betrachtete mich mit hochgezogener Braue – warnend, provokativ. Ich schaute zurück – knallhart und kühl. Denn sollte sie nur andeuten, dass sie sich an unsere Abmachung nicht halten würde, dann könnte sie Tristan vergessen.

Tja, entscheide dich, Fräulein!

Tristan gluckste leise. »Fuck, Baby, du bist heiß, wenn du den Killerblick aufsetzt!« Ich konnte nicht anders, als meine Augen zu verdrehen.

Sie schnaubte mit einem mürrischen »Okay.«

Im nächsten Moment musterte Tristan mich, nur mich. Mit hängenden Armen und leicht gespreizten Beinen stand er zwei Schritte von mir entfernt.

Das hielt Eva aber nicht ab. Vor sich hinmurmelnd verringerte sie die Distanz, griff nach dem Saum seines Shirts und wollte es ihm über den Kopf zerren. Doch weiterhin behielt mich Tristan im Blick, beantwortete mein Lippengebeiße, indem er seine Stirn runzelte, bevor sie es mit seiner Hilfe schaffte, seinen Oberkörper zu entblößen. Wir Frauen keuchten auf. Einfach weil er oben ohne zum Niederknien und noch anbetungswürdiger war.

Mit einem dreckigen Grinsen legte sie ihre Hände auf seine Brust, woraufhin seine Muskeln zuckten und ich mich zusammenreißen musste, nicht auszulaufen, obwohl sie es war, die ihn berührte.

Fast schon ehrfürchtig und sehr langsam zeichnete sie jeden Zentimeter seiner Muskeln nach – für sich, nicht für ihn. Und ich konnte nicht anders, als ironisch und ziemlich überheblich zu schnaufen, weil ich ihn jederzeit so anfassen durfte, wenn ich es wollte, aber sie musste es jetzt ausnutzen, da es kein weiteres Mal geben würde.

Tristan grinste mich schief an. Auch er wusste, was ich dachte – genau wie sie.

»Halts Maul, Tristan«, forderte sie barsch, bevor er einen Kommentar abgeben konnte; sein Grinsen vertiefte sich. »Wenn ich mit dir fertig bin, wirst du nicht mal mehr wissen, wie sie heißt!«, säuselte sie. Ich verkniff die Augen zu Schlitzen, während Tristan zu mir linste. »Glaubst du, sie schafft das, Mia-Baby?«

Automatisch schüttelte ich den Kopf. »So gefällst du mir«, murmelte er und Eva schnaubte auf.

»Kannst du dich vielleicht auch mal ein bisschen mit mir unterhalten?«

Was mich beinahe zum Lachen brachte.

»Und schau mich auch mal endlich an!«, rief sie ungehalten und stieß ihn leicht gegen den Bauch. Tristan wandte sich ihr zu und starrte sie an: eiskalt. Sie schluckte heftig ... und senkte sofort den Blick.

»Dann eben nicht.« Eva strich über Tristans V ... immer weiter hinab.

Jegliches Grinsen meinerseits verflog.

Wie sie ihn betrachtete! Als wäre er teures, seltenes Fleisch mit genau der richtigen Maserung und passendem Reifegrad. Plötzlich beugte sie sich vor und küsste ihn ... direkt auf die Brust. Ich schloss die Lider, weil das unerträglich war, versuchte aber dennoch, cool zu bleiben. Doch das war unmöglich. Wie denn auch? Ich war noch nie cool gewesen. Dementsprechend konnte ich es auch nicht bleiben.

Als ich sein Stöhnen vernahm, wollte ich nur noch schreien, aber ich wagte nicht, den Blick zu heben. Dies hier war viel schlimmer als das auf der Toilette. Viel, viel schlimmer!

»Okay, die Show ist zu Ende!«, durchbrach er die angespannte Stille.

»Aua!«, kreischte Eva auch schon, weil er sie am Arm packte und die zwei Schritte zu mir zerrte. Ich sprang auf.

»Lass sie los, Tristan!« Mit einem Ruck löste ich seine Finger von ihr, war aber nur damit erfolgreich, weil er es zuließ. Eva rieb sich die gerötete Stelle und taumelte zurück.

Tristan griff jetzt nach mir und ich keuchte erschrocken auf, als er nun mich wütend anfunkelte. Er tat mir nicht weh – überhaupt nicht –, aber ich war es nicht gewohnt, dass er mich so behandelte beziehungsweise so mit mir umging. »Glaubst du etwa, ich weiß nicht, was hier los ist? Denkst du wirklich, ich nehme dir diesen Scheiß ab?« Seine Stimme war leise, drohend ... oh nein! Er machte eine ausladende Handbewegung über das ganze Horrorszenario.

Im Augenwinkel sah ich, wie Eva ihren Rock schnappte und sich davonmachen wollte, doch Tristan kannte keine Gnade.

»Vergiss es!« Er stellte einfach seinen Fuß in ihren Fluchtweg. Sie stolperte darüber und fiel auf die Knie, wobei sie sich sicherlich alles aufschürfte. Entsetzt drehte sie sich mit verzerrtem Gesicht zu ihm um. Tristan schoss visuelle Blitze in ihre Richtung – nicht nur wütend, sondern voller Hass. »Rück mit der Sprache raus, Eva! Du hast eine Chance!«, forderte er immer noch gefährlich ruhig, während ich keine Ahnung hatte, was ich sagen oder tun sollte.

»Ich ... ich ... weiß nicht, was du ... meinst! Mia?«, stotternd und zitternd wies sie auf mich.

Tristan fixierte mich daraufhin. Aber ich würde mich nicht von ihm einschüchtern lassen. Diesmal nicht. Denn er liebte mich und hatte ohnehin den Plan versaut, also würde ich meine Chance nutzen.

Heftig riss ich mich von ihm los und ging vor Eva in die Hocke. Wohl wissend, dass Tristan beschützend hinter mir stand.

»Gib mir dein Handy«, meinte ich leise. Evas Augen weiteten sich und sie verneinte stumm. »Wieso sollte ich dir mein Handy g…?«

»Gib ihr sofort das verdammte Handy!«, erklang Tristan herrisch. Eva bebte ersichtlich, fummelte aber in ihrer Tasche und reichte das Telefon weiter. Ich wiederum hielt es Tristan hin, ohne meinen Blick von ihr zu nehmen. »Sie hat uns gefilmt. Am Samstag«, teilte ich ihm mit. Er keuchte auf – mehr Informationen brauchte er wohl nicht.

»Gottverdammt noch mal, Eva! Das war das letzte Mal, dass du so eine Scheiße abgezogen hast. So wahr mir der Arsch da oben helfe!«, brummte er vor sich hin und drückte auf den Tasten rum.

»Hast du es noch irgendwo?«

Die Angesprochene schüttelte lediglich den Kopf. Ich atmete auf und erhob mich.

»Hast du es?«

»Ich hab es gelöscht«, verkündete Tristan knapp. »Aber sie lügt«, finster durchbohrte er sie erneut mit seinem Grün-Braun.

»Nein ... n ... nein Tristan, ich lüge nicht!« Ein Muskel an seiner Wange zuckte.

»Mia«, ließ er langsam und eindringlich verlauten, ohne mich weiter zu beachten. »Ich möchte, dass du zum Auto gehst.«

»Wieso?«, widersprach ich.

»Geh einfach zum Auto und warte dort auf mich.«

In dem Moment fing Eva an zu schluchzen, machte einen Satz nach vorne und krallte sich an Tristans Beinen fest. »Nein, bitte! Ich habe noch eine Kopie auf meinem Computer. Wir können sie löschen. Wir werden alles löschen! Ich werde euch in Ruhe lassen!« Er war absolut gefühlskalt, während er das Häufchen Elend musterte. »Sie muss lernen, was Sache ist.«

»W ... wie meinst du das? Was willst du mit ihr tun, Tristan?« Leichte Panik schwang in meinem Tonfall mit, aber keinerlei Hysterie. Im Gegensatz zu Eva, die unkontrolliert vor sich hin wimmerte und vor und zurück schaukelte. Sie war nervlich völlig am Ende und wirkte total gebrochen.

»Es gibt viele Möglichkeiten, für einen Menschen zu lernen. Mit Reden kommt man bei der hier nicht weiter, aber vielleicht mit ein paar ausgerissenen Fingernägeln ... « Er zuckte mit den Schultern, während Eva verzweifelt aufschluchzte und ich meinen Ohren kaum traute.

»So was kannst du nicht machen!« Unsicherheit und Schock mischten sich in meine Stimme. Mit einem ironischen Schnauben sah er mich schließlich an. »Checks endlich! Sie wird es nie lernen! Nie! Außer ich verpasse ihr einen Denkzettel. Also sei ein braves Mia-Baby, geh zum verschissenen Auto und warte dort auf mich, bis ich mit dieser Schlampe hier fertig bin! Verstanden?«

Wie konnte er nur so ... so skrupellos sein? Das war eine Seite an ihm, die mir Angst machte.

»Nein, bitte! Mia!« Plötzlich umklammerte Eva meine Beine und das so stark, dass es schmerzte. »Geh nicht! Bitte! Ich werde nie wieder so etwas machen, b... !«

»Verdammte Scheiße!« Tristan schob sie mit dem Fuß von mir weg, als wäre sie eine Ratte. Ihr einst perfektes Make-up lief in Schlieren ihr makelloses Gesicht herab. Sie zitterte, schluchzte – war ein psychisches Wrack. »Fass sie nicht an! Rede nie wieder mit ihr! Schau sie nicht mal an! Oder ich schwöre, ich werde dir beibringen, zu lernen. Das nächste Mal, wenn du so etwas abziehst, wird sie mich nicht zurückhalten können! Hast du das verstanden, Schlampe?«

Sie nickte. Hektisch. In einer Tour. Und sie hörte nicht mehr damit auf.

Erleichtert ließ ich die angehaltene Luft entweichen, als Tristan plötzlich schmunzelte und diese mörderisch einschüchternde Stimmung ihn verließ. Er beförderte sie hoch und drehte sie an den Schultern zu mir. Dann grinste er wie der Sonnenschein persönlich.

»Und jetzt hau ihr eine rein!«

»Was?«, riefen Eva und ich ungläubig. Tristan verdrehte die Augen »Ich schlage keine Frauen, aber sie hat es verdient, verdammte Scheiße! Du wirst dich danach besser fühlen.«

»Ich werde niemanden schlagen, Tristan!«, gab ich giftig zurück.

»Nur ein bisschen. Zeig ihr, was ein Haken ist. Gib ihr auf die Neun!«

»Lass sie jetzt los!«, erwiderte ich in meinem strengsten Lehrerton und er seufzte theatralisch, stieß sie aber von uns weg. Flink hob er ihr Oberteil auf und warf es ihr entgegen, bevor er sich locker vor ihr aufbaute, auf sie herabblickte und samten und scheinbar tiefenentspannt sprach:

»Wenn von diesem Video auch nur eine einzige Menschenseele Wind bekommt, dann lernst du mich richtig kennen. Du wirst danach nur nichts mehr davon erzählen können, weil dir deine falsche Zunge fehlen wird, ganz einfach aus dem Grund, damit niemand auf dieser Welt je wieder die Scheiße ertragen muss, die den ganzen Tag unkontrolliert aus deinem Mund fällt! Das war die letzte Warnung!« Nach seinem freundlichen Rat schlang er mir einen Arm um die Schultern und zog mich an sich. Ich drehte mich zu ihm um und umarmte seinen nackten Bauch, vergrub mein Gesicht an seiner Brust und sog tief seinen Duft ein.

Es war anders ausgegangen als erwartet, aber auf jeden Fall besser als befürchtet. Mein Problem war gelöst – zumindest für den Moment. Ob Eva wirklich dazulernen würde, war die Frage. Vorerst wirkte sie so verängstigt, dass sie ihren Mund halten würde. Außerdem war ich davon überzeugt, dass Tristan sichergehen würde, dass sie das Video wirklich löschte. Wenn das geschah, wollte ich allerdings auf keinen Fall dabei sein.

Tristan so eiskalt zu erleben, gefiel mir nicht. In diesem Zustand war er absolut unberechenbar. Ich konnte es kaum ertragen, denn diese knallharte Seite an ihm hatte ich bisher kaum zu Gesicht bekommen. Sie schüchterte mich unheimlich ein, auch wenn sein Zorn bisher nie auf mich gerichtet gewesen war … Ich betete darum, dass dies auch niemals eintreffen würde.

***

Nachdem Eva panisch das Weite gesucht und hoffentlich gefunden hatte, sammelte Tristan unsere Sachen zusammen und streifte sich sein Shirt über. Er faltete die Decke, nachdem er sie kräftig geschüttelt hatte, ganz der Sauberkeitsfreak, der er war, und baute den Sonnenschirm ab. Zum Glück benahm er sich nicht so pingelig, wenn es unsere Körpersäfte betraf.

Ich hockte derweil auf einem Stein in der untergehenden Abendsonne, tötete ein paar nervige Mücken, beobachtete ihn grüblerisch und wusste, dass der Sturm noch nicht vorüber war.

Denn er redete nicht mit mir. Er scherzte auch nicht oder lächelte mich an. Er war angespannt. »Tristan …«, seufzte ich und versteckte mich hinter meinen Händen. »Du weißt, dass ich Angst habe, wenn es um meinen Vater geht. Sie wollte ihm das Video zeigen …«

Seine aussagekräftige Mimik machte mir klar, dass ich ihn – mit seinen Worten – jetzt bloß nicht ficken sollte.

Erneut seufzte ich, während er sich die Sporttasche mit dem eingeklemmten Sonnenschirm über die Schulter schmiss und auffordernd zu mir schielte. Mit einer leichten Bewegung seines Kinns forderte er mich auf, voranzugehen, und ich gehorchte widerstandslos.

Dies war weder die rechte Zeit noch der rechte Ort um ihn weiter zu reizen.

Auf dem Kiessand hatte ich mit den Flip Flops so meine Schwierigkeiten, denn er half mir nicht wie auf dem Hinweg.

Alle Nase lang erklang ein »Aua! Ah! Aua! Ah!« Anfangs ignorierte er mich, aber irgendwann war es für ihn anscheinend zu stressig und er legte grummelnd seinen Arm um meine Taille, presste mich an sich, hielt mich aufrecht, so wie immer.

Ich lächelte in mich hinein.

»Das ist kein verdammter Grund zum Grinsen«, wurde ich sofort angemotzt.

Ich schmollte. »Wieso hast du das ganze Grauen überhaupt mitgemacht, wenn du wusstest, dass da was nicht stimmt?« Damit hätte er mir einigen Kummer ersparen können.

Tristan überraschte mich wie immer. Denn mit einem Ruck blieb er stehen und ich zwangsläufig auch. Er drehte mich zu sich, sodass er mich direkt anblicken konnte. Mit dem Kopf im Nacken schaute ich zu ihm hoch, unmittelbar in seine blitzenden, offenen Augen.

»Wieso, gottverdammte Scheiße, vertraust du mir nicht?«

Woah ... mit der Gegenanklage hätte ich jetzt wirklich nicht gerechnet. Ich runzelte angestrengt meine Stirn und wollte gerade zur Verteidigung ansetzen, als er mir zuvorkam. »Ja, ich weiß. Ich habe dir oft wehgetan und dich bloßgestellt. Ich habe dich gedemütigt und missachtet. Ich habe dich nicht respektiert. Aber jetzt ist alles anders. Ich liebe dich, ich respektiere dich, ich verehre dich und ich will nichts anderes tun, als dich glücklich zu machen. Ich habe bis jetzt nicht oft geliebt. Du weißt, dass ich meine verdammte Familie auch liebe. Aber dich liebe ich auf einer ganz anderen Ebene. Für dich trage ich auch eine andere Verantwortung. Ich weiß, mein Vater und meine Brüder können auf sich selber aufpassen. Aber du nicht. Meine Familie ist stark, du bist schwach. Ich will dich immer in Sicherheit wissen, indem du bei mir und ein Teil meines Lebens bist. Aber wie soll ich dich beschützen, wenn du mich abschirmst vor dir, vor deinem Leben? Ich bin fucking hilflos und es kotzt mich an! Wie du siehst, kann ich auch anders, als alles nur durch rohe Gewalt zu klären. Denn ganz bestimmt hätte ich Eva nicht ein einziges ihrer hässlichen Haare gekrümmt! Wenn du von mir denkst, dass ich nur eine Sache von der Scheiße, die ich da abgelassen habe, getan hätte, dann kennst du mich nicht!«

W.O.A.H.

Ich war sprachlos. Wirklich sprachlos.

Tristan funkelte mich gequält an und ich blinzelte verwirrt zurück. Was sollte ich darauf antworten?

»Okay«, war alles, was mir dazu einfiel. Mein Schädel war leer gefegt durch seine Rede.

Tristan zog eine markante Braue nach oben und ein leichtes Schmunzeln zierte seine Lippen – die erste Entspannung seines Kieferbereichs seit Stunden.

»Okay, was?«

Ich grinste mit, verhinderte aber ansonsten jegliche Mimik. »Okay, du darfst mich beschützen.« So was wie heute Nachmittag wollte ich einfach nie wieder durchmachen.

Tristan entspannte sich jetzt merklich und ich mich damit auch.

Die Last der letzten Ereignisse verließ mich und ich hatte den Eindruck zu hören, wie die Brocken auf den Boden krachten. Sein Ausdruck spiegelte Ähnliches wider. Gleichzeitig realisierte ich, wie wichtig es ihm war, mich wahrhaftig kennenzulernen, weil er wollte, dass es mir gut ging.

Langsam hob ich meine linke Hand, um mit den Fingerspitzen leicht über die Seite seines Gesichts zu fahren. Spürte seine ebenmäßige Haut, die Mulden seiner Schläfen und den Ansatz seiner hohen Wangenknochen, streichelte über seine stoppligen Dreitagebart, um dann über seine perfekte Unterlippe zu gleiten.

Ein Mann für die Götter.

»Ich hab dich nicht verdient«, stellte ich fest.

»Das ist mein verdammter Text!«

Ich lächelte und schmiegte mich an ihn, strich durch seine Haare und fühlte deren feste Konsistenz ... »Ich muss nach Hause.«

»Nimm mich mit!«

Mir wurde schlecht, als ich mir Tristan an diesem schrecklichen Ort vorstellte. Eilig schüttelte ich den Kopf.

»Noch nicht heute.«

»Bitte.«

Ruhig sahen wir uns an. Wir hielten uns fest, so wie wir es immer tun würden. Ich schloss die Lider. »Okay.« Ich musste nicht lange auf seine Reaktion warten.

»Okay, was?«

»Okay, du kannst ... mitkommen.« Da war sie auch schon wieder dahin – die gute Laune. Ich schluckte angestrengt und öffnete wieder die Augen.

»Keine Panik, Mia-Baby. Entspann dich.« Er zwinkerte mir zu. Ja. Diese Worte kannte ich zu gut. Für ein paar Sekunden klammerte ich mich an ihn und atmete sein frisches Aroma ein.

Nur so zur Beruhigung. Es brachte nichts.
»Panik ist überhaupt kein Ausdruck.«

10. Stärke und Schwäche

Tristan 'the hero' Wrangler

Mein Mädchen war verdammt nervös, während wir zu ihr fuhren. Sie rutschte auf ihrem Sitz hin und her, zerkaute ihre Unterlippe und fummelte ununterbrochen an ihren Fingern rum.

Natürlich versuchte ich, sie zu beruhigen, legte meine Hand auf ihren weichen Oberschenkel, strich über ihre Schläfe und durch ihre weichen Haare.

Mit Mühe kämpfte sie ein Lächeln auf ihr Gesicht, aber immer, wenn sie mich ansah, strahlte mir Angst und Besorgnis aus ihren Augen entgegen. Beinahe wäre ich schwach geworden, hätte ihr am liebsten angeboten, ihr Zuhause ein anderes Mal kennenzulernen und sie vorzugsweise bei mir nach Strich und Faden zu verwöhnen. Doch das ging einfach nicht. Endlich hatte sie zugestimmt, mich in ihr Leben einzulassen. Daher durfte ich sie auf keinen Fall enttäuschen, musste stattdessen stark für sie sein. Vor dem grauen, nicht gerade einladenden Gebäude, in dem sie wohnte, kamen wir schließlich zum Stehen. Ich machte den Motor aus, bevor ich mich ihr zuwandte und ihr über die Wange streichelte. Sie war so unendlich bleich.

»Du kippst mir aber nicht um, oder?«

»Tristan ...« Ironisch schnaubte sie auf, lehnte sich aber gegen meine Berührung, während sie die Lider schloss und tief durchatmete. Mein Daumen liebkoste ihre extrem blasse Haut, damit sie sich wenigstens etwas entspannte.

»Wenn ich dich so sehe, würde ich am liebsten sagen, wir lassen es sein.« Sie schaute mich hoffnungsvoll an. »Aber das werden wir nicht«, fügte ich noch schnell hinzu. Meine Stimme wurde wieder weicher. »Willst du es mir vielleicht davor erzählen?«, fragte ich vorsichtig. Mir war völlig unklar, was bei ihr so schlimm sein sollte, dass sie solchen Stress schob, mich dorthin mitzunehmen.

Sie schüttelte heftig den Kopf und stieg einfach aus.

Schwer seufzend folgte ich ihr. Als ich das Auto verriegelt hatte, war sie schon zu der Eingangstür aus dreckigem Glas gelaufen und fummelte dort am Schloss rum. Sie schaffte es nicht zu öffnen, dafür zitterte sie zu sehr.

»Mia-Baby. Stopp ...« Mit meinem Arm um ihre Schulter nahm ich ihr den Schlüssel ab und sperrte problemlos auf, wobei ich sie fest an meiner Seite hielt, weil ich den Eindruck hatte, sie würde sonst auseinanderbrechen. Nach ein paar Sekunden fiel die Anspannung etwas von ihr ab. Gott sei Dank! »Ist dein Vater da?«, wollte ich wissen, vermutete es aber im Grunde nicht, weil ich wohl sonst nicht hier wäre.

Sie verneinte erwartungsgemäß. »Er ist in der Arbeit.«

»Okay.« Das war auch besser so. Ich hatte keine Ahnung, wie ich auf den Penner reagieren würde. Eindeutig war nur eins: Wenn er mit meinem Mädchen fickte, dann würde er die nächsten vier Wochen im Krankenhaus verbringen! Mindestens ...

Aus dem Keller verteilte sich leichter Schimmelgeruch im ganzen Treppenhaus und die Wände waren über und über mit Dreck beschmiert. Doch ich ignorierte es überwiegend, da Mia neben mir wieder richtiggehend steif wurde und ohne Unterlass bebte, sodass ich zu tun hatte, mich von ihrer Laune nicht anstecken zu lassen, was sonst normal zwischen uns war.

Bald erreichten wir die Wohnungstür, deren dunkelbrauner Lack überwiegend abgeblättert war. Ein undefinierbares Aroma drang aus dem Inneren, was meine Nase dermaßen reizte, dass ich sie mir zuhalten wollte. Es roch genau genommen furchtbar. Mein Mädchen vergrub ihr Gesicht an meiner Brust und rührte sich nicht mehr.

»Bitte verurteile mich nicht ...«, murmelte sie plötzlich und ich runzelte meine Brauen, während ich das ausgebleichte Namensschild ›Engel‹ betrachtete.

»Ich werde dich niemals verurteilen. Wie könnte ich, Baby? Du bist zu gut für diese Welt«, antwortete ich und sie linste unsicher zu mir auf. Beruhigend lächelte ich sie an, strich ihr ein paar Strähnen hinter die Ohren und hielt ihr den Schlüsselbund vor die Augen.

»Welcher ist es?«

»Blau«, nuschelte sie und presste sich wieder an mein Shirt. Ich seufzte, drückte sie fester an mich und drehte den passenden Schlüssel mit einem Klick, bis die gottverdammte Tür aufschwang. Zumindest sollte sie das. Aber nur ein Spalt war einzusehen, dann versperrte uns ein Hindernis den Zutritt. Gleichzeitig wäre ich fast nach hinten umgekippt, umgeworfen von dem widerwärtigen Gestank, der uns entgegenwehte.

»Fuck!«, fluchte ich und meine Miene verzog sie zu einer angeekelten Grimasse. »Meine Mutter ... ist ein Messie.« Mit einem Ruck löste sie sich von mir und quetschte sich geübt durch die schmale Ritze. Ich konnte es nicht fassen. »Du wolltest es so!« Düster ergriff sie meine Hand und zerrte mich hinein ... in den Flur? Ich hatte keine Ahnung ... Alles war zugestellt – vom Boden bis zur Decke. So etwas hatte ich noch nie erlebt oder zu Gesicht bekommen, auch nicht im Fernsehen.

Überall lagen Zeitschriften, Kleidung, Lumpen, Plastiktüten Schuhe, Vorhänge, sogar Spielzeug und anderer Kram verstreut. Kartons, Kisten und Sperrmüll waren ineinander gestapelt. Lediglich ein kleiner Pfad führte uns tiefer in den Sumpf. Mir kamen ernsthafte Bedenken, was den Rest der Wohnung anging. Aber verdammte Scheiße, ich musste stark sein.

Die Stimmung hier drin war dermaßen deprimierend, dass ich kaum Luft holen konnte beziehungsweise wollte. Es war nicht nachvollziehbar, wie man es hier aushalten konnte. Das sprengte ehrlich meine Vorstellungskraft. »Meine Mutter hat angefangen zu sammeln, als ich ein Jahr alt war. Seit sechzehn Jahren hat sie es nicht geschafft, auch nur ein einziges Ding wegzuschmeißen«, verkündete Mia leise und zittrig. Das Chaos überragte sie und ließ sie klein und verloren wirken.

»Fuck, Baby, *so* bist du aufgewachsen?« Ich konnte meinen Schock nicht komplett verstecken. Doch Mia zuckte nur mit den Schultern. »Wie gesagt, was man nicht kennt, vermisst man nicht. So ist es wohl auch mit der Sauberkeit«, konterte sie schlicht, dann bahnten wir uns weiter einen Weg den Gang entlang. Der Geruch wurde immer penetranter, aber wir zwängten uns vorwärts. Ein paar Türen gingen vom Flur ab.

»Hier geht's ins Wohnzimmer und zum Schlafzimmer meiner Eltern. Hier herrscht Chaos.«

Sie zeigte nach links, dann nach rechts. »Hier ist mein Zimmer.« Und geradeaus. »Hier das Bad ... Da ist es ordentlich.« Mit ihren Worten gab sie die Sicht auf rosafarbene Kacheln frei, die noch aus Omis Zeiten stammen mussten. Es war sauber, geradezu blitzblank, strahlend und hell. Ein heftiger Kontrast zu dem Wahnsinn hinter uns. Eine Badewanne dominierte den Raum, gegenüber stand eine Waschmaschine neben dem Waschbecken und der Toilette. Aber was mich wirklich erstaunte, war der Kühlschrank und die zwei Herdplatten, die hier untergebracht waren. Ähm?

»Du kochst im Bad«, erfasste ich die Lage, als wäre das alltäglich.

»Hier darf ich putzen«, erklärte Mia.

»Was heißt denn, hier *darfst* du putzen?«

»Na ja, meine Mutter mag es nicht, wenn ich ihr Zeug anfasse. Also tue ich das nicht.« Sie gab sich Mühe, unbeteiligt zu klingen. »Also ...«, kaute aber trotzdem auf ihrer Unterlippe, bevor sie ergänzte: »Willst du meine Mutter kennenlernen?«

Fuck ... prompt tauchte der verängstigte Ausdruck in ihren Augen wieder auf. »Ja«, stimmte ich zu und befreite sanft ihre Unterlippe, die sie ohne Unterlass mit den Zähnen malträtierte.

Mia wirkte alles andere als glücklich. »Aber sie ... ist nicht normal.«

»Du meinst, abgesehen von dem hier?« Ich wies in Richtung Flur. »Ja«, erwiderte sie knapp und ich runzelte die Stirn.

»Wie, nicht normal?«

Mia seufzte, dann schoss es aus ihr heraus. »Meine Mutter ist psychisch krank, okay?«

»Okay.« Ich schluckte und bedachte sie mit einem mitfühlenden Blick. Ihren abweisenden Tonfall kommentierte ich nicht, weil mir klar wurde, dass sie lediglich so reagierte, weil es ihr peinlich war. Die Situation zerrte an ihren Nerven und war schwer zu ertragen. Ich fragte mich, wie sie das schaffte!

»Sie wird wahrscheinlich schlafen. Okay? In der Nacht säuft sie, geht auf Partys, rennt nackt durch die Gegend, treibt es mit Sechzehnjährigen ... und am Tag schiebt sie ihre Depressionen und schläft.«

»Okay.« Sie öffnete bereits die Tür und ich folgte ihr ins Wohnzimmer, obwohl ich ernsthaft Bammel hatte, es zu betreten. Grausam beschrieb es nicht annähernd. Das war kein Ort, wo man leben oder sich gar wohlfühlen konnte. Ausdünstungen von Verwesung und Kotze drehten mir beinahe den Magen um.

Der versiffte Teppichbelag war über und über mit vollen und halb vollen Tellern, Pappbechern, leeren Flaschen, Pillendosen und anderen Grausamkeiten bedeckt. Ein paar Kakerlaken krabbelten zwischen unseren Füßen und dem Dreck herum. Mit Sicherheit würde das restliche Essen bald selber Beine bekommen und das Weite suchen.

Auch hier herrschte Ausnahmezustand in Form von übereinandergestellten Kartons und Möbeln, die drohten, jeden Moment umzukippen. Mia hielt sich das Shirt vor die Nase, genau wie ich, und schlüpfte mit mir durch das Chaos zum nächsten Fenster, welches sie aufriss. Doch der leichte

Frischlufthauch war ganz ehrlich zwecklos.

Der Raum war bis auf einen kleinen Lichtstrahl, der zwischen den dicken Vorhängen hervorlugte, abgedunkelt. In der Mitte befand sich ein riesiger, zerfledderter roter Sessel vor einem Fernseher, der flackernd die grausige Szene beleuchtete.

»Mama?«, hörte ich Mia leise hinter dem abgewetzten Ungetüm, doch sie bekam keine Antwort. Seufzend wandte sie sich zu mir. »Sie schläft.«

Vorsichtig umrundete ich die Sitzgelegenheit, während sie den Fernseher ausschaltete und eine Decke holte. Weiß der Geier, woher.

Mein Blick heftete sich auf die Frau auf dem Polster. Sie wirkte krank... richtig krank – blass, mit tiefen Augenringen und sehr abgemagert.

Ihre Wangenknochen hoben sich stark von ihrem fahlen, geradezu verbrauchten Gesicht ab; die hellbraunen Haare hatte sie in einem unordentlichen Pferdeschwanz zusammengebunden. Ein dreckiges graues T-Shirt und eine schwarze Stoffhose bekleideten ihre dürre Gestalt. Sie schlief fast schon selig und Mia deckte sie fürsorglich zu. Aber ich musste mich abwenden, das war zu viel. Es schien mir wie eine andere Welt, so völlig anders als alles, was ich jemals zu wissen glaubte. Mein Mädchen seufzte wiederholt, bevor sie mich unsicher ansah.

»Sie verweigert jegliche Therapie oder gar den Besuch in einer Klinik. Oft nimmt sie ihre Medikamente nicht«, erklärte sie schwach. Tränen schimmerten in ihren langen Wimpern, als sie ihre Mutter besorgt musterte. Es war, als würde sie mir ein Messer ins Herz rammen.

»Du hast Angst um sie«, stellte ich dämlich fest. Natürlich hatte sie das. Welches Kind hätte da keine Angst?

»Ich habe mich damit abgefunden, dass sie so ist, wie sie ist«, entgegnete sie kühl. Dann hielt sie mir fast schon unschlüssig ihre Hand hin. »Kommst du? Ich kann hier nie lange bleiben.« Ich ergriff sie natürlich sofort, zog Mia an mich und gab ihr einen sanften Kuss auf die Stirn, bevor ich ihr bedeutete, vorzugehen. Es war spürbar, dass sie jede Sekunde zusammenbrechen könnte. Daher war ich froh, dass wir diese Horrorkulisse verließen und in ihr Zimmer wechselten. Zuerst riss sie hier auch die Fenster auf, weil der Geruch uns regelrecht verfolgte.

Aber es war sauber und aufgeräumt. Eine schwere Last fiel wohl von uns beiden ab, denn man konnte durchatmen, fühlte sich geradezu befreit.

Zwar waren die Möbel – aus altem Buchenholz –, ebenso der Schrank, mit dem ich schon Bekanntschaft gemacht hatte, noch aus Kindertagen, doch die Stimmung schien eine andere zu sein. Fast schon friedlich. Man konnte sich frei bewegen; es war nicht so vollgestopft. Ein Schreibtisch, unter dem ein Körbchen stand, aus dem ein lächerliches Knurren erklang, und das mir vertraute Bett komplettierten die Einrichtung. »Stanley«, schimpfte Mia und schloss die knarzende Tür hinter uns. Ich entspannte mich noch mehr. Mich loslassend näherte sie sich dem kleinen Köter, der ihr schwanzwedelnd und seltsam arschwackelnd entgegensprang. Sie nahm ihn behutsam auf den Arm und küsste seinen Kopf.

»Stanley ist der einzig Normale in dieser Familie, und er hasst dich.« Ich beäugte ›es‹ skeptisch, während der verunglückte Hund die Wange meines Mädchens abschleckte. Noch rätselte ich, was ich von diesem Etwas halten sollte, aber als ich bemerkte, wie sie Stanley festhielt und sich sichtlich beruhigte, sobald sie ihn nur berührte, entschloss ich mich, ihn zu mögen, auch wenn er damit eine Ausnahme unter allen Kläffern darstellte. Er tat ihr gut, schon allein deshalb blieb mir nichts anderes übrig. Also tätschelte ich seinen Kopf.

»Hi, du hässlicher kleiner Wadenbeißer. Sorry fürs fast Zerquetschen …« Er knurrte mich auf bösartigste Weise an und ich verdrehte die Augen, während Mia leise kicherte. Dem Scheißer sei Dank!

Sie setzte ihn ab und holte aus einer Schublade ein Leckerli raus. Es stank! Und ich durfte es ihm geben. Sehr fucking freundlich …

Der Penner knurrte mich schon wieder an, als ich es ihm wachsam unter die kleine Nase hielt, worauf er es sich wild schnappte. Dann rannte er in Warp-Geschwindigkeit zu seinem Platz und begann, auf dem Knöchelchen rumzukauen, funkelte mich aber weiterhin misstrauisch an. Wahrscheinlich stellte er sich dabei meinen Finger vor, auf dem er voller Hingabe herumbiss. Leise lachend blinzelte ich wieder mein Mädchen an, das sich in einer ungewohnt abgekämpften Geste mit beiden Händen durch die Haare strich und tief Luft holte.

»Also«, sagte sie einfach nur und ließ sich auf der Kante ihres Bettes nieder.

Mit zwei Schritten war ich bei ihr, stand vor ihr – wie schon damals. Einige Sekunden schaute ich auf sie herab. Sie kaute auf ihrer Lippe, doch als sie meine Miene registrierte, entließ sie diese aus ihren Zähnen und schloss gequält die Lider. Ich kniete mich hin und spreizte etwas ihre Beine, um mich dazwischen zu hocken, so wie ich es schon einmal getan hatte.

... Dann legte ich meine Finger an ihr Gesicht und streichelte ihre Wangenknochen mit den Daumen. Sofort erwiderte sie meinen Blick, während Tränen in ihr hochstiegen.

Geduldig wartete ich und liebkoste sie weiter. Ich wusste, dass sie beginnen würde, wenn sie bereit war.

»Ich habe gelernt, es zu verdrängen«, fing sie schließlich an und zuckte mit den Schultern. »Meine Mutter denkt, das ganze Universum müsse sich um sie drehen. Sie ist ein typisches verzogenes Einzelkind. Meine Großeltern waren sehr wohlhabend, aber eiskalt. Sie ist mit 18 ausgezogen, mit jeder Menge Geld in der Tasche, hat aber alles für Drogen und wilde Partys ausgegeben. Meinen Vater lernte sie bei einem Polizeieinsatz kennen, als er in der Stadt seine Ausbildung machte. Er rettete ihr das Leben, brachte sie mit aufs Land, wollte neu mit ihr beginnen. Allerdings hatte sie zu der Zeit ihren Kopf bereits zerstört. Sie betrog und belog ihn. Und irgendwann wurde es ihm zu viel. Wenn er da war, musste sie ihre Zeit damit verbringen, ihm die Füße zu massieren, ihn zu bekochen oder irgendwie anders das brave Hausmütterchen zu spielen. Wenn sie sich nicht daran hielt, was mein Vater von ihr wollte, kam es schon mal vor, dass er sie schlug. Als sie mit mir schwanger wurde, trank sie regelmäßig ... und traf sich sehr oft mit anderen Männern. Nur die brave Hausfrau zu sein, war ihr nie genug. Die Rolle als Mutter hat sie einfach nicht ausgefüllt ... Sie fühlte sich immer so, als würde sie was verpassen ... Als würde der Spaß an ihr vorbeiziehen. Also soff sie sich in die Welt, die sie gerne haben wollte, und lebte alles, was mein Vater ihr nicht gab, mit fremden Männern aus. Irgendwann diagnostizierten sie, dass sie manisch depressiv sei. Natürlich verschlechterte sich ihr Zustand von Jahr zu Jahr, als dass er besser wurde ... Und nun ... ist sie nur noch eine Hülle. Vegetiert vor sich hin und ist resigniert, weil sie eingesehen hat, dass sie ihr Dasein nicht ändern kann ... Meine Großeltern haben uns verstoßen – sie hat kein Geld mehr und keine Möglichkeiten. Ist zudem an meinen Vater gebunden, der sie mittlerweile hasst, und die jungen knackigen Kerle bekommt sie nun auch nicht mehr ab ... Ohne mich wäre sie schon längst komplett verwahrlost ... Aber eigentlich … kann … ich … nicht mehr ... Immer wenn sie merkt, dass es mir gut geht, tut sie alles, damit ich mich noch miserabler fühle als sie.«

Mein Herz verkrampfte sich bei ihren Worten. Ich konnte es kaum ertragen, aber sie hielt sich tapfer und sprach weiter, also hörte ich ihr genauso tapfer zu. »Der ganze Wahnsinn hat sie verbittert gemacht ... Ich wasche ihre Wäsche, mache Essen, kümmere mich um das Bad und mein Zimmer. Die anderen Räume darf ich nicht anfassen. Ihr geht es von Tag zu Tag schlechter und sie wird immer unzufriedener. Vier Mal hat sie schon versucht, sich umzubringen. Beim ersten Mal war ich acht Jahre alt. Immer hab ich sie gefunden ...« »Wieso lässt sie sich nicht einweisen?«, unterbrach ich sie tonlos, denn meine eigenen Erinnerungen drohten, mich zu überschwemmen. Dennoch konnte ich mir nicht mal ansatzweise vorstellen, was der ganze Scheiß für mein Mädchen bedeuten musste. Was sie von klein an durchmachte.

»Früher war sie öfter in der Klinik, aber mein Vater will sie nicht mehr dorthin lassen. Das kommt ihr gerade Recht, denn in ihren Augen ist sie nicht krank. Er sagt, sie geht nirgendwohin. Er ist genauso kaputt wie sie und bräuchte selber Hilfe ...«

Ich schnaubte auf. Denn einen Menschen so verkommen zu lassen, konnte keine verdammte Liebe sein.

»Ich habe Angst, Tristan. Angst, sie zu lieben und Angst, sie zu verlieren ...«, fuhr sie fort, aber ihre Stimme zitterte verdächtig. Eine einzelne Träne löste sich und lief glitzernd ihre Wange hinab.

»Ich weiß, Baby«, murmelte ich und wischte sie weg. Aber es war zwecklos, denn mit meiner Berührung brach der Damm und es folgte noch eine und noch eine ...

»Sie ist immer noch meine Mama ...« Sie schluchzte so laut auf, dass sie keine Luft mehr bekam, und kniff die Augen zusammen, während sie begann, unkontrolliert zu weinen. »Ich will ihr helfen, aber sie ist so gemein zu mir, und sie hasst mich ... Sie denkt, es ist alles meine Schuld. Wenn ich nicht wäre, könnte sie machen, was sie will, und müsste nicht bei meinem Vater bleiben ... Ich fühle mich so hilflos ...« Schnell nahm ich neben ihr Platz und zog sie seitlich auf meinen Schoß. Ihre kleinen bebenden Hände klammerten sich in mein Shirt und sie presste sich an mich.

»Ich hab Angst, weil mein Vater ... nicht ... normal ist ... und weil ... weil ... weil ... ich kann sie nicht noch einmal so finden!« Sie krallte sich noch fester. »Und weil sie nichts von ihrem Leben hat, und ich kann ihr nicht helfen. Ich kann nichts ändern ... Ich kann einfach nicht mehr ... und weil ... ich genauso enden wer... werde ...« Ich strich ihr über den Rücken und nuschelte ihr beruhigende Worte ins Ohr »Du wirst nicht so enden.«

»Was, wenn in meinem Kopf auch etwas nicht in Ordnung

ist?«, schniefte sie. »Was, wenn du ... wenn du ... mich nicht mehr ... willst. Was, wenn ...«

»Das wird nicht geschehen!«, konterte ich bestimmend und drückte sie enger an mich. »Ich liebe dich, Baby. Ich liebe dich und wir werden uns darum kümmern.«

Ihr Stammeln setzte aus und sie distanzierte sich leicht von meiner Brust, die mittlerweile komplett durchnässt war, und schaute fragend, mit rotgeränderten Augen und zitternder Unterlippe, auf. Ihr Anblick tat mir innerlich weh, aber ich wischte ihr die salzige Feuchtigkeit von den Wangen.

»Wir werden uns darum kümmern?«, wiederholte sie sehr hoffnungsvoll.

Ich nickte. »Natürlich, verdammt noch mal. Du kannst hier nicht bleiben!«

»Aber Tristan … Mein Vater ... er ...«, ergänzte sie zaghaft. »Dein Vater geht eindeutig nicht seiner Sorgepflicht für dich nach!«, spie ich aus. »Genauso wie deine Mutter! Baby, du bist das Kind, sie sind die Eltern. Sie müssen sich um dich kümmern und nicht du um sie! Sie halten dich hier wie ihren verdammten Sklaven und machen dich kaputt, weil sie selber kaputt sind! Sie brauchen professionelle Hilfe. Sie können nicht alles auf deinem Rücken austragen, was in ihrem Dasein falsch gelaufen ist. Und sie werden dich gehen lassen müssen, bevor sie dich auch zerstören!« Ich wurde gerade verdammt wütend, als ich ihr das Ausmaß der Scheiße, die hier ablief, klarmachte. Mühsam zügelte ich mein Temperament, ballte lediglich die Hände zu Fäusten, bevor ich was verdammt Unüberlegtes tat. »Verdammt, musstest du echt in dem Dreck groß werden?«

Sie bejahte unglücklich und ich schnaufte auf. Das war unglaublich und ich musste mich enorm zurückhalten, um der Frau im anderen Zimmer, die verantwortlich für die Verwahrlosung ihres eigenen Kindes war, nicht den verdammten Hals umzudrehen.

»Du kannst hier nicht bleiben!«, knurrte ich stattdessen.

»Wohin soll ich denn, Tristan? Ich habe keinen ...«

»Willst du mich verarschen?« Mia erstarrte schockiert, als ihr meine Wut bewusst wurde. »Falls du es noch nicht gemerkt hast, hast du mich! Und wo du mich verdammt noch mal hast, da hast du auch meine beschissene Familie!«

Jetzt kam wieder etwas von dem alten Glanz in ihre Augen zurück und sie entspannte sich etwas.

»Du würdest mich wirklich mit zu dir nach Hause nehmen?«, forschte sie skeptisch, aber ein klitzekleines Lächeln zierte ihre vollen wunderschönen Lippen.

»Darauf kannst du verdammtes Gift nehmen!«, antwortete ich felsenfest. »In diesem beschissenen Zustand lasse ich dich nirgendwo. Und erst recht nicht in dieser ... abgefuckten Bude!«

»Aber mein Vater ...«

»Boah, Mia!«, stoppte ich sie, bevor sie mich hier wirklich noch zur Weißglut brachte. »Dein Vater wird dich gehen lassen müssen. Er kann vielleicht die Existenz deiner Mutter zerstören, aber bei dir lasse ich das nicht zu!«

Sie blickte mich verwundert an – ich schaute herrisch zurück. Da gab es für mich keine Diskussionen mehr. Ich liebte sie – sie war mein Mädchen – und ich würde sie hier nicht zurücklassen. Wenn ich das geahnt hätte, hätte ich sie schon viel früher aus dieser Hölle befreit.

»Er wird es nicht erlauben«, murmelte sie an meiner Haut.

»Er wird, verdammt!« Und wenn ich ihn dafür umbringen muss, ergänzte ich in Gedanken. Für sie würde ich das tun – für sie war ich bereit zu töten. Sie erkannte es in meinen Augen und wusste, dass ich sie zur Not über die Schulter werfen und tatsächlich wie King Kong kidnappen würde, wenn sie nicht freiwillig mit mir ging.

»Tristan ...«, wimmerte sie fast und ich küsste sie sanft.

»Ich weiß«, flüsterte ich.

Frustriert schnaufte sie auf und entschied, sich lieber noch ein bisschen von mir umarmen zu lassen und ihr Gesicht an meine Halsbeuge zu schmiegen. Ich streichelte sie erneut und hielt sie einfach nur fest, während ich leicht vor und zurück schaukelte, als würde ich ein Kind trösten. Aber das war sie doch eigentlich auch! Ein Kind! Musste jedoch trotzdem die Pflichten eines Erwachsenen erfüllen. Sie war ihrer unbeschwertesten, schönsten Zeit beraubt worden, in der sie losgelöst von sämtlichen Problemen hätte spielen sollen. In diesem Dreck war das sicherlich nicht möglich gewesen. Wie sollte sie sich da frei entfalten können, verdammt noch mal?

Wie hatte sie es unter diesen Umständen überhaupt geschafft, zu dieser intelligenten, offenen und mitfühlenden Person zu werden?

Es musste auf der Stelle enden und ich würde dafür sorgen, dass sie ihr Leben zurückbekam.

Ich hielt sie so lange, bis sie sich merklich entspannte und tief durchatmete. Dann tupfte sie mir einen Kuss auf die Wange, und als ich sie anlächelte, krabbelte sie neben mich aufs Bett.

»Und jetzt?« Strike! Sie hatte mir gerade die Führung

überlassen! Die komplette Verantwortung für sich.

Ihr schwarzes Fellknäuel witterte seine Chance und kam angeschwänzelt. Sie setzte sich ihn auf den Schoß und fing an, ihn gedankenverloren zu kraulen.

»Hast du eine Reisetasche?«, fragte ich und streckte mich, weil ich mich schon wieder so eingerostet fühlte.

»Ja«, kam unwillig von ihr. »Unter dem Bett.«

»Gut!« Ich versuchte, sie sorgenfrei anzugrinsen, doch es brachte nichts, so zerrissen, wie sie wirkte. Also rutschte ich vor sie auf den Boden und hob ihre Fußknöchel unnötigerweise in die Höhe, während ich mich bückte und nach dem Teil angelte. Es klappte. Sie kicherte leise und ich kitzelte ihre Sohlen, bevor ich ihre Füße wieder auf den Boden ließ.

Vor dem Schrank mit Bärchengriffen wurde mir klar, dass ich noch nie für einen längeren Aufenthalt gepackt hatte. Etwas ratlos stand ich blöd da. Ich spürte förmlich, wie Mia hinter meinem Rücken ihre Augen verdrehte. Dann kam sie zu mir und drückte mir ihren Köter in die Arme!

»Hey ...« Mit dem Oberkörper verschwand sie in dem Aufbau und wühlte darin herum. Der Hund und ich betrachteten uns skeptisch. Er hechelte, ich nicht. Plötzlich beugte er seinen Kopf, schnüffelte zaghaft und leckte langsam mir seiner samtig weichen Zunge über meine Hand. Sah aber vorsichtig mit seinen riesigen Alienglubschern zu mir hoch. Eigentlich hätte ich es eklig finden sollen, tatsächlich war es jedoch ganz süß, wie er mich gerade schüchtern ansabberte. Mit einem Kichern überlegte ich, was bei dem Vieh den Stimmungswechsel ausgelöst hatte?

Wortlos überließ ich meinem Mädchen, ihre Kleidung zusammenzusuchen, und machte es mir mit Stanley auf dem Bett bequem. Er drehte sich auf den Rücken und strecke mir seinen kleinen Bauch entgegen. Fuck ...

Ich fixierte das Fell und seinen Schwanz, wobei ich nicht den meinte, der aus seinem Hintern herausragte.

»Streichel ihn!«, ertönte es bestimmend aus dem Schrank.

Etwas widerwillig strich ich mit den Fingern über seine Brust, wo er ganz weich war. Fasziniert tastete ich nach unten und ignorierte seinen verdammten Schwanz. Es war richtig angenehm, so ein winzig kleines Lebewesen zu streicheln, das mir einfach so sein Vertrauen schenkte. Schließlich hätte ich ihn auch fallen lassen oder andere furchtbare Dinge mit ihm anstellen können. Dennoch wand er sich genüsslich unter meinen Berührungen. Irgendwo hatte ich mal gelesen, dass Instinkte der Tiere sehr ausgeprägt sind und dass sie das Gute im Menschen erkennen können ... Sollte ich mich jetzt geehrt fühlen? Wie auch immer ... Ehe ich mich versah, kraulte ich ihn richtig und er schloss die Lider. Vielleicht war ich doch nicht so ein Tierhasser, wie ich immer gedacht hatte. Als er ziemlich verwuschelt war, hielt ich inne, was er mit einem unheilvollem Knurren quittierte und mich fordernd anvisierte. Ich tat ihm den Gefallen, nahm meine Tätigkeit als Kuschler vom Dienst wieder auf und hauchte leise: »Sorry ...«

»Fuck!«, schrie ich erschrocken auf, als eine vollgepackte Sporttasche vor meinen Füßen landete. Der Hund zuckte auch und ich musste ihn mit beiden Händen festhalten, damit er nicht geradewegs in den sicheren Tod zu Boden stürzte.

Mein Mädchen lächelte mich überheblich an. »Chihuahuas haben weiches Fell, nicht?«

Ich verdrehte die Augen, stand auf und reichte ihn an sie weiter.

»Das, was du gesehen hast, bedeutet überhaupt gar nichts, Miss Angel«, wisperte ich, musste aber grinsen, als sie daraufhin erschauerte. Wortlos schnappte ich mir ihr Gepäck und schwang es mir über die Schulter. Dann wandte ich mich zu ihr um und steckte ihr ein paar verlorene Strähnen in die Ohren. »Hast du alles?«

Sie nickte.

»Willst du deiner Mutter noch irgendwas sagen?«

Sie schüttelte den Kopf. »Er wird nach mir suchen«, meinte sie voller Angst. »Ich weiß«, antwortete ich ruhig.

»Und er wird mich finden.«

»Ich weiß, Baby. Ich bin nicht blöd.«

»Und dann?«, fragte sie leise.

Werde ich ihn umbringen. »Werden wir sehen«, entgegnete ich völlig entspannt.

Mia seufzte nur schwer, drehte sich um und verließ samt Vierbeiner schnurstracks diese Wohnung. Ja, sie rannte fast und ich musste mich beeilen, um ihr zu folgen. Mit einem erleichterten Glanz in den Augen schmiss sie den Schlüssel neben einem zerknüllten Zettel in den Briefkasten und stürzte fast zu meinem Auto. In Rekordtempo riss sie die Tür auf und ließ sich auf den Sitz fallen. Dann sog sie erst mal tief Sauerstoff in ihre Lungen und lächelte in sich hinein.

Sie war befreit.

Auch ich musste vor Erleichterung lächeln, als ich mich zu ihr herabbeugte, sobald ich sie angeschnallt hatte. Wortlos küsste ich sie, ihre Finger fuhren in meine Haare und hielten mich fest.

»Danke«, hauchte ich. Verwundert sah sie mich an.

»Sollte ich nicht eher dir danken?«, wollte sie wissen und strich mit ihren Lippen über meine. »Schließlich hast du mich gerade gerettet, mein strahlender, wunderschöner Held mit dem knallroten Audi und den dreckigen Gedanken.«

Ich schüttelte den Kopf, denn wenn ich sie rettete, tat ich das gleichzeitig für mich selbst. Außerdem war SIE es, die mich vor dem seelischen Verfall bewahrt hatte. Eine Revanche war dementsprechend schon längst fällig gewesen. »Nein, Baby, ich danke dir! Für dein Vertrauen«, ergänzte ich und küsste sie erneut.

Denn so war es. Endlich vertraute sie mir! Vollkommen!

Sie hatte ihr zerbrechliches, kostbares Leben soeben komplett in meine Hände gelegt.

11. Endlich ein Leben

Mia 'trusting' Engel

»Mia zieht hier ein!«, verkündete Tristan, während er mit mir im Arm das große helle Wohnzimmer betrat, wo zufällig alle versammelt waren. Na ja. Obwohl es so zufällig gar nicht war.

Schließlich würden bald die Ferien beginnen ... Nur noch einen letzten Montag hatten wir vor uns.

»Was?«, kommentierten Herr Wrangler, Tom und Phil. Vivi war auch aus ihrem Urlaub zurück und saß auf einem der riesigen Sofas. Aber als sie Tristans Worte vernahm, klappte erst ihr Mund auf, ehe sie hysterisch aufkreischte, mit rasendem Tempo auf mich zu zulief und »Jaaaaa!« schrie. Ich sah nur noch einen Schweif, bevor sie mit voller Wucht in mich krachte. Hätte mich Tristan nicht stabilisiert, wäre ich mit ihr zusammen nach hinten umgefallen.

»Hey!«, hörte ich ihn neben mir grölen. »Sie hat den Scheißer auf dem Arm!«

»Uuups!« Vivi stolperte panisch zurück und streichelte entschuldigend den kleinen Kopf meines nun wütenden Hundes, während sie auf und ab hüpfte.

Ich beschloss, dass es sicherer war, Stanley auf den Boden zu lassen, der dann auch geradewegs zu Herrn Wrangler wackelte und sich von ihm kraulen ließ. Ja, sie liebten sich, seitdem sie sich eines schönen Tages das erste Mal vor dem Supermarkt getroffen hatten ... Phil und Tom starrten ihn einige Sekunden ausdruckslos an, dann ging es los.

»Dad! Das geht nicht, verdammte Scheiße! Katha darf hier auch nicht einziehen!«, motzte Phil. »Viv auch nicht!«, gab Tom seinen Senf dazu.

Tristan verdrehte lediglich die Augen. Nur ich fühlte mich enorm schlecht, denn ich wollte doch keinen Ärger machen. Mein schlechtes Gewissen hatte mich voll im Griff, als alle durcheinander redeten. Vivi wandte sich schließlich mit tadelndem Blick und auf den Hüften abgestützten Händen den Jungs zu.

»Tom, halt die Klappe!«, zischte sie wie eine Furie und er machte sich tatsächlich etwas klein.

Herr Wrangler lehnte sich zurück, schob die Lesebrille seine gerade Nase hoch und betrachtete uns grüblerisch. »Katha und Vivi sind etwas anderes, ihr Penner!«, grollte Tristan zurück und schaute seine Brüder giftig an, die einträchtig aufgeregt und oben ohne vor der Spielkonsole lümmelten.

»Das ist mir scheißegal! Das zwischen euch läuft gerade mal ein paar Wochen. Ich bin mit Katha schon zwei Jahre zusammen!« Phil war knallhart.

»Dad …« Bevor Tom weiter argumentieren konnte, gab ihm Vivi eine unsanfte Kopfnuss und nahm auf seinem Schoß Platz. David musterte mich. Sein Dunkelblau bohrte sich fragend in meinen hellen Braunton. Innerlich wand ich mich angespannt, worauf meine Unterlippe meinen Zwiespalt abbekam. »Mir fucking egal! Dann ziehe ich eben aus!« Tristan packte mich fester und zog mich weiter.

»Stopp!« Wir waren gerade an der ersten Treppenstufe angekommen, als Herr Wrangler endlich etwas sagte.

Tristan grinste kurz triumphierend, drehte sich dann aber mit unlesbarer Mimik um und machte es sich letztendlich mit mir auf dem Schoß gegenüber von Phil und Tom gemütlich.

»Wie kommst du auf die Idee?«, wollte David ruhig wissen und legte sein Buch beiseite. Mit englischer Eleganz richtete er die obersten Knöpfe seines Hemdes und schlug die Beine übereinander. »Ich rede nicht vor den Pennern darüber!«, antwortete Tristan klipp und klar.

»Tristan, bitte …« David seufzte schwer. »Rauf mit euch!«, befahl er dann den ›Pennern‹. Wie die Hühner protestierten alle aufgeregt durcheinander, wurden aber durch den festen Blick ihres Vaters zum Schweigen gebracht und schlurften schicksalsergeben (aber mehr als unwillig) nach oben. Herr Wrangler visierte seinen Sohn nun mit erhobener Braue an. Damit schien er Tristan in dem Moment so ähnlich, dass ich mich noch eingeschüchterter fühlte als sowieso schon. »Herr Wrangler, ich würde gerne etwas sagen …«

Verwundert sahen beide zu mir. Bevor mich der Mut verlassen konnte, ließ ich die Worte nur so aus meinem Mund sprudeln. »Wenn sie mich hier bleiben lassen, dann verspreche ich Ihnen, ich werde niemandem zur Last fallen. Sie werden gar nicht merken, dass ich da bin. Außerdem bräuchten Sie dann auch keine Haushälterin mehr, denn ich könnte Ihre Wäsche waschen, das Haus in Ordnung halten und für alle jeden Tag kochen.«

»Okay!«, meinte David leichthin. Oh! Verwirrt runzelte ich die Stirn. David grinste darauf hinterhältig und wirkte damit noch mehr wie Tristan. »Ich hätte so oder so Ja gesagt, Mia. Ich kenne deine Familie. Ich weiß, dass du es nicht leicht hast ... und ich weiß, dass du meinem Jüngsten gut tust. Also ... Ja, natürlich darfst du hier wohnen. Solange du willst.« Er zwinkerte. »Ach, komm schon, Dad. Spätestens beim Kochen hatte sie dich. Ihr seid doch alle eine verfressene Schweinebande«, unterbrach uns Tristan ironisch. Nur Herr Wranglers zuckende Mundwinkel verrieten, dass er seinen Sohn sehr wohl gehört hatte. Ansonsten beachtete er seinen Einwurf nicht weiter. »Aber nenn mich endlich David, okay?« »Okay!«, wiederholte ich schnell.

»Okay«, schmunzelte er, bevor er sich an Tristan wandte.

»Siehst du, mein Sohn. Man kann auch ohne Drohungen bekommen, was man will. Allein durch Freundlichkeit und Zuvorkommenheit. Damit gelangt man manchmal sogar noch schneller und mit reinem Gewissen ans Ziel ... Du solltest dir ein Beispiel an deinem Mädchen nehmen.« Tristan schnaubte lediglich, während David sich wieder seinem Buch »Ferien mit Halbstarken« widmete und sich entspannt zurücklehnte. »Aber bitte ... dieses Mal etwas leiser ...«, murmelte er noch in seinen nicht vorhandenen Bart und ich wurde knallrot. Tristan grinste seinen Vater breit an, nahm meine Hand und stand auf. »Du hast mir selber beigebracht, nichts zu versprechen, was ich nicht halten kann!« Damit schnappte er sich meine Tasche, ich Stanley, und wir gingen mit verschränkten Fingern einträchtig die Treppe hoch. Kaum betraten wir den ersten Stock, wurden die Türen rechts und links aufgezogen.

»Und?«, fragten Phil von der einen sowie Tom und Vivi von der anderen Seite.

Tristan grinste überheblich und drückte mir einen Kuss auf die Haare. »Hab doch gesagt, mein Mädchen ist was Besonderes, ihr Penner!« Damit ließ er sie stehen und führte mich in sein Zimmer. Ihr genervtes Gemecker verfolgte uns, bis es zweimal lautstark krachte und die Sticheleien damit abrupt endeten. Natürlich konnte Tristan seine dreiste Klappe nicht halten. Meine Augen verdrehend rammte ich ihm den Ellbogen in die Seite.

»Au, Baby!«, beschwerte er sich, und schlug wie schon seine Brüder zuvor seine Tür geräuschvoll zu. Türknallen war in diesem Haushalt wohl normal. Bei mir undenkbar. Keiner wagte es, meine Mutter zu wecken. Es sei denn, man war lebensmüde.

»Reiz sie nicht ständig«, forderte ich und setzte Stanley ab, der sich sofort daran machte, alles ausgiebig zu beschnüffeln.

»Er pisst mir aber nicht rein, oder?« Tristan beobachtete ihn angeekelt.

»Er ist so stubenrein wie du«, beruhigte ich ihn und öffnete meine Sporttasche, die Tristan auf seinen Schreibtisch geschmissen hatte. Er warf sich selber gemütlich aufs Bett, nachdem er seine Schuhe erst weggekickt, sie dann aber doch ordentlich weggestellt hatte. Ich dagegen war kaum in der Lage, mich zu rühren, während mich mein Sexgott mit hinter dem Kopf verschränkten Armen musterte. Der Tag war so lang und so anstrengend gewesen. Ich fühlte mich dreckig und musste mich waschen. Wirklich dringend! Also holte ich schwerfällig frische Unterwäsche, ein gemütliches Shirt und eine Jogginghose raus.

»Ich geh duschen!«, verkündete ich und schleppte mich zum Bad.

Bevor ich die Schwelle übertreten konnte, legte sich ein Arm von hinten um meine Taille wie ein Stahlträger. Tristan umschlang fest meinen Bauch und drückte mich an sich. Gleichzeitig strich er mir die Haare aus dem Nacken.

»Baby ...«, hauchte er samten, direkt in mein Ohr. »Du willst doch nicht etwa wirklich andeuten, dass du dich ohne mich ausziehst?«

Ich lächelte glücklich und lehnte mich gegen seinen harten großen Körper.

»Eigentlich schon ...«, grinste ich und hörte, wie er verwundert Luft holte.

»Ich hab auch eine Badewanne ... weißt du ... eine große ...« Er klang rau – meine Unterhose war nass ... »Und wirklich gutes Massagegel.«

Ich erschauerte aufgrund der Kombination seiner Stimme, seines heißen Atems und vor allem seines Geruchs, der mich umnebelte. Bilder platzierten sich wegen seiner Worte und der Art und Weise, wie er sie aussprach, in meinem Kopf. »Das hört sich ... annehmbar ... an«, summte ich.

»Annehmbar?« Tristan war damit beschäftigt, meinen Hals mit Lippen und Zunge quälend langsam zu verwöhnen, während ich mich unter seinen Berührungen wand. »Ich meinte natürlich phantastisch!«, rief ich aus. Gott, ob das zwischen uns immer so aufregend sein würde? Ich glaubte schon ...

***

Es duftete himmlisch nach Magnolie und vor allem nach nassem Tristan. Tief inhalierte ich das Aroma und pustete kräftig etwas von dem weißen knisternden Schaum von meiner Handfläche gegen die mosaikmäßigen beigen und grünen Kacheln.

Warme lange Finger wanderten zu meinen Brüsten und umfassten sie mit sicherem Griff. Meine Nippel stellten sich natürlich verlangend auf und pressten sich gegen seine Berührung, während er begann, mein weiches Fleisch zu massieren. Entspannt seufzte ich, als eine sanfte Welle süßen Verlangens mich durchströmte.

»Das fühlt sich so fucking gut an ...«, murmelte er mir ins Ohr und strich mit seinen Lippen über meine Schläfe. Mir ging es nicht anders. Mit seiner Härte und der glatten Brust an meinem Rücken, seinen kräftigen Oberschenkeln neben meinen Hüften schmolz ich dahin. Es war phantastisch oder in seinen Worten ausgedrückt wirklich: ›fucking gut‹.

In der riesigen Badewanne kuschelte ich mich enger an Tristan Sexy, der hinter mir saß. Ich hätte auf der Stelle sterben können und wäre glücklich gewesen, so heiß und himmlisch fühlte es sich an. »Ich liebe deine Hände«, flüsterte ich. Tastete mich aber schon über seine muskulösen Unterarme nach oben, um sie – klein und bleich – auf die seinen – groß und braungebrannt – zu legen und betrachtete dabei fasziniert das Bild meiner erregten Nippel, die frech hervorlugten. Mit seinem Mittel- und dem Zeigefinger – die eindeutig zu meinen Lieblingen gehörten, weil sie voller Talent steckten, wie er oft genug bewies – begann er, rhythmisch an ihnen zu zupfen. Mein Herzschlag erhöhte sich, mein Atem kam stoßweise und ich konnte spüren, wie meine Wangen heiß wurden, als ich dieses verruchte Spiel in mich aufnahm, das er da wieder mit mir trieb.

»Du bist heute so leise«, neckte er mich und intensivierte sein Tun. Mir entkam ein leises Keuchen, aber ich war nicht imstande, ordentlich zu stöhnen, weil ich von seiner vorherigen Rückenmassage noch so losgelöst war.

Träge lächelte ich und nuschelte: »Ich genieße schweigend«, und drehte mein Gesicht, um einen kleinen Kuss auf seinen Hals zu tupfen. Er lachte melodisch, seine Brust vibrierte. »Seit wann?«

»Seit jetzt.« Bereits halb schlafend verlor ich mich in den Empfindungen, die er in mir hervorbrachte, als er erneut knetete. »Und du hast heute noch gar nicht anständig nach meinem Ficker verlangt«, beschwerte er sich.

Mein entspanntes Grinsen wurde zu einem diabolischen.

»Hmmm. Das ist ein schlimmes Vergehen. Ich will ja nicht,

dass er sich ausgestoßen fühlt ...«, gab ich ihm recht.

»Oh ja ... Miss Angel, das tut er ... und er ist sehr traurig darüber ...«, antwortete er schelmisch. Abwartend. Am Tonfall nahm ich sein Schmunzeln wahr. Ich wandte mich in seinen Armen zu ihm um, weil ich das verwegene Funkeln seiner grün-braunen Augen betrachten wollte, was sich immer einschlich, wenn er so mit mir schäkerte. Er quittierte meine Aktion mit erhobener Braue und einem belustigten Ausdruck. Gott ... war er schön ...

»Ja bitte, Baby?«, meinte er fragend, ich kicherte.

»Ich musste dich nur kurz ein bisschen ansehen«, verkündete ich und fuhr träge mit meinen Fingerspitzen seine klar definierten Brauen nach. Er fing meine Hand ab und drückte mein Handgelenk an seine Lippen, wo er dann darüber strich und mich genau mit diesem außergewöhnlichen Blick bedachte, den ich mir erhofft hatte, worauf er kurz forderte: »Wenn du mal fertig mit deinem Schmachten bist, massierst du mich dann auch?«

Hä? »Natürlich«, willigte ich sofort ein. Ich ließ mir doch keine Chance entgehen, mich mit seinen athletischen Muskeln zu befassen.

Sein Grinsen wurde breiter. Fast schon unsagbar schön und vor allem unsagbar teuflisch.

»Mit deiner Pussy?«, ergänzte er und ich starrte ihn schockiert an. Wie sollte ich ihn denn bitte mit meiner ... ›Pussy‹ massieren? »Wie sieht das denn aus?«, wollte ich perplex wissen.

Jetzt lachte er ausgelassen, dann umfasste er mein Gesicht, beugte es zu sich. Automatisch folgte ich der Bewegung, kam auf die Knie und positionierte mich so zwischen seinen Beinen, dass wir auf einer Höhe waren. Er war mir so nah, dass seine Perfektion fast zu viel für mich wurde. »Meinen Ficker, Baby ... Massierst du meinen Ficker mit deiner Pussy?«, hauchte er an meiner Wange.

OH GOTT! Ähm ...

Ich war wieder absolut sprachlos, weil eine Welle entfesselter Lust mich durchrauschte, und konnte nur hektisch nicken.

Zu mehr kam ich nicht, denn im selben Moment erschrak ich mich beinahe zu Tode, weil die Badtür mit so einer Wucht aufgerissen wurde, dass sie gegen die Wand krachte.

»Gottverdammte Scheiße!«, schrie Tristan, zog mich an sich und verdeckte damit meine Brüste. Mein Hintern presste er unter Wasser und türmte vorsichtshalber noch jede Menge Schaum auf. Ich hatte überhaupt keine Ahnung, was geschah, und linste ängstlich in die Richtung des Lärms, um rauszufinden, wer da wie ein Verrückter hereinstürmte. Da fing Tristan schon an:

»Verpiss dich sofort aus meinem verschissenen Badezimmer!«

Tom stand nur in Jogginghose an Tristans offenem Spiegelschrank und wühlte sich in aller Seelenruhe durch den Inhalt, indem er die Etiketten las. »Ich brauch was von der Babyweichcreme«, konterte er konzentriert, ohne den Blick von einem blauen Döschen zu nehmen, das er stirnrunzelnd beäugte.

Tristans Brust unter mir brodelte förmlich. »Babyweichcreme?«

»Ah ja!« Tom wurde offenbar fündig, denn er schob sich etwas in die Hosentasche, während er sich durch die Haare fuhr. Noch immer wagte er nicht, uns anzusehen, was ich ihm hoch anrechnete. Trotzdem brannten meine Wangen vor unbändiger Scham. Schließlich hockte ich hier komplett nackt und total erregt mit Tristan Wrangler in einer Badewanne.

»Sorry, Alter. Vivi braucht die Scheiße. Sie hat gesagt, du müsstest noch eine haben.«

»Die kleine Hexe weiß wirklich alles«, grummelte Tristan düster, was mich schon wieder zum Kichern brachte.

»Ach ja, und Dad fährt später weg. Er will zum Stammtisch, ein bisschen Fußball gucken und dann wieder in die Hecke vor dem Haus reiern, wenn er nach Hause kommt.«

Jetzt musste Tristan auch glucksen. »Der Scheiß war witzig«

Tom war schon halb draußen und wirkte absolut nicht erheitert. »Du musstest ihn auch nicht ausziehen und ins Bett bringen!«, murrte er, bevor er mir immer noch den Boden fixierend »Sorry, Mia!« entgegenrief und die Badtür hinter sich mit einem lauten Knall schloss.

»Gott ...«, war das Einzige, was mir zu dieser Peinlichkeit einfiel. Ich musste erst mal mein knallrotes Gesicht an Tristans Brust vergraben.

Seine Hände rieben über meinen Rücken.

»Ähm, ja«, lautete sein Kommentar ... Und dann ... »Ich würde dir ja gerne sagen, dass es nicht noch mal passieren wird, aber es könnte, weil Dad Schlüsselverbot aufgestellt hat, sobald wir fickreif wurden.« Er zuckte die Schultern. »Jetzt kannst du vielleicht langsam verstehen, warum ich von meinen rücksichtslosen Arschlochbrüdern immer so genervt bin ... Hey Baby! Er ist weg!«

Tristan legte eine Hand unter mein Kinn und hob es an, um mich wieder anzuschauen. »Du bist heiß, wenn du so rot bist, als wärst du kurz davor zu kommen«, stellte er fest und wanderte mit seinen Fingerknöcheln über meine Schläfe. Worauf ich noch viel,

viel, viel dunkler wurde.

»Babyweichcreme?«, war das Einzige, was ich fragte, dann musste ich schon kichern.

Er verdrehte die Augen. »Ich wusste, dass du es nicht einfach auf sich beruhen lassen

würdest. Ja, BABYWEICHCREME! Ich bin ein eingebildeter Scheißer. Was denkst du, weshalb diese Lippen so verdammt weich und glatt sind?« Er zeigte auf seine vollen rosafarbenen, sanft geschwungenen Lippen, die zum Küssen und Darüberstreichen einluden. Ehrfürchtig starrte ich sie an, richtete mich beim nächsten Wimpernschlag auf und nahm sie mit einem genüsslichen »Mhm« auch schon in Beschlag.

Tristan grinste an meinem Mund, doch wie immer schaffte er es mich mit einer Zungenfertigkeit und der sexy Art, wie sich sein Traumkörper an meinem anfühlte, komplett um den Verstand zu bringen und mich zum rasenden Berserker mutieren zu lassen.

Er hob mich etwas an und rutschte nach unten. Es gab wirklich viel Platz und ich konnte mich locker über ihn hocken. Das Wasser plätscherte wild um uns herum, als er sich aufrichtete, meinen Körper fest mit beiden Armen umfing und gegen sich drückte.

Ich keuchte auf, weil so viel Kontakt sich einfach nur himmlisch anfühlte, und klammerte mich an ihm fest, um Stabilität zu finden, obwohl es nicht nötig war. Denn er hielt mich ... Wie immer.

Doch es war etwas zwischen meinen Beinen, was mich wirklich zur Raserei brachte. Was sich hart und absolut Verstand raubend gegen mich drückte und nur Millimeter vor meinem Eingang verharrte. Mir war klar, dass er lediglich mit einer leichten Drehung seiner Hüfte jede Sekunde in mir versinken könnte, weshalb ich mich schon gegen die Empfindungen wappnete, die diese tiefe, verzehrende Dehnung in mir auslösen würde.

»Entschuldigung! Ich schaue nicht!«, erklang plötzlich eine trällernde Stimme. Jetzt schrie ich auf, weil ich dermaßen zusammenzuckte, dass ich sogar unseren leidenschaftlichen Kuss unterbrach. Tristan presste mich sofort wieder enger an sich, um ihr die Aussicht zu verwehren. Den Rest erledigte der Schaum, der unsere Unterkörper verschleierte. Ich entspannte mich ein wenig und kam mir nicht so schrecklich entblößt vor wie bei Tom. Wahrscheinlich, weil es Vivi war, die in ihrem kurzen weißen Nachthemdchen ins Bad tänzelte, denn sie hatte mich schon fünfzigtausendmal nackt gesehen.

Sie packte eine Rolle Klopapier aus Tristans braunem Regal, das über der Toilette hing und hielt sich eine Hand vor die Augen. Ich verdrehte meine. »Zähl einfach bis zehn«, flüsterte ich Tristan zu, der wieder mal vor sich hin kochte. Dabei umarmte ich ihn inniger und küsste beruhigend seine Wange. »Und schon bin ich wieder weg!«, ertönte knapp, ehe sie die Tür hinter sich genauso laut zuknallte wie ihre zweite Hälfte kurz zuvor. Ich lehnte mich etwas zurück, um Tristans brodelndes schönes Gesicht zu mustern und konnte mein aufkommendes Kichern nicht aufhalten. »Ja, ja, jetzt lachst du, weil es deine Busenfreundin war, aber was, wenn es Phil gewesen wäre?«

»Er war's ja ...« Das nicht konnte ich nicht mehr aussprechen, da die Tür erneut aufgerissen wurde und Tristan mich wieder an sich drängte. »Hey Bro ...! Wow!« Phil war der Einzige, der uns ungeniert anglotzte und das nicht gerade schamhaft oder unauffällig. Ich fühlte, wie sein anzüglicher Blick über die Kurve meines nackten Rückens nach unten kroch. Das war jetzt wirklich unangenehm!

Bevor Phil was sagen konnte, knurrte Tristan.

»Wenn du nicht sofort wieder dieses beschissene Bad verlässt und deinen penetranten Blick von meinem Mädchen nimmst, dann komm ich aus dieser Wanne und erzähle es Katha!«

»Okay!« Schon war Phil wieder draußen und ich starrte ... einen nunmehr sehr, sehr wütenden Tristan an.

»Frag nicht, okay?«, murmelte er nur und atmete tief durch. »Ich glaube, wir sollten es nicht noch auf einen Auftritt von meinem Vater ankommen lassen«, ergänzte er genervt und schob mich sanft von sich.

Bevor ich schmollen konnte, war er schon wie ein wunderschöner Meeresgott aus der Wanne gestiegen, während ich die Sicht auf seinen nassen durchtrainierten Hintern genoss, und hatte sich ein weißes Handtuch über die Modelhüften geschlungen. Dann hob er mich an der Taille aus dem Wasser und wickelte mich selbst in eins der flauschigen Teile. »Hör auf zu schmollen. Du weißt, dass du noch auf deine Kosten kommen wirst«, grinste er amüsiert und begann, mir die Haare trocken zu rubbeln, wie er es wohl mit seinen gemacht hätte.

»So machst du die Haarstruktur kaputt!«, beschwerte ich mich, denn das hatte mir Vivi als aller erstes beigebracht.

»Oh, Entschuldigung«, sagte er auch noch ernsthaft, während ich ihm Augen verdrehend das Handtuch abnahm.

»So schlimm ist es auch nicht, Baby«, kicherte ich und gab ihm einen flüchtigen Kuss auf die Lippen, bevor ich rüber in sein

Zimmer tänzelte. Vom ersten Moment an konnte ich mich hier geradezu entfalten, ich selbst sein, ankommen ...

All das ermöglichte er mir. Er, der lässig – mit vor der nassen Brust verschränkten Armen und tröpfelnden Strähnen – am Türrahmen lehnte und mir glucksend dabei zusah, wie ich in seinem Zimmer umherstolperte, als ich mir die Socken und die Unterhose überstreifte. Er, Tristan Wrangler, der mich liebte. Von dessen Leben ich jetzt ein Teil war und bleiben würde. Nichts konnte uns mehr trennen. Das wusste ich. Nicht mal mein Vater, der früher oder später hier auftauchen würde. Aber wenn dies geschehen sollte, so war ich mir doch sicher – unglaublich, aber wahr –, dass ich bei Problemen mit der Hilfe von jedem unter diesem Dach rechnen konnte. Selbst mit Phils. Auch wenn er mich nicht sonderlich mochte. Meine aufkommenden Tränen der Rührung ignorierend vermutete ich, dass es sich so anfühlen musste, eine Familie zu haben. Geliebt und akzeptiert zu werden.

Und das alles machte er mir möglich: mein strahlender Held mit dem blitzeblanken Audi ... der in Wirklichkeit ein Sexgott war.

12. Frühstück bei Tristan

Tristan 'besieged' Wrangler

Fuck! Was war das gestern nur für ein heftiger beschissener Tag gewesen?

Zuerst die Fastvögelei mit Eva, dicht gefolgt von der Enthüllung, dass mein Mädchen bei einer Messie-Psycho-Familie großgeworden war, und zu allem Überfluss gab es danach nicht einmal Sex, weil Mia in dem Moment einschlief, als ihr Körper die Matratze berührte. Ausgesprochen super! Wirklich! Da wohnte sie schon bei mir und ich hatte trotzdem nichts davon. Fuck!

Meine Lieblingsablenkung war im wahrsten Sinne fix und fertig, weshalb ich allein mit dem Chaos an Gefühlen und Gedanken zurechtkommen musste. Doch wirklichen Grund zur Beschwerde hatte ich eigentlich nicht, denn ich lag mitten im Glück. Oder besser gesagt darunter.

Mein Mädchen hatte sich nämlich quer über mir ausgebreitet. Einen Fuß hatte sie zwischen meine Beine geschoben, der andere war über meinem Becken abgewinkelt. Ich fragte mich kurz, ob mein Hüftknochen sich nicht in ihr weiches Fleisch bohrte, aber sie schmatzte so genüsslich verschlafen und sorgenfrei vor sich hin, dass es für sie wohl bequem genug war und sie keine Blessuren davontragen würde. Ihre warmen Brüste ruhten auf meiner, der rechte Arm war zwischen uns eingeklemmt und ihre linke Hand mit meiner rechten verwoben.

Fuck! Da flackten wir in meinem Heiligtum, waren förmlich aufeinander festgekleistert und hielten auch noch Händchen. Unfassbar!

Mein beknacktes Unterbewusstsein musste verdammt armselig sein und ich dazu enorm süchtig nach Mia. Wenn mich das als beschissenes Weichei abstempelte, dann spielte das keine Rolle. Es war mir nämlich schlichtweg scheißegal. Und nicht nur das …

Ich war ein Weichei, das einen Nutzen daraus zog, ein Weichei zu sein. Ja! So war das!

Mit einem hinterlistigen Grinsen hob ich also meinen Arm, um ihr sanft über den Rücken zu streichen. Spielerisch ließ ich meine Fingerspitzen über ihre blasse Haut tänzeln, fuhr die glatte gebogene Form nach, bis zu ihrem Arsch.

Ich wusste, sie würde aufwachen.

Natürlich begann sie erst mal, sich auf mir und meinem Ficker zu winden – eine Mischung aus angenehmem Kribbeln und pochendem Schmerz pur. Denn mein Ficker war schon vor einer Weile aufgestanden. Wortwörtlich. Wie eine verdammte Eins hatte er sich aufgestellt, na ja, eigentlich hatte er es versucht …

»Tristan … Wir brauchen … Orangensaft …«, murmelte zudem Mia drängend schlaftrunken, und brachte mich damit zum Lachen.

»Alles, was du willst, Baby«, flüsterte ich verschmitzt in ihre Haare. Und wenn sie von mir Schneckenkaviar verlangte, würde ich ihr auch den ekelhaften Scheiß irgendwie besorgen.

»Was?« Mittlerweile wach richtete sie sich auf, indem sie sich mit beiden Händen mitten auf meiner Brust abstützte und mich verschlafen mit zusammengekniffenen Augen musterte.

»Guten Morgen, Baby«, grüßte ich sie erst mal, konnte gleichzeitig aber nicht widerstehen, Kreise auf ihre Oberschenkel zu zeichnen, weil sie sich breitbeinig auf meinen … Bauch gesetzt hatte, also viel zu weit oben.

Aber egal. Wenn es ihr so gefiel.

»Und ich habe gesagt: Alles, was du willst, Baby«, fügte ich höflich hinzu.

Sie war so niedlich. Ihre Lider waren nur halb geöffnet, aber ihr angestrengtes Stirnrunzeln verriet, wie es in ihrem Kopf arbeitete. »Was hab ich denn gewollt?«, fragte sie müde und gähnte herzhaft.

»Orangensaft«, erklärte ich schulterzuckend und bot sofort an: »Ich hol dir welchen.« Denn dank ihr gab es jetzt welchen in diesem Haus. Ganz ohne Erpressung lief es dann aber doch nicht. »Aber nur, wenn du den Scheiß ausziehst, auch wenn es sexy aussieht, wenn du mein verdammtes Shirt anhast.« Ich zupfte an dem Saum ihres weißen übergroßen T-Shirts, das sich dennoch eng um ihre Titten spannte. Viel zu eng. Mein Ficker zuckte … Aber sie merkte es nicht mal, weil sie immer noch auf meinem gottverschissenen Bauch hockte.

»Klar«, erwiderte sie auch noch fröhlich und fasste nach ihrem beziehungsweise meinem Shirt. Sobald meine Augen strahlten wie die eines Kindes, weil es wahlweise den Weihnachtsmann oder den Christbaum inklusive sämtlicher Geschenke bewunderte, wurde meine Tür aufgerissen.

»Was zum ... Fuck!?«, war das Einzige, was ich von mir geben konnte, als plötzlich drei Mitglieder meiner bescheuerten Familie das Zimmer stürmten und sich mit Vollkaracho aufs Bett schmissen. Stanley bellte aufgeregt und kriegte sich nicht mehr ein, bis Mia ihn leise beruhigte. »Zum Teufel!«, war das Nächste, was ich herausbrachte, als ich mich mit meinem Mädchen, das sich nun erstarrt nach wie vor auf mir befand, etwas aufsetzte und die unwillkommenen Eindringlinge nacheinander fixierte.

Alle Penner trugen noch ihre verdammte Unterwäsche, hatten zerzauste Haare und sicher auch noch Mundgeruch. Tom verdeckte das Nötigste mit blauen Shorts, Phil mit roten und Vivi hatte wieder dieses peinliche Flatterding an, was sich Nachthemd schimpfte. Also ich würde mein Mädchen garantiert nicht so rumlaufen lassen, zumindest nicht außerhalb meines Zimmers.

Gerade als ich sie einzeln oder auch alle auf einmal aus meinem beschissenen Heiligtum schmeißen wollte, jauchzte Mia.

»Yeah, Nutellatoast!« Erst jetzt nahm ich das Tablett wahr, das Vivi auf ihrem Schoß balancierte. Sie hatte es sich auf Tom gemütlich gemacht, der im Schneidersitz neben mir am Kopfteil lehnte, als wäre er meine verschissene Ehefrau. Ich bedachte ihn mit einem abgedrehten Blick, als er mich überheblich angrinste. Und dann schaute ich fragend zu meinem anderen Bruder, der als Muskelmasse drapiert am Fußende des Bettes lümmelte und schon ein Nutellabrot vertilgte.

»Wir frühstücken heute bei dir«, verkündete er schulterzuckend.

»Einen gottverdammten Fuck werdet ... ihr ...« Aus dem Fluchen heraus linste ich zu meinem Mädchen, was sich aber schon in einem tiefgründigen Gespräch mit Vivi befand – die immer noch auf Tom saß – und wild gestikulierend alles erzählte, was gestern passiert war.

Ich hörte nur absoluten Puschelhasenalarm: »Tristan ...« und »So süß ...« Ich konnte nicht anders, als meine Augen verdrehen, bemerkte aber dann den ehrfürchtigen Glanz in den ihren, während sie davon sprach, wie ich sie hierher gebracht hatte. Dabei strichen die beiden Mädels eifrig klebriges Nutella auf unzählige Weißbrote. So viel zu gesunder Ernährung.

Ich seufzte ergeben und rutschte mit Mia inklusive nach oben, sodass ich mich aufrecht, wie Tommy an das Kopfteil lehnen konnte, um nicht beschissenermaßen zu allen hochsehen zu müssen. Wie weit war ich nur gesunken, dass wir jetzt alle einträchtig mein heiligstes Heiligtum vollkrümelten, und wie tief würde ich noch sinken?

Mia wandte sich gerade glücklich mit zwei Broten in der Hand von Vivi ab. Offenbar hatte sie überhaupt nichts dagegen, dass unsere traute, fickreife Zweisamkeit gestört worden war ... also würde ich meine Bedenken, gottverdammt noch mal, für mich behalten und den Scheiß einfach ertragen.

Sie gab mir ein Brot – in dem Moment, als sie mir einen sanften Kuss auf die Lippen drückte – und biss dann euphorisch von ihrem ab.

»Das ist wohl dein Lieblingsfrühstück, mit dem sie dich geködert haben, hm?«, mutmaßte ich schmunzelnd. Sie nickte, während ich ihr mit dem Daumen ein wenig süße Schokolade vom süßen Kirschmund wischte und selber konsumierte. Es schmeckte köstlich. Sie lächelte mich glücklich an, schwang sich dann aber leider von mir runter, um sich zwischen mich und Tom zu quetschen. Vermutlich war es so gemütlicher für sie. Dabei kuschelte sie sich fein säuberlich an meine Seite, während sie meinen Arm hob und um ihre Schulter legte. Ich fühlte mich wie eine sexy Schlenkerpuppe und verdrehte die Augen, während auch ich endlich mein Brot vertilgte.

»Was hast du heute vor?«, fragte Vivi Mia, die auch mampfte. Wartete aber keine Antwort ab und zauberte mit einem »Ich hab aber die Gläser vergessen« ausgerechnet Orangensaft hervor, worauf Mia voller Entzücken direkt aus der Flasche trank. Manchmal war Vivian Müller wirklich verdammt unheimlich! Als hätte sie Visionen von der Zukunft ... Ich dagegen lauerte neugierig auf die Reaktion von meinem Mädchen. Dieses drehte mir das Gesicht zu und schaute mich mit erhobener Braue an.

»Weiß nicht«, meinte sie unsicher. Fuck ... sie bot mir einfach perfekte Vorlagen.

»Tja, ich wüsste da schon was«, verkündete ich locker. »Ich wüsste sogar einige Dinge, die wir heute machen könnten. Das Haus ist groß und alles muss eingefickt werden!«

»Wäh, Tristan!«

»Bäh, Mann!«

»Ich frühstücke gerade!«, ertönte es aus allen Ecken und ich musste laut lachen. Ebenso wie Mia.

»Wenn ihr euch die Bäuche schon in meinem behinderten Heiligtum vollschlagen müsst, dann werdet ihr die Scheiße auch ertragen!«, kommentierte ich lapidar und wehrte geistesabwesend Mias Ellbogen ab, der sich zielsicher in meine Seite rammen wollte. »Ist doch so!« Vorsichtshalber verwob ich unsere Hände, bevor ich ihre Fingerknöchel küsste. »Er ist nur so, weil er die Nähe zu anderen Menschen nicht ertragen kann«, bemerkte Tom, der Verräter, unschuldig.

Ich rollte mit den Augen. »Was faselst du da?« Demonstrativ zog ich Mia näher zu mir, presste sie geradezu an meinen Körper. Sie kicherte und ich war froh, dass sie schon fertiggegessen hatte, weil sie sich sonst sicher verschluckt hätte. »Siehst du? Näher geht wohl nicht!«

Tommy lachte – die anderen auch. Es entstand eine lockere Unterhaltung, während wir uns mit Nutellabroten vollstopften. Na ja, Phil beobachtete das Ganze eher im Stillen und kaute vor sich hin. Er hatte in der kurzen Zeit bereits sieben Brote verschlungen. Als er nach dem Letzten greifen wollte, schlug ich ihm auf dem Arm.

»Fresssack!«

»Sexsüchtiger!« Er streckte mir die Zunge raus und stand auf.

»Mein Babe kommt gleich ...«, verkündete er sich streckend und schlenderte aus meinem Zimmer.

Zum Glück. Ein Arsch weniger, der uns störte. Ich nahm die einsame Scheibe und reichte sie Mia. Doch sie hielt sich bereits den Bauch und musste ihr Essen schon mit Vivi teilen. »Nein, danke!« Mit einem Lächeln schnappte sie sich stattdessen die Saftflasche. »Auch gut.« Nachdem ich den Rest vernichtet hatte, fühlte ich mich mehr als nur vollgestopft. Rammelvoll. Kein Wunder bei dem pappigen Scheiß.

»Verschwindet ihr nun endlich?«, versuchte ich, die anderen loszuwerden und rutschte mit Mia – ob sie wollte oder nicht – wieder in die Waagerechte. Doch sie hatte nichts dagegen und kuschelte sich eng an mich. Platzierte ihren Kopf auf meine Brust und schlang ein Bein über meine Hüfte, so wie es am gemütlichsten für sie war.

»Nein!«, hörte ich Vivi und Tommy nur trällern und runzelte die Stirn.

»Habt ihr kein verdammtes Zuhause?«, murmelte ich in Mias Haare und gähnte demonstrativ, denn ich war schon wieder müde. Mein Mädchen schien mir auch nicht mehr sonderlich munter. Ihre Fingerspitzen, die meine Brustwarzen umkreisten, wurden träger und ihr Atem immer ruhiger.

Ich liebte es einfach, mit ihrem kleinen warmen Körper in den Armen zu chillen und ihren frischen Duft zu inhalieren. Es war beruhigend ... So sehr, dass ich innerhalb von ein paar Minuten einschlief.

**

Als ich wieder zu mir kam, war es weder Morgen noch Mittag. Nein, wir hatten bis in die späten Nachmittag hinein gepennt. Damit hatte sich die Frage, was wir heute machen würden, soeben erübrigt. Na großartig. Mein Mädchen neben mir bewegte sich überhaupt nicht und hatte auch sämtliche Berührungen eingestellt. Noch besser!

Schnaubend fuhr ich mir über das Gesicht und richtete mich auf, nur um auf den Rücken meines Mädchens zu starren. Eine kleine Hand mit schwarz lackierten Fingernägeln lag locker auf ihrer Taille. Verwirrt schaute ich hoch, geradewegs in amüsierte dunkelblaue Augen.

Tommy grinste mich an, als sich unsere Blicke trafen. Auch er beobachtete das Bild, was sich uns bot:

Mia und Vivi lagen beide auf der Seite. Nase an Nase. Beide hielten sich locker umschlungen und wirkten friedlich und entspannt. Ein leichtes Lächeln zierte ihre Lippen, ihr Atem ging ruhig und tief.

Friedlich, weil die beste Freundin in der Nähe war. Die Verbündete. Und entspannt, weil der Freund ebenfalls da war. Der Beschützer.

»Sie sehen süß zusammen aus«, flüsterte Tom plötzlich und ich blinzelte ihn etwas verwirrt an. Begriffe wie *süß* verwendeten wir coolen Typen sonst nie.

Aber verdammt, er hatte recht ... Ich grinste träge. »Yeah! Sie *sind* fucking süß!« Tommy gluckste.

»Ich hätte nie gedacht, dass ich mal mit dir, deiner und meiner Freundin in deinem verkackten Heiligtum liegen und das sagen würde, aber egal. Ich bin froh, dass du sie an dich rangelassen hast, Tris.«

Ich konnte mich nicht richtig auf meinen Bruder konzentrieren, weil ich dieses selige Lächeln meines Mädchens beobachtete, während ich ihr eine Strähne hinter das Ohr strich. »Ich auch«, murmelte ich kaum hörbar.

Denn ja, ich war froh! Ohne sie wäre ich nichts! Ohne sie wäre ich immer noch ein Arschloch. Ein unglückliches, gelangweiltes, frustriertes Arschloch.

»Aber ich versteh es nicht. Zwischen all den Frauen hast du gerade sie ausgewählt«, grübelte er, während er ebenfalls Vivi durch die kurzen seidigen Haare streichelte. Sie seufzte darauf leise und lächelte etwas breiter.

»Ich hab es am Anfang selber nicht verstanden, aber jetzt gibt's da nichts mehr zu verstehen«, antwortete ich.

»Aber wie hat es angefangen?«

Jetzt schaute ich auf und begegnete seinem ruhigen, fragenden Blick. Es war das erste Mal, dass wir über die gesamte Geschichte redeten, denn ich war ein Meister im Ausweichen. Doch es wurde wohl Zeit, denn er wollte mir nichts Schlechtes. Das hatte er mir des Öfteren bewiesen.

Seufzend ließ ich mich auf den Rücken fallen, fixierte die Decke über mir und warf einen Arm über meine Stirn. Womit hatte das zwischen uns angefangen?, sinnierte ich.

»Mit Sex. Womit denn sonst?«

»War sie so gut?« Ich vernahm die Belustigung in seiner Stimme und hob eine Braue.

»Sie ist die Beste.«

»Fuck, echt?« Es pisste mich gerade an, wie ungläubig er sich anhörte. Erneut stützte ich mich auf die Seite, um ihn warnend anzufunkeln.

»Mia Engel ist eine wahre Sexgöttin. Manchmal denke ich, sie wurde nur dazu erschaffen, um mich mit ihrem Körper und ihrem Charakter um den Verstand zu bringen. Ich bin froh, dass ich die Augen noch rechtzeitig aufbekommen hab, um das zu erkennen«, erwiderte ich todernst. Tom riss die Lider weit auf.

»Okay«, kam von ihm seltsam stockend.

Wir sahen wieder unsere Mädchen an, die immer noch in aller Ruhe vor sich hinträumten.

»Und dann? Irgendwann musst du doch gemerkt haben, dass es dir um mehr geht als um Sex?«

»Jaaa. Das war dann wohl ...« Ich überlegte. Wann war mir eigentlich aufgegangen, dass es mir um mehr ging als um Sex? »Das war dann wohl, als sie mir das erste Mal einen geblasen hat ... in der Schuldusche.«

»Sie hat dir in der Schuldusche einen geblasen?«, rief Tommy aus und ich hielt ihm eilig seinen lauten Mund zu, weil die beiden sonst in ihrem wohlverdienten Schönheitsschlaf gestört wurden.

»Leiser, Mann!«, forderte ich knurrend und Tom schnaubte auf. Langsam zog ich meine Hand wieder zurück. »Ja, das hat sie getan. Du weißt gar nicht, wozu diese Frau noch fähig ist«, grinste ich in mich hinein. »Sie ist immer für eine Überraschung gut.«

»Das hab ich schon gemerkt! Ich sage nur Strandparty ...«, fügte Tom hinzu. »Also hast du beim Blasen gemerkt, dass du mehr von ihr willst als Sex? Wie logisch, Tristan ...« »Mann, in dem Moment habe ich einfach gerafft, dass sie mein gottverdammtes Mädchen ist, okay? Ich hatte noch nie ein gottverdammtes Mädchen. Du weißt, dass die Frauen vor Mia mir einen Scheißdreck bedeutet haben.«

Tom gluckste. Ich wusste, gleich würde er mir einen dreisten Spruch reindrücken, denn in seinen Augen tanzten belustigte Funken. »Weißt du noch diese eine ... im Ferienlager ... mit ihrer Trompete?«

Ich musste lauthals lachen, worauf es an Tommy war, mich zum Schweigen zu bringen.

»Fuck ... das war fast wie in American Pie«, nuschelte ich trotzdem gegen seine Handfläche, und er entfernte glucksend den Fleischknebel.

»Ja, aber sie hat dich nicht sitzen lassen, sondern du sie. Wie hieß sie noch mal?«

»Weiß die verdammte Muschi. Ich habe mir die Namen nie gemerkt!«, antwortete ich etwas gereizt, denn ich war auch kein Gedächtniskünstler (seit wann merkte ich mir so einen nebensächlichen Scheiß?).

»Und weißt du noch die eine Kollegin von Dad ... Die du über den Tod ihres Wellensittichs hinweggetröstet hast?«

»Uh ja!«, lachte ich viel zu laut, senkte aber im nächsten Moment meine Stimme. »Sie war doch Französin und hat mich die ganze Zeit in ihrer Muttersprache zu gelabert ... Mann ... ich hab kein Wort von dem Mist verstanden und dachte mir nur, dass sie ihr Maul halten soll. Aber sie hat es wieder gutgemacht, weil sie die Einzige war, die ich von hinten richtig hart ficken durfte. Als Bonus hab ich sie dreimal kommen lassen.«

»Echt?« Tom runzelte die Brauen. »Und was ist mit ihr?«

Er wies auf unsere Freundinnen, die sich immer noch nicht rührten, während wir hier über meine verflossenen Weibergeschichten quatschten.

Oh! Ähm, ja ... Keine Ahnung ... Hatte sie es ertragen? »Ich weiß es nicht«, grummelte ich also.

»Wie, du weißt es nicht?« Tom war ganz klar irritiert.

»Ich war besoffen, als ich das erste Mal mit ihr Sex hatte. Da hab ich sie von hinten gevögelt und seitdem nie wieder«, beichtete ich unwillig und ließ meinen Blick über das Gesicht meines wunderschönen Mädchens mit der ebenmäßigen, nun leicht rosigen Haut schweifen. Ich konnte nicht mehr widerstehen und strich über ihre glatte Wange. Nur mit den Fingerspitzen. Ihre dünnen Lider flatterten und sie seufzte leise.

»Ich dachte, das ist deine verdammte Lieblingsstellung!« Tom war gelinde gesagt ... geschockt.

»Ja. Fuck, aber ... wenn ich sie ficke, dann will ich ihr in die Augen sehen ... Ich muss wissen, dass alles in Ordnung ist. Mann ... Du weißt: Mein Schwanz ist nicht der kleinste. Ich will ihr nicht wehtun, okay?«

Er schien noch entgeisterter.

»Und außerdem habe ich sie das erste Mal gevögelt wie ein besoffener Neandertaler. Ich kann mich zwar nicht mehr genau daran erinnern und sie hält es mir nicht vor, aber wir beide wissen, wie ich bin, wenn ich besoffen Sex habe.«

»Zu gut.« Wir dachten schnell an ein paar Gelegenheiten, als ich besoffen durch die Gegend vögelte und schnitten ablehnende Grimassen. Denn bei diesen Anlässen waren die Frauen nie auf ihre Kosten gekommen. Eher zu Schaden. Einmal war der Tisch zusammengebrochen, auf dem ich (glaube ich) Valerie gefickt hatte. Sie musste danach sechs Wochen lang eine Halskrause tragen. Meine Brüder und ich lachten bis heute noch darüber. Ja ... Ich redete mit Tommy oft über Sex. Da waren wir auch nicht besser als die klatschsüchtigsten Weiber.

»Es war sicher nicht gerade toll für sie ...«, gab ich schuldbewusst zu. »Ich möchte sie nicht noch einmal ... demütigen. Von der Scheiße hat sie genug eingesteckt. Von uns allen«, betonte ich frustriert und wünschte mir zum hundertsten Mal innerhalb der letzten Tage, dass ich die Zeit zurückdrehen könnte.

»Sie hat dich echt verändert. Eigentlich hätte sie einen Orden für außerordentliche Tapferkeit verdient, weil sie sich an so einen Penner wie dich überhaupt herangetraut hat.«

»Vivi hat´s mit dir auch nicht gerade leicht, Mister Ich kotze überall«, konterte ich.

»Ich habe eben einen empfindlichen Magen«, beschwerte er sich brüskiert. Wir mussten lachen.

»Fuck! Halts Maul!«, flüsterten wir beide und hielten uns die lachenden Münder zu.

Doch dieses Mal hatten wir den Spaß zu weit und vor allem zu laut getrieben, denn beide Mädchen zwickten ihre Lider fest zusammen, dann noch mehr und dann ... brachen sie in schallendes Gelächter aus. Tom und ich schauten uns sprachlos an, während sich unsere Freundinnen gar nicht einkriegten vor Lachen.

»Gott, ihr zwei ...«, keuchte Vivi und wischte sich die Tränen aus den Augen. Es war vergebens, denn es kamen immer mehr, während sie weiterlachte. »... seid besser als Frauen!«

»Baby«, knurrte ich nur drohend und umfasste Mias bebende

Taille. Warnend zog ich sie nach hinten an meinen Körper. »Sag bloß, du hast den ganzen Scheiß gehört ...«, wisperte ich in ihr Ohr und fühlte, wie ich, Tristan *schamlos* Wrangler, ein klein wenig errötete.

Als hätte sie meine Stimmung gespürt, verstummte sie und drehte sich zu mir um. Vorsichtig schaute sie mit Feuchtigkeit an den langen Wimpern zu mir auf und biss sich auf die Lippe, um weitere Glückser zu unterdrücken.

»Wir verschwinden jetzt. Ich muss hier wen übers Knie legen!«, verkündete Tom grollend und warf sich Vivi unsanft über die Schulter. Das meinte er ernst! Sie lachte immer noch, aber jetzt ziemlich hysterisch und strampelte wie eine Verrückte. Natürlich hatte sie keine Chance. Noch im Flur hörte ich den Tumult, den die beiden veranstalteten.

Doch das beachtete ich gar nicht, viel zu sehr war ich damit beschäftigt, mein Mädchen anzufunkeln. »Hast du etwa alles gehört?«, fragte ich knapp. Meine angepisste Stimmung entging ihr natürlich auch weiterhin nicht und sie fuhr durch meine wirren Haare. Dabei nickte sie und malträtierte schüchtern ihre Lippe. Ich seufzte schwer, denn ganz ehrlich, der Scheiß mit den anderen Frauen war ganz sicher nicht für ihre unverdorbenen Ohren gedacht, verdammter Fuck!

Was sollte ich dazu sagen? Sollte ich mich entschuldigen? Ich hatte schon wieder die Hälfte von dem, was ich da gerade von mir gegeben hatte, vergessen, aber mir war klar, dass es ihr sicher nicht gefallen hatte. Ihr Blick wirkte jedoch nicht vorwurfsvoll, eher nachdenklich.

Sie sah mir forschend ins Gesicht. Genau wie ich in ihres.

»Weißt du, Baby ...«, sagte ich schließlich, als es mir zu blöd wurde, und strich ihr eine Strähne aus der Stirn. »Wenn wir nicht fragen, werden wir nie erfahren, was der andere denkt.«

Dann ließ sie die Bombe platzen. Eine typische Mia-Bombe.

»Willst du mich von hinten, Tristan?«

»Fuck!« Bilder stürmten sofort auf meinen versauten Geist ein. Von rechts von links. Von oben von unten ... von vorne ... und vor allem von *hinten*. Ich kniff die Lider zusammen und der Penner in meiner Hose meldete sich natürlich mit epischen Fanfaren untermalt zu Wort.

»Du kannst es tun, wenn du willst, weißt du?«, sprach sie ruhig weiter, während sie näher an mich rückte. Ihre kleine Hand wanderte über meinen Oberarm, rauf und runter, rauf und runter ... Wollte sie mich gerade umbringen?

Der Ficker versuchte unauffällig, meine Shorts zu sprengen.

Ich fing ihre wendigen Finger ein, gerade als sie zu meiner Brust rutschen wollten, und öffnete die Augen wieder. Mir war klar, wie ich sie nun ansah: wie der hungrige Löwe ein hilfloses Lamm. Mein Atem beschleunigte sich ... wurde hektisch, worauf sie erschauerte. Dennoch strahlte mir pures Vertrauen entgegen. Irgendwie beruhigte es mich ... denn jetzt tat sie es. Zum ersten Mal hatte ich mir das Vertrauen einer anderen Person verdient.

Niemals würde ich ihr mehr wehtun, egal ob körperlich oder seelisch.

»Du willst es, wieso tust du es dann nicht?«, wollte sie wissen und platzierte gemächlich meine Hand auf ihre Brust. Ich verhinderte ein raues Stöhnen, als ich die warme Weichheit durch das dünne Shirt unter meinen Fingern spürte. Automatisch begann ich, zu kneten und zu ertasten. Wie auf Befehl stellte sich ihre Brustwarze unter meiner Berührung auf.

Sie keuchte. So oft hatte ich mir vorgestellt, dass ihr göttlicher Arsch sich mir noch einmal so entgegenstrecken würde, wie ich ihn verschwommen in Erinnerung hatte.

»Ja, ich will es!«, stieß ich rau hervor, schon hatte ich mich schon über sie gebeugt ... und meine Lippen auf ihre vollen rosigen gepresst.

Und *wie* ich es wollte!

Meine Zunge drang in ihren Mund ein, bewegte sich fieberhaft. Dabei war es mir scheißegal, dass wir nicht mal Zähne geputzt hatten. Ich schmeckte ohnehin nur Nutella.

Gleich würde ich sie von hinten ficken. Und ... es würde wahrscheinlich nicht angenehm für sie werden.

»Baby ...« Atemlos löste ich mich von ihr und packte sie in den Haaren, um ihr Gesicht von mir wegzuziehen. Ich brauchte ihre Aufmerksamkeit. Wild schnaufend sah sie mich an. »Es wird wehtun!«

»Wird es nicht!«, behauptete sie felsenfest.

Ich hob eine Braue und kraulte mit meinen Fingerspitzen ihren Nacken. »Hast du schon mal meinen Ficker gesehen? Er ist ein größenwahnsinniger Riese! Und von hinten ist´s verdammt tief!« Ich hatte mit genügend Frauen geschlafen, um zu wissen, dass sie es alles andere als genossen hatten, in meiner Lieblingsstellung gefickt zu werden.

»Halt den Mund!«, antwortete sie nur bestimmend, dann richtete sie sich auf und streifte sich das Shirt über den Kopf, sodass ich die Aussicht auf ihren makellosen nackten Oberkörper genießen konnte. Bei dem Anblick schluckte ich mühsam, aber schon folgten die Hotpants, und ehe ich es realisierte, hatte sie sich schon wieder an mich geschmiegt, komplett nackt und komplett warm und komplett seidig weich. Ihr Mund verteilte zarte Küsse auf meinem Schlüsselbein bis zu meiner Brustwarze, die sie dann zwischen die Lippen nahm und ihre Zunge kräftig darüber schnellen ließ.

Ich stöhnte kehlig, mein Ficker zuckte.

Fuck! Ich hatte sie so lang nicht mehr gefickt und war noch aufgeheizt von gestern Abend. Ihre Finger glitten über meinen Oberkörper, verehrten jeden einzelnen Muskelstrang, aber die Richtung, die sie einschlugen, war eindeutig. Nach unten!

»Du wirst mir nicht wehtun! Bist du verrückt?« Sie klang so sicher ... und ich glaubte es ihr. Na gut ... Ihre Lippen folgten über zuckende Bauchmuskeln ihren Händen und in diesem Moment hätte ich ihr wohl alles geglaubt. Sie drückte gegen meine Brust, sodass ich mich auf den Rücken fallen ließ, und ich vergrub leise knurrend eine Hand in ihren vollen Haaren. Fühlte die dichte Weichheit. Mit der anderen strich ich über ihren blassen Rücken. Über jedes einzelne Muttermal, ihre Wirbelsäule und über ihre Seite.

»So fucking schön ...«, murmelte ich selbstvergessen, als ich ihren babyweichen Arsch liebkoste.

Meine Bewegungen stockten, als sie den Bund meiner Shorts anhob und meinen Ficker befreite. Heißer Atem streichelte meine Spitze, worauf ich meinen Griff in ihren Locken verstärkte.

»Du kannst mit mir machen, was du mit den anderen auch gemacht hast, Tristan«, hauchte sie, dann umschlossen ihre feuchten Lippen meinen Schwanz.

»Scheiße!«, lautete mein erstes Grunzen, als ihre wendige Zunge um meine Eichel kreiste. Ihre Finger umfassten währenddessen meinen Ansatz. Zu gern hätte ich ihr dabei zugeschaut, aber die Empfindungen, die mich durchrauschten, waren zu intensiv. Also ließ ich den Kopf nach hinten fallen und schloss die Augen. »Das willst du nicht ...«, presste ich hervor. »Du willst nicht, dass ich dich so abwertend behandle wie die ... anderen!« Sie saugte fester. »Gott, Mia!« Ich konnte ihr Grinsen geradezu fühlen. Ein Stück nach oben kommend blickte sie mich an.

»Doch, das will ich Tristan ... Ich will auch so mit dir schlafen, wie du mit den anderen geschlafen hast.« Sie küsste hingebungsvoll meine Spitze. Es war genial, wie sich ihre geschwollenen Lippen gegen mein pochendes Fleisch drückten. Wieder zog ich sie an den Haaren zurück, denn ich konnte nicht zusammenhängend denken, wenn sie an mir rumspielte. Das war doch nicht ihr Ernst.

»Du hast keine Ahnung!«, informierte ich atemlos und funkelte sie an.

»Willst du mich nicht so?« Mit dieser verletzten kleinen Aussage schoss sie wirklich den verkackten Vogel ab. Darum ging es ihr also?

»Bist du bescheuert?«, rief ich ungehalten aus und zwang mich sofort, nicht weiter auszuflippen, denn ihre Lider weiteten sich erschrocken.

Ich richtete mich auf, um ihr näher zu sein und platzierte sie breitbeinig auf meinen Schoß. Nackt ... und feucht ... wie ich nur zu gut merkte.

»Die anderen Schlampen haben mir nichts bedeutet. Doch du bist alles für mich«, erklärte ich ruhiger, während ich ihr Gesicht zu mir wandte.

»Aber mit mir machst du nicht deine Lieblingsstellung. Mich schonst du. Die anderen musstest du nicht schonen«, flüsterte sie klein und zaghaft. In diesem Moment erkannte ich, dass sie dieser Gedanke wirklich extrem aufregte. »Wie viel kann ich dir schon geben, wenn du mit mir nicht mal deinen Vorlieben nachgehen kannst?«

»Baby!« Das war so abwegig, was sie sich da zusammenspann. Sie verstand ... rein gar nichts. Aber ich war ihr Erster und obendrein ein Arschloch gewesen. Jetzt musste ich Geduld zeigen, also schraubte ich wieder mal mein Temperament runter und betonte ernst: »Ich schone dich gar nicht. Was ich mit dir tue, ist genau das, was ich will. Es ist das Größte mit dir ... Liebe zu machen.« Nein, ich sagte nicht ficken! »Egal wie. Egal wo. Mit dir ist es immer perfekt. Jede einzelne Sekunde, in der ich das hier ...«, ich bewegte mich an ihr und sie biss sich fast schon schmerzerfüllt auf die Unterlippe, »... fühle, bedeutet pure Glückseligkeit für mich. Die Stellung ist egal. Was zählt, sind wir beide. Vereint.« Abschließend küsste ich sie zart. Was mir ziemlich schwer fiel, weil ich ihre Nässe immer noch fühlte. Und weil sie anfing, mit ihrem Becken zu kreisen, als unsere Zungen sich berührten, weil ihre Hände sich in meine Haare krallten und über meine Kopfhaut kratzen, was mir Schauer durch meinen gesamten Körper jagte.

»Bitte, Tristan. Tu es«, nuschelte sie an meinem Mund und ich seufzte frustriert. Denn ... Mia hatte mich gerade darum gebeten, sie von hinten zu ficken ... und tja, wenn Mia-Baby mich um etwas bat, war ich ja bekanntlich ziemlich verloren. »Ich will, dass du nur mir gehörst.«

»Ich gehöre dir. Mit jeder verfickten Faser!«, konterte ich und knabberte vorsichtig an ihrer Lippe. Doch eigentlich war mein Widerstand schon längst gebrochen.

»Bitte hör auf, Rücksicht auf mich zu nehmen. Nimm dir, was du brauchst, *wie* du es brauchst«, flehte sie geradezu. Wer war ich, dem zu widerstehen?

Also atmete ich tief durch und löste mich von ihr. »Sag nicht, ich hätte dich nicht gewarnt!«

Sie strahlte; die Röte, die sich auf ihren Wangen ausbreitete, war geradezu lächerlich ... aber süß. Ich rollte die Augen, hob sie von mir runter und entledigte mich meiner Shorts. Fast schon ehrfurchtsvoll und vor allem aufgeregt starrte sie auf meinen Ficker.

Schnell kniete ich mich vor sie und zog mit meinen Fingern die Kurve ihrer Taille nach. »Dreh dich um«, hauchte ich ihr zu und merkte, wie sie sehr angestrengt und sehr aufgeregt schluckte. Ich verkniff mir ein Grinsen und drehte sie mit einem Ruck um, der sie aufkeuchen ließ.

»Du machst mich verrückt ...«, murmelte ich in ihr Ohr und schmiegte mich an ihren glatten Rücken, rieb als Bestätigung meiner Worte etwas meinen Ficker an ihrem Steißbein und verwöhnte ihren glatten Oberkörper mit meinen Berührungen. Ihre Hände klammerten sich in meine Frisur, während ich ihre Brüste umfasste und ausgiebig ihren Nacken sowie die Schultern küsste. Ich registrierte ihren beschleunigten Atem und ihr rasendes Herz. Ihre Reaktionen ließen mich alles andere als kalt, heizten mich zusätzlich an. Meine Finger wanderten über ihre Seiten und dann hinauf in ihren Nacken, welchen ich sanft umfasste. Ich grinste teuflisch an der duftenden Haut an ihrem Hals und flüsterte rau in ihr Ohr: »Beug dich nach vorne, Baby!« Mit leichtem Druck half ich nach. Sie stützte sich auf die Ellbogen und präsentierte mir eine phänomenale Aussicht.

»Fucking fantastisch!« Mich leicht zurücklehnend genoss ich in vollen Zügen, wie sie sich mir darbot. Fuck! Dieser Arsch! Ich musste die Augen schließen, denn ansonsten wäre ich allein von dem Anblick gekommen.

Mia keuchte leise. Und ich wusste, wenn ich ihre Beine spreizen würde, wäre sie überschwemmt. Die Vorstellung half mir nicht gerade dabei, mich zurückzunehmen, das war klar.

»Tristan!«, beschwerte sie sich wimmernd wie ein kleines rolliges Kätzchen. »Keine Zurückhaltung!«, forderte sie dann und ich öffnete langsam meine Lider, nur um zu sehen, dass ich mittlerweile uneingeschränkten Zugang zu ihrer Pussy hatte.

Und sie war tatsächlich nass.

»Bist du wahnsinnig? Wenn ich mich nicht zurückhalte, dann landet der Ficker von innen direkt in deiner Kehle!«

Sie kicherte leise und atemlos. Das war nicht witzig! Wenn ich mich nicht beherrschte, würde ich ihr den ungeduldigen Ficker mit voller Wucht reinrammen und ihr unnötig Schmerzen zufügen.

»Tristan ...« Oh ja ... mein Baby wollte mich. Dringend.

»Ruhe, Baby. Du störst meine Konzentration!«, befahl ich, dann rückte ich an sie ran, ergriff fest ihre Hüften und presste meinen Unterkörper gegen ihre Götterseite.

Wir beide stöhnten natürlich auf, obwohl meines wohl eher einem abgehackten Grunzen glich. Ja, manchmal hörten sich die Laute, die wir beim Sex von uns gaben, extrem gewöhnungsbedürftig an. Mia warf den Kopf in den Nacken und verteilte ihre glänzenden goldbraunen Haare über ihren Rücken.

Ich liebte die schmale Kurve ihrer Taille, die in deutlich breitere Hüften überging und in diesem runden Prachtarsch mit der ebenmäßigen Haut mündete. Ausschließlich fließende, glatte Konturen. Das musste auf ein Foto gebannt werden, um es für die Nachwelt festzuhalten. Das hier war mein Schrein. Meine Muse. Meine Göttin.

»Mhm, Baby ...«, summte ich, während ich meinen Ficker an ihr rieb. Ihre Feuchtigkeit verteilte sich und sie kam mir entgegen. Meine Hand wanderte an ihr herab und umfasste ihn, drückte die Spitze auf ihren Kitzler, weil ich wusste, wie sehr sie der Scheiß anmachte.

»Ahhh, du ...« Sie kreiste mit ihren beweglichen Hüften und ich stöhnte auf, »... bist ... ein Gott!«

Ich musste selbstzufrieden grinsen. Es ging gar nicht anders.

In meinem Hirn machte sich langsam, aber sicher die Blutarmut bemerkbar. Mein Körper beziehungsweise ein gewisses Körperteil hatte die Führung übernommen. Alles, an was ich noch denken konnte, war ihre einladende enge Pussy.

»Soll ich dich wirklich so ficken? Letzte Chance!« Ich betonte ficken, weil es das tatsächlich sein würde, wenn ich von hinten in sie stieß. Eine weitere Ladung Feuchtigkeit ergoss sich aus ihrem Inneren, was eigentlich Antwort genug sein sollte.

»Ja, Tristan! Wie beim ersten Mal!« Ich wollte die Augen verdrehen, weil ich doch keine Ahnung hatte, wie es damals genau abgelaufen war.

»Halt mich fest«, sagte sie plötzlich zitternd. Ich runzelte verwundert meine Brauen, denn das tat ich doch bereits! »An den

Haaren!«, ergänzte sie. Oh fuck! So hatte ich es also getan? Auf die totale Unterwerfungstour? Oh fuckiger Fuck, ich *liebte* die totale Unterwerfungstour! »Bitte, Tristan!«, flehte sie erneut. Meine Hand verselbstständigte sich und vergrub sich in ihren wilden Locken.

»Fester!« Fuck! Sie war irre ... Und sie machte mich irre an. Ich würde alles tun, was sie von mir verlangte. Ich war ihre Marionette. Grob packte ich zu, machte eine Faust und zog etwas. Sie keuchte auf, doch beschwerte sich nicht, sondern stöhnte hilflos. Ich sah die Gänsehaut, die über ihren Rücken kroch, und grinste teuflisch.

»So hab ich dich gefickt und du hast mich trotzdem noch mal rangelassen?« Damit fasste ich erneut nach dem ungeduldigen Penner, denn ich hielt es nicht mehr aus und musste da rein, wo die Flüssigkeit in Strömen auslief. Und dann tat sie etwas, was mir noch den letzten Rest Verstand raubte. »Tristan, fick mich ... tief!« Sie sagte es nicht nur ... Sie flehte mich geradezu an.

»Okay!« Kurzerhand presste ich mich, ohne weiter darüber nachzudenken in ihr Inneres. Mit einem glatten festen Stoß ... bis zum Ansatz. Ich fühlte ihre innere Wand an meiner Spitze, so tief war ich plötzlich in ihr. Es war so eng ... und so warm ... und so ... perfekt!

Gleichzeitig stöhnten wir auf, versuchten, uns an diese ekstatischen Empfindungen zu gewöhnen, so weit es möglich war. »Tristan«, keuchte sie flüsternd. Ich hatte keine Ahnung, ob es ein positives Tristan oder ein negatives war. Deswegen hielt ich still und ließ sie sich erst mal an das Gefühl gewöhnen. Denn ich wusste, so tief war ich noch nie in ihr gewesen. Zumindest soweit ich mich erinnern konnte. Aber es war nicht zum Aushalten. Also umfasste ich ihre Taille und begann, gemächlich meine Hüften zu kreisen. So wie sie es gern hatte.

»Alles in Ordnung?«, zwang ich zwischen den Zähnen hervor, weil ich mich so extrem bremsen musste, obwohl alles in mir schrie, endlich richtig loszulegen.

»Ja! Komm schon!«, lautete ihre einzige fast schon genervte Antwort. Sie legte ihr Gesicht in die Kissen, wodurch ich noch ein Stück tiefer konnte.

Fuck! DAS war so typisch!

»Okay!«, stieß ich erneut zwischen meinen Zähnen hervor und glitt zurück. Ich fühlte ihre engen Wände so verdammt gut. Langsam zog ich ihn für einen Moment komplett aus ihr raus und betrachtete fasziniert das Bild, das sich mir bot. Mein raues Stöhnen kommentierte sie mit einem Wimmern, worauf ich grinsen musste. Mit einem lauten Klatschen ließ ich meine Hüften nach vorne schnellen und füllte sie wieder ganz aus. Ein Schrei, der von den Kissen erstickt wurde, war ihre Antwort. Aber nicht schmerzhaft, eher nach mehr verlangend, und sie kam mir entgegen, wollte mich noch intensiver. Sie war ein Unikat. Keine Frau hatte das bisher so ausgehalten. Doch es sollte mich nicht wundern: Mein Ficker war eben für ihre Pussy geschaffen.

»Schneller!«, beschwor sie mich und ich folgte ihrem Befehl. Dieses Mal distanzierte ich mich nicht komplett, aber ich erhöhte nach und nach das Tempo, während sie mich mithilfe ihrer strammen Muskeln massierte. »Tiefer!«, bettelte sie kreischend. Angestrengt stöhnte ich und krachte härter gegen ihren Arsch.

»Du. Bist. Der. Hammer!« Atemlos lachte sie, aber ich konnte mich unmöglich fragen, was sie denn so lustig fand, weil ich viel zu sehr damit beschäftigt war, mich vollständig in ihr zu verlieren.

Wortwörtlich.

Ausgelassen fickte ich sie und sie hielt jedem noch so gnadenlosen Stoß stand. »Baby ... ich ...« Ich zermalmte fast meine Zähne, als sie um mich herum ihre Muskeln anspannte. Denn ich war schon wieder kurz davor. Das hier war einfach der beste Scheiß meines Lebens.

Ich verschluckte die Silben, beugte mich stattdessen über ihren Arsch und ließ meine Hand an ihrem Bauch herabgleiten. Meine Finger fuhren zwischen ihre Falten. Einen Moment fühlte ich, wie ich aus ihr rein- und rausglitt.

»Fuck!« Mit einem Keuchen strich ich nach oben, um schließlich leichten Druck auf ihren Kitzler auszuüben.

»Goott, Tristaaaan!«, schrie sie und wand sich hilflos, kam mir weiter entgegen – flippte aus. Ihre Pussy zog sich unkontrolliert zusammen. Und ich konnte mich nicht mehr zurückhalten, kapitulierte, absolut überwältigt. »Ich liebe dich!«, presste ich gerade so hervor, als ich mit einem finalen mächtigen Stoß in ihr kam. Sie kreischte einfach nur meinen Namen in die Kissen, während sie gleichzeitig um mich herum pulsierte.

»Hast du jetzt genug, du kleines Luder?«, keuchte ich, als mein Ficker den letzten Druck abgelassen hatte. Mühsam befreite ich meine verkrampfte Hand aus ihren Locken, beugte und streckte meine Finger, während Mia scheinbar halb tot und kichernd in die Laken sank. Ich folgte und blieb weiterhin in ihr, denn ich wollte jetzt auf keinen Fall den Kontakt verlieren. Lächelnd legte ich mich auf ihren verschwitzten Rücken, stützte mich aber noch mit den Armen ab, um sie nicht zu zerquetschen. Träge strich ich ihr die Haare aus dem Nacken und küsste eine ihrer empfindlichsten Stellen.

»Das war der beste Scheiß meines Lebens«, flüsterte ich ihr ins Ohr, und jetzt lachte sie wirklich ausgelassen und glücklich. Ihr gesamter Körper bebte unter mir.

»Was?«, fragte ich etwas pikiert, denn ich hatte mal wieder keine Peilung, was so lustig war.

»Das hast du schon mal gesagt!« Sie drehte etwas ihr schmunzelndes Gesicht, sodass ich sie ansehen konnte. Ihre Wangen waren gerötet und die Augen glänzten verträumt.

»Hä?« Mir war schleierhaft, wann ich das jemals zu irgendwem gesagt hatte. »Wann?« Zärtlich fuhr ich mit der Nasenspitze über ihre Schläfe.

»Nach unserem ersten Mal«, hauchte sie und ich versteifte mich. Oh ... Okay ... Da herrschte immer noch gähnende Leere. Aber ehrlich gesagt wollte ich darüber auch gar nicht nachdenken. Denn allein bei der Vorstellung, wie ich damals ... schämte ich mich in Grund und Boden. »Okay ...« Ich war etwas sprachlos. »Ich wechsle jetzt unauffällig das Thema. Hat es wehgetan?«

Mein Mädchen schnaubte nur ironisch auf. »Hast du nicht gehört, wie ich in Todesschmerzen schrie, während ich dich angefleht habe, dass du mich härter und tiefer ficken sollst?«

Ich lachte, starrte sie aber kurz darauf etwas schockiert an. Mein dreckiges Mundwerk färbte eindeutig auf sie ab. Derweil gluckste sie nur und versuchte, mich zu küssen. Vergeblich. Denn so weit schaffte sie es nicht, ihren Hals zu verrenken. Also musste sie sich umdrehen. Ich wollte sie zwar noch genau in dieser Position unter mir haben, ergab mich aber letztendlich widerwillig. »Ich geh jetzt raus«, warnte ich sie vor.

»Nein!« Ihre Muskeln kontrahierten um meinen halbsteifen Ficker, und ich konnte es selber kaum glauben, aber ich wurde wieder hart. Steinhart!

»Nein? Wieso denn?«, fragte ich absolute Unwissenheit markierend, streckte meine Arme durch, hielt somit halbwegs den Großteil meines Gewichtes von ihr und presste meinen Unterkörper an ihren, um den Kontakt nicht zu verlieren. Mein überlegenes Grinsen entging ihr, weil sie ihr erschrockenes, verzerrtes Stöhnen in den Kissen dämpfte. »Ich will noch mal«, muffelte sie und klang dabei wie ein kleines trotziges Kind, das noch eine Runde mit dem Karussell fahren will.

»So unersättlich, Miss Angel?« Bedächtig rieb ich meine Hüften gegen ihren wundervollen Arsch, was sie mehr als atemlos aufkeuchen ließ. Langsam legte ich den Kopf zurück und fühlte einfach nur ihre Pussy um mich herum.

»Ja!«

»Das ist mein Mädchen«, grinste ich zufrieden. Dann zog ich mich komplett aus ihr raus, woraufhin ein Schwall Feuchtigkeit folgte. WOW! Dieser geile Anblick brachte mich fast zum Explodieren.

»Tristan!« Offensichtlich ging es ihr nicht schnell genug, denn sie reckte mir fordernd ihren Arsch entgegen. »Bin ja schon dabei!« Damit versank ich tief in ihr.

»Gott!« Ihr Hintern hob sich etwas höher. »Du wirst wund sein. Das ist dir klar, oder?«, warnte ich sie ernst und beugte mich über ihr Ohr.

»Egal! Ich will jetzt nicht aufhören ... ich kann nicht ...«, wimmerte sie und brachte mich mit ihren inneren Muskeln beinahe um. »Dann hören wir nie auf. Was hältst du davon, Baby?« *Das* wäre tatsächlich das Paradies, überlegte ich, während ich sie sanft zwischen die Schulterblätter küsste.

Sämtliche Zurückhaltung aufgebend ließ ich mich gehen, ebenso wie sie. Ich fickte sie dennoch langsam und behutsam ... Wir genossen jeden einzelnen Stoß und schwelgten in dem fabelhaften Gefühl unserer Vereinigung.

Sie war die Beste! Und sie würde es immer bleiben. Ich liebte diese Frau, wie ich noch nie etwas auf dieser Welt geliebt hatte. Das sagte ich ihr vor meinem zweiten heftigen Orgasmus, den ich wieder gleichzeitig mit ihr erlebte.

Danach ... gingen wir duschen. Schon in der Kabine folgte die nächste Runde, bei der die Glaswand meinen Stößen standhalten musste. Ich konnte es nicht glauben, aber als wir danach wieder ins Bett schlüpften, war sie schon wieder scharf und sie ritt mich auch, wie mich noch nie eine Frau geritten hatte ...

Sie war wie keine andere. Nein, sie war unglaublich und raubte mir regelmäßig den Verstand.

Immer und immer wieder.

Es war eine wahrhaftig empfehlenswerte Art, den Tag zu verbringen, weswegen er ohne Zweifel Platz eins einnahm – als der fucking glücklichste in meinem Leben.

13. Wrangler Clan

Mia 'amused' Engel

»*Bitte nicht!*« Frauenstimme.

»*Halt's Maul!*« Männerstimme.

»*Bitte, lass mich los. Ich tue alles!*«

»*Maul halten oder ich stopfe es dir mit meiner Socke!*«

»*Nein! Hmmmph!*« Jemand würgte.

Nach den letzten Tönen und dem Glasgefäß, das am Boden zerschellte, hielt ich es nicht mehr aus. Schon seit guten drei Minuten lag ich hellwach im Bett, in Dunkelheit gehüllt und schlaftrunken verwirrt. Da war irgendwas los und es machte mir Angst. Die gellenden Schreie, die jetzt über den Flur hallten, konnten nicht normal sein.

Wahrscheinlich war jemand eingebrochen. Vielleicht sogar mein Vater mit der Hälfte des Polizeireviers.

»Tristan!« Ich drehte mich auf die Seite und packte seine Schulter, um ihn kräftig zu schütteln, denn ich hatte schon gemerkt, dass Tristan nur sehr schwer aus einer Tiefschlafphase herausfand. Er ruhte mit dem Rücken zu mir, an dem ich bis vor Kurzem noch angeschmiegt geträumt hatte, grummelte etwas vor sich hin und machte keine Anstalten, sich zu bewegen oder gar nur ein wenig zu sich zu kommen. »Baby, wach auf, bitte!« Normalerweise reagierte er immer, wenn ich ihn ›Baby‹ nannte, aber jetzt natürlich nicht!

»*Hiiiiiiilfeeeeee!*« Die weibliche Person übertrug ihre Panik auf mich.

»Tristan, bitte, bitte, wach auf!«, schrie ich jetzt auch und rüttelte mittlerweile so sehr an ihm, dass das ganze Bett mitwackelte. »Tristan Wrangler, aufwachen! WACH AUF!«

Irgendwann – meine Hand tat schon weh – erbarmte er sich und ergriff plötzlich mein Handgelenk. Gleichzeitig setzte er sich mit einem aggressiven Ruck auf und funkelte mich mehr als angepisst an.

»Was zum gottverschissenen Scheiß ist los? Ich schwöre, wenn du mich einfach nur so zum Spaß wach gemacht hast wie eine komplett Durchgeknallte, dann werde ich dich hier und jetzt übers Knie legen und deinen kleinen Arsch grün und blau schlagen!«

»*Ohhh jaaa, du böser, gefährlicher, großer Mann! Tu es!*« Ähm. Das war aber jetzt nicht ich gewesen!

Ich blickte ihn für einen Moment an – seine gesamte wütende, angespannte Erscheinung. »*Ohhh Goooott!*«, kreischte es erneut im Haus. Tristans Lippen verzogen sich zu einem kleinen wölfischen Grinsen. Dann wurde es mucksmäuschenstill. Schockiert erstarrte ich. Er verdrehte nur die Augen und platzierte seinen Zeige- sowie Mittelfinger unter mein Kinn, um meinen Mund wieder zuzuklappen.

»*Katha, du kleines Miststück!*«, grölte das männliche Gegenstück. Sämtliche Kronleuchter gingen in meinem Kopf an, als ich realisierte, wen ich da hörte. Gleichzeitig konnte ich es nicht fassen und mir war es peinlich, weil ich so einen Aufstand veranstaltet hatte. Tristans Finger strichen sanft und geduldig an der Linie meines Kiefers entlang, während er herzhaft gähnte.

»Sie stehen auf Rollenspiele«, zuckte er schließlich mit den Schultern.

Auf meine Grimasse hin gluckste Tristan amüsiert, schlang einen Arm um mich und ließ sich mit mir zusammen in die Laken fallen.

»Sie sind etwas verrückt, genauso wie ich ... und die Wände in diesem Haus sind verdammt dünn. Andere gewöhnen sich an das Geräusch eines Zuges beim Schlafen. Ich hab mich daran gewöhnt, meine Brüder beim Sex zu hören. Warts erst mal ab, wenn Tom und Vivi ans Werk gehen«, schmunzelte er und küsste meine Schläfe. Ich drehte mich etwas, sodass ich ihm ins Gesicht sehen konnte – immer noch baff.

»Auf was stehen die?«

»Du willst es nicht wissen, Baby.«

»Doch!«

Tristan grinste schelmisch und glitt mir seinem Zeigefinger unauffällig über mein Schlüsselbein. »SM«, gab er lauernd zu, was ich mit riesigen Augen quittierte. »Sadomaso?«, wiederholte ich perplex. Denn alles, was ich darüber wusste, war, dass es sicher wehtat, mit einer Peitsche geschlagen zu werden. Das grenzte meiner Meinung nach an Folter.

»Yeah, Fuckomaso«, kommentierte Tristan locker. Aber ich konnte mich schon nicht mehr konzentrieren, weil seine

Berührungen mich weiterhin spielerisch reizten. Als mein persönlicher Sexgott sich gemächlich zu meinen Brüsten vortastete, fing ich seine Hand ab. »Hast du das schon mal gemacht?«, fragte ich ihn neugierig.

»Was?« Tristan wollte mich ärgern, indem er sich absichtlich dumm stellte und mich zwang, es auszusprechen. Dazu grinste er dreckig, was trotz der Dunkelheit aufgrund des Mondes, der sein Zimmer leicht erhellte, gut zu erkennen war. Seine Zähne blitzten kurz auf und ließen ihn geradezu gefährlich wirken, jedoch auch so sexy. »Na, das ... mit den ... Peitschen, Ketten und dunklen Kellern und so.«

Lachend küsste er meine Fingerknöchel, während er fortfuhr: »Es geht da nicht nur um Peitschen und so, sondern vor allem um gegenseitiges Vertrauen.«

»Aha.« Ich klang skeptisch.

»Eigentlich ... bist du schon längst meine Sexsklavin, Baby. Ich trainiere dich nur subtiler, als es Doms mit ihren Subs tun«, schmunzelte er überheblich.

»Wie man´s nimmt«, nuschelte ich vor mich hin.

»Wie bitte?«, erkundigte er sich höflich und hob eine perfekte Braue. Jetzt grinste ich dreckig und löste meine Hand von seinen Lippen, um über die leichten Stoppeln auf seiner Wange, »Ich glaube eher, du tust im Bett alles für mich!«, bis zu seinem langen Hals zu streichen und schließlich links auf seiner Brust zu verharren. Dort, wo sein Herz schlug.

»Und du vertraust mir komplett.« Er verwob seine Finger in meinen Haaren und zog mein Gesicht an seines heran. Wir lächelten, während seine Lippen mit sanftem Druck über meine glitten.

»Einigen wir uns doch einfach so«, murmelte er und biss mir leicht in die Lippe, worauf ich leise stöhnte. »Du bist Sklave meines Körpers und ich deines Herzens.«

»Hört sich gut an«, hauchte ich nur und genoss das heiße Kribbeln, das sich von meinem Unterleib aus überall in mir ausbreitete.

»Hmh«, summte er zustimmend, bevor er mich richtig küsste und mit seiner Zunge in meinen Mund vordrang. Alles, was man noch vernahm, war unser leises Schmatzen und unser Atem, der sich stetig beschleunigte. Insbesondere meiner, da sich Tristans vorwitzige Hand schon wieder auf Abwegen befand. Sie wanderte über meinen nackten, demütigen Körper hinab, unmittelbar zwischen meine Beine. Aber als ein scharfes Brennen mich überraschend aufkeuchen ließ, löste er sich umgehend von mir.

»Okay ... Du bist so was von wund«, stellte Tristan fest, tastete sich aber wieder zu meinem Intimbereich vor, um ihn entschuldigend und hauchzart zu verwöhnen. »Scheiße!«, fluchte ich, weil ich schon wieder heiß war, aber jede festere Berührung höllische Schmerzen verursachte. Resigniert ließ ich mich rücklings in die Kissen fallen.

Tristan lachte mich aus und küsste mich auf die Stirn. »Du warst gestern eben unersättlich und dafür musst du jetzt die Konsequenzen tragen.« Ich wusste nicht, was daran lustig sein sollte, dass ich nicht mit ihm schlafen konnte. Wirklich nicht!

»Ha, ha ...«, grummelte ich gereizt und schob ihn an der Brust von mir weg. Ganz toll! Ich war hellwach und vor allem erregt bis in die (Brust-)Spitzen, konnte aber nichts dagegen unternehmen (lassen). Und das nervte mich. Also stand ich auf und holte mir eins von Tristans sportlichen Shirts und graue Shorts aus dem Schrank. »Was soll das ätzende Angeziehe?«, wollte er jetzt auch eindeutig genervt wissen – wie immer, wenn ich mich ankleidete. Wenn es nach ihm ginge, wären wir den ganzen Tag nackt rumgelaufen.

»Ich geh in die Küche«, brummte ich.

»Und dann?« Tristan gähnte herzhaft und kratzte sich gleichzeitig an seinem glatten Hintern, der unter der Decke hervorschaute und mich mehr als ablenkte.

»Mach ich mir Tee!«

Er gluckste. »Sei keine Leberwurst! Ich wollte dich nicht wundficken, ganz sicher nicht! Na gut, vielleicht macht mich der Gedanke schon ein klein wenig an, dass du wegen meines Fickers deine Pussy bei jedem Schritt spürst. Aber nur ein winzig kleines bisschen.« Mit Daumen und Zeigefinger zeigte er mir seine Definition von dem winzigen kleinen bisschen.

»Ich bin nie böse auf dich, auch kein kleines bisschen!«, konterte ich zickig; er lachte lauter, drehte sich um und zog sich gemütlich die Decke über den Körper. »Beeil dich, verdammte Scheiße, ich kann ohne dich nicht pennen!«, forderte er schläfrig. Ich verdrehte die Augen, während ich zur Tür ging und Stanley kraulte, der neben ihr in seinem Weidenkörbchen träumte. Tristan würde innerhalb von einer Minute schlummern wie ein Baby. Offensichtlich zählte er zu den Glücklichen, die überall und sofort einschlafen konnten, wenn sie wollten. Ganz im Gegensatz zu mir. Im Flur lauschte ich lieber nach merkwürdigen Lauten, aber die ›Vergewaltigung‹ war wohl vorbei, denn das Haus hüllte sich in Stille.

Barfuß tapste ich über den goldenen Teppich, welcher –

flauschig und dick – sogar im Schein des Mondes, der durch das Dachfenster fiel, leicht schimmerte. Ich wollte gar nicht wissen, wie viel das Teil gekostet hatte. Genauso wenig, wie ich erfahren wollte, was die ganzen Gemälde an den Wänden wert waren. Tastend bahnte ich mir meinen Weg vorbei an Phils Zimmer bis zur ersten Treppenstufe aus kaltem Holz. Jedes Geräusch schreckte mich auf: der Wind, der pfeifend und gruselig wehte und die Äste, die gegen die Fenster schlugen. Fast schon wollte ich umkehren und Tristan erneut wecken, weil ich so ein Angsthase war. Doch das war albern. Ich war schließlich ein großes Mädchen und schaffte das allein. Vorsichtig schlich ich die Treppen hinab. Jedes Knarren löste bei mir eine Gänsehaut aus und ließ mich fühlen wie die Protagonistin eines Horrorstreifens – natürlich die, die zuerst auf bestialischste Weise draufgeht. ›Nur nicht wieder nach oben rennen. Nur nicht wieder nach oben rennen. Nur nicht wieder nach oben rennen!‹ Das war mein Mantra.

Endlich angekommen atmete ich tief durch … Doch da … Ein Scharren aus der Küche. *Oh nein!*

Mit rasendem Herzen lugte ich, mutiger als ich mir vorkam, um die Ecke und das Einzige, was ich sah, war ... ein blitzendes Messer in einer Hand.

»Triiiiistaaaaaan!« Schon presste sich eine riesige Pranke auf meinen Mund und ließ mich vor Panik wimmern …

ˋ »Shhhht, meine Fresse! Ich hab mir fast in die Hosen geschissen!« Erleichtert vernahm ich Phils tiefe Stimme und blinzelte angestrengt, um die Tränen aus meinen Augen zu vertreiben und mein Herz unter Kontrolle zu bekommen. Langsam löste er sich von mir. Wo kam er so schnell her? Ich hatte ihn nicht bemerkt. »Tschuldigung«, murmelte ich beschämt vor mich hin.

Von oben erklang extremes Gepolter. »Mia? Fuck! Mia!«, grölte Tristan und hatte jetzt wohl endgültig alle wach gebrüllt. Halb die Treppen runterrennend, halb fallend stürmte er mit einem Baseballschläger bewaffnet zu uns und blickte sich panisch um – mit zerzausten Haaren und nackt, wie Gott ihn schuf.

»Was zum Teufel!?«, stieß er wütend hervor. »Was ist?«

Phil und ich starrten ihn an – Phil: ganz klar belustigt. Ich war nur … etwas perplex, aber ansonsten ging es mir nicht anders. »Nichts«, sagte ich locker und Tristans Augen verengten sich.

»Nichts?«, wiederholte er bedrohlich ruhig und ich konnte nichts gegen den Gänsehautschauer tun, der meinen Rücken hinabrieselte.

Um nicht völlig verschüchtert zu wirken, versuchte ich, ihn anzulächeln. Ich versuchte es wirklich, aber mit Sicherheit misslang es. »Falscher Alarm? Sorry, Baby?«, wollte ich ihn besänftigen, obwohl es mir eher als Frage herausrutschte. Tristan fixierte mich noch kurz mit diesem Killerblick, der mich regelmäßig schwach werden ließ. » ›Sorry, Baby?‹ Ich geb´ dir gleich ›Sorry, Baby‹, wenn du wieder nach oben kommst. Wund oder nicht wund!« Grummelnd wandte er sich mit einem Ruck um und stieg die Treppen hinauf in Richtung Himmel, also Richtung Bett, während ich seinen Prachtarsch bewunderte, der sich geschmeidig seinen Bewegungen anpasste. Dann erst wurde mir bewusst, dass Phil immer noch neben mir stand. Wie peinlich!

»Ja, also, ich mach mir mal ... Tee«, druckste ich rum, »... und was machst du?«, erkundigte ich mich neugierig und betrachtete ihn nebenbei.

Bis auf Shorts – Gott sei Dank – war er unbekleidet. Und muskulös. Richtig muskulös. Mit bestimmt zwei Köpfen überragte er mich, während er bedrohlich – immer noch das Killerfleischermesser in seiner Hand – auf mich zu schlenderte. Seine dunkelroten Locken waren nach den vorherigen Spielchen mit Katharina ein einziges Chaos, aber das musste wohl so sein. Gleichzeitig schluckte ich schwer, als ich an das Geschrei von vorhin dachte. Unfähig, mich zu rühren, kam er immer näher. »Ich wollte mir eigentlich ein paar Brote machen, bevor du dich entschlossen hast, hier alle über den Haufen zu schreien.«

Er schob sich an mir vorbei in die Küche, während ich endlich wagte, den Wasserkocher zu füllen. Erst jetzt registrierte ich das Schneidebrett auf der Anrichte, das Weißbrot und das XXL-Nutellaglas daneben. Ich grinste ihn an, er grinste verschwörerisch zurück, womit auch die letzte Spannung von mir wich. Wortlos nahm er das erste Brot, das er geschmiert hatte, und hielt es mir hin. Ich zögerte etwas, es zu nehmen. Würde er nicht denken: tja, typisch die Fetten, die sich in der Nacht den Bauch vollfressen?

»Weißt du was? Ich sage das nicht oft zu irgendwelchen ... Tussis von Tris. Aber was willst du eigentlich hier?« Mir wurde plötzlich eiskalt. Zwar sah er nicht (mehr) aus, als wollte er mich jeden Moment massakrieren, sondern eher so, als würde er es tatsächlich nicht verstehen. Dennoch spürte ich, wie ich erbleichte. Ja, was wollte ich hier? Zwischen all diesen wunderschönen, reichen Menschen? Im Grunde gab es nur eines, was ich mein halbes Leben lang gewollt hatte, beziehungsweise einen … Tristan!

»Ich liebe Tristan!« Obwohl mir die Tränen kamen, ertönte meine Stimme stark und klar. Ich schnappte mir das Brot, um etwas zu tun zu haben, mich abzulenken, zu beruhigen. »Und Tristan liebt mich!« Das war alles, was Phil wissen musste. Schulterzuckend biss ich ab, um nicht zu offenbaren, wie es in meinem Inneren aussah. »Er ist glücklich mit mir. Ist das nicht alles, was für dich zählen sollte?«

Ein Funkeln tanzte regelrecht in seinen blauen Iriden. Es war nur schwach zu erkennen, da einzig ein kleines Licht hinter dem Tresen die Szene beleuchtete, aber ich bemerkte es. Mir fiel es schwer, Phil richtig einzuschätzen. Er war derjenige, der mir überwiegend mit Argwohn begegnete oder mich ignorierte. Nur in seltenen Fällen taute er auf. »Du willst nicht sein Geld?« Knallhart.

»Gott, nein!« Wie kam er nur auf so was?

»Du willst nicht seinen Namen?«

»Nein!« Ich wurde immer empörter – Phil immer misstrauischer.

»Du willst nicht sein Ansehen?«

»Ich will nur ihn!« Gott, ich brüllte mittlerweile. Bis mir aufging, dass es vielleicht keine gute Idee war, dieses Muskelpaket zu reizen. Aber seine Beschuldigungen trafen mich tief. Alles in mir wollte sich verteidigen und ihm diesen Schwachsinn ausreden. Die Stimme senkend sprudelte es aus mir heraus: »Alles, was ich will, ist, Tristan glücklich zu machen. Alles, was ich will, ist, dass er sicher ist, dass es ihm gut geht und dass es euch gut geht. Ihr seid so eine besondere Familie, seid zusammen durch Höhen und Tiefen gegangen, aber nie daran zerbrochen. Immer habt ihr zusammengehalten. Also, wenn ich etwas von ihm will, dann, dass er auch zu mir hält!« Mehr wollte ich nicht, nur Tristan selbst, weil er mir alles bedeutete. »Phil, ich liebe ihn, seitdem ich weiß, was Liebe ist.« Flehend blickte ich ihm direkt in die Augen. Ich brauchte seine Zustimmung, denn ich konnte hier nicht leben, wenn ich mich nicht von einem Mitglied dieser Familie akzeptiert fühlte. Mich aufzudrängen entsprach mir nicht. Und vor allem wollte ich, dass Tristans ältester Bruder mich mochte. Doch wie bringt man einen Menschen nur dazu, einen zu mögen?

Ein kleines Piepsen unterbrach meine Grübeleien und ich linste stirnrunzelnd zu Phil. Pure Panik zeichnete sich auf seinen maskulinen Zügen ab. Mit einem erstaunlich hohen Quietschen für einen so kräftigen Kerl kam nur: »Eine Maus!«, während er seine Massen mit einem Satz auf die Anrichte wuchtete, als wäre er Paris Hilton, die von einer fetten Ratte gejagt wird. Mit angezogenen Beinen schielte Phil auf den Boden und wirkte mit einem Mal gar nicht mehr so Furcht einflößend. Herrje, was für eine verrückte Nacht! Oder waren die womöglich alle so irre im Hause Wrangler?

Anfangs dachte ich, er hätte es sich eingebildet, aber tatsächlich ... Kleine flinke Füßchen huschten über meine Zehen. Selbst ich musste mich stoppen, um nicht rückwärts zu springen, aber nicht weil ich Angst hatte, sondern eher, weil mir der ganze Schrecken der vergangenen Stunde noch in den Knochen steckte und ich völlig überreizt war. Aber es dauerte nicht lange, da wurde ich von diesem süßen, braunen, pelzigen Wesen verzaubert.

»Mei!«, säuselte ich verliebt und bückte mich unbewusst. In der Vergangenheit hatte ich schon einige Kleintiere besessen, war demnach nicht so hysterisch wie Mister Bodybuilder mit seiner Mäusephobie, der leichenblass nun sogar auf der Anrichte kniete. Mein Brot achtlos auf den Tresen schmeißend hockte ich mich hin und näherte mich vorsichtig dem kleinen Nager.

Bedächtig nahm ich ihn zwischen die Hände, ohne zu fest zuzudrücken, um die Maus nicht zu zerquetschen, und war froh, dass sie nach einigem Rumgewusel scheinbar völlig entspannt stillhielt. Nur einen kleinen Moment piepste sie, biss mich aber zum Glück nicht. Ihr kleines Herz hämmerte aufgeregt. Nach und nach beruhigte sich auch Phil wieder, zumindest ein wenig, denn die Maus rannte ja nicht mehr unkontrolliert durch die Gegend und könnte ihn womöglich anfallen. Prüfend beäugte er mich, während ich zu ihm hochschaute.

»Siehst du. Die ist total süß!« Lächelnd streckte ich ihm meine Hände mit dem Tierchen entgegen, doch er wich zurück. »Phil, du als großer, starker Mann hast doch keine Angst vor einer kleinen Maus. Sieh dir mal das kleine Stupsnäschen an.« Mir war klar, dass ich gerade mit ihm redete wie mit einem Kleinkind, aber ich wollte ihn ja nicht die ganze Nacht auf der Anrichte kauern lassen. Es wirkte. Sehr langsam inspizierte er die Mäusenase und konnte sich sogar zu einem kleinen schiefen Lächeln hinreißen lassen. Dabei sah er Tristan so ähnlich, dass es mir die Sprache raubte. In der darauffolgenden Sekunde dachte ich, der Eindruck hätte mich getäuscht. Denn ein Bild von meinem Sexgott schob sich vor mein inneres Auge und mir wurde bewusst, dass kein Mann jemals so schön sein konnte wie er. Tristans Gesicht war nicht ganz so breit wie das seiner Brüder und wirkte um einiges feiner, englischer.

»Yeah. Die Nase ist süß«, stimmte Phil zu.

Ich grinste breiter und beugte mich mit der Maus näher zu ihm. »Streichel sie mal!«

Das Misstrauen kehrte prompt zurück, als hätte ich von ihm verlangt, eine hochgiftige Natter zu tätscheln. »Wieso?«

Meine Güte, er benahm sich wirklich wie ein Baby, aber noch gab ich nicht auf. »Die Maus soll Herkules heißen und sie mag es, gestreichelt zu werden. Jeder mag das. Siehst du!« Mit einem Daumen strich ich über das kleine Köpfchen und die schwarzen Kulleräuglein musterten meinen Finger, doch sie ließ es widerstandslos über sich ergehen. Sehr ungewöhnlich für eine wild lebende Maus. Ich beschloss, dass es ab heute hier ein neues Haustier geben, würde, denn dieses Geschöpf war etwas Besonderes. »Herkules also, hm? Was ist das denn für ein Name? Wie wäre es mit Mickey Maus?«

»Nein, Herkules!« Ich blieb stur.

Nun lachte er richtig laut, und ehe ich es realisierte, hatte er seine große Hand ausgestreckt und streichelte behutsam das braune glänzende Fell. »Das hier bleibt unter uns, okay?«, fragte er mich dabei etwas peinlich berührt und ich grinste überlegen.

»Meinst du die Tatsache, dass der große Phillip Wrangler Angst vor Mäusen hat? Nur, wenn du Herkules nimmst und dich um ihn kümmerst!«

»Was?« Schockiert wollte er etwas entgegnen, aber ihm ging wohl sofort auf, dass er keine Wahl hatte. »Mein Dad müsste noch den Käfig von unserem alten Hasen in der Garage haben«, grummelte er angepisst.

»Na siehst du! Das ist Schicksal!« Ich zwinkerte ihm zu, fühlte mich plötzlich mit ihm verbunden.

Phil kicherte wieder. »Du bist verrückt, kleines Mädchen!«

»Wieso sagen alle immer ›kleines Mädchen‹ zu mir?«, regte ich mich trotzig auf. Er lachte schallend, vermutlich, weil es mich nicht störte, als verrückt bezeichnet zu werden, sondern eher die Titulierung ›kleines Mädchen‹.

»Wer kleine Mäuschen fängt, von kleinen Näschen redet und mich dazu zwingt, eine

dahergelaufene Maus zu adoptieren, ist ein kleines Mädchen!«

Mein Schmollen kommentierte er mit einem warmen Lächeln, was sich in seinen Augen widerspiegelte. »Aber weißt du was?«, ergänzte er verspielt. Sofort erinnerte er mich wieder an Tristan. »Ich habe soeben beschlossen, dass ich kleine Mädchen mag. Denn die sind immer ehrlich.« Pädophiler … Dann verwuschelte er mir auch noch die Haare. »Aber ein neues Brot mach ich dir nicht mehr. Und wenn du mit Tristan fickst, dann fickst du auch mit mir!«

»Wäh!« Ich schaute angeekelt zu ihm auf und wir beide kicherten los.

»Ich hol den Scheißkäfig!« Ich eilte ihm nach, falls er meine Hilfe bräuchte, während Herkules etwas zappelte. Doch schnell beruhigte ich ihn und dankte ihm im Stillen für sein süßes Näschen. Nachdem Phil die Tierbehausung aus dem letzten Eck der Garage hervorgekramt hatte, machten wir uns auf in den Garten, um erst mal Gras als Unterlage zu besorgen. Der kleine Nager bekam einen Apfel nebst einer Schüssel mit Wasser und schien ganz schön glücklich in seinem neuen Zuhause zu sein. Zumindest bildeten wir uns das ein.

Phil machte sich noch etwas zu essen und ich trank in Ruhe meinen Tee, während wir in einvernehmlichem Schweigen am Esstisch saßen und den Käfig zwischen uns beobachteten.

Als Phil schließlich die Maus tatsächlich mit in sein Zimmer genommen hatte, spülte ich noch rasch das Geschirr ab, das sich vom Vorabend stapelte, und ging nach oben.

Es war nun sicher schon vier Uhr nachts und der Sturm hatte nicht nachgelassen. Also lief und stolperte ich gehetzt die Treppen hinauf, denn ich wollte schnellstmöglich zu Tristan. Leise drückte ich die Klinke, um ihn nicht zu wecken, überlegte jedoch, ob er überhaupt schlief. Durch den Spalt linste ich Richtung Bett. Es war leer, die Laken zerwühlt.

»Tristan?«, flüsterte ich sofort unsicher. Wo war er? »Baby?«, rief ich lauter und trat ein. Die Tür hinter mir schließend registrierte ich den offenen Balkon und seufzte erleichtert. Die schwarzen Vorhänge flatterten leicht im Wind, als ich mich dem Durchgang näherte. Dort stand er und mir blieb der Atem weg – einfach so.

Mit dem Rücken zu mir hatte er sich gegen die Brüstung gelehnt – komplett nackt und komplett heiß. Wow ...

Immer wieder vergaß ich, wie anziehend er doch war, so unbeschreiblich sexy. Es sollte verboten werden, so gut auszusehen. Es sollte verboten werden, dass kein einziges überflüssiges Haar an diesem perfekt ausmodellierten Körper zu finden war. Er wäre eingeölt der ideale Go-go-Tänzer, der absolut betörend sinnlich seine Hüften zu einem basslastigen Rhythmus schwang. Hui ... Mir war auf einmal soooo warm ... Es sollte verboten werden, dass seine sagenumwobenen braunen Strähnen von der Brise zerzaust wurden und dabei oder gerade deshalb so anziehend wirkten, dass man darin wühlen wollte. Und es sollte verboten werden, dass er auf diese Höschen nässende Art an seinem Joint zog. In tiefer Ehrfurcht erfroren wagte ich keinen weiteren Schritt und genoss einfach nur die göttliche Aussicht.

Irgendwann merkte Tristan wohl, dass ich ihn in seinen Worten geblickfickt hatte, denn nach einigen Sekunden sah er mich über seine Schulter hinweg an. Mein Herz stockte, als seine Lippen ein sanftes Lächeln zierte. »Hey.« Wie immer war er selbstbewusst und hob eine Braue.

»Hey.« Schüchtern lächelte ich zurück und versuchte, die verräterische Hitze, die meine Wangen hochkroch, zu unterdrücken. Mit bescheidenem Erfolg.

Er lächelte breiter und neigte den Kopf zur Seite. »Ich konnte nicht ohne mein Lieblingskissen schlafen.«

»Ich weiß nicht, was du meinst«, sagte ich neckisch und traute mich endlich, näherzukommen.

»Ach?« Gelassen betrachtete er wieder den Himmel, inhalierte tief, schloss die Augen und ließ leicht schmunzelnd den Rauch wirken, der in seine Lungen strömte, während er darauf wartete, dass ich ihn berührte. Der starke Wind spielte immer noch mit seinen Haaren, streichelte sein Gesicht, so wie ich es gerne mit meinen Fingern getan hätte.

Ich trat hinter ihn, strich mit meiner Nase über die glatte Haut zwischen seinen Schulterblättern, schnupperte intensiv und platzierte meine Hände auf seine Hüften. Langsam ließ ich sie nach vorne gleiten, über sein ausgeprägtes V, hinauf über seine Bauchmuskeln, die so was von zum Niederknien waren, bis zu seinen ebenso ausgeprägten Brustmuskeln.

»Mhm«, brummte ich verträumt, lehnte mich an ihn und lauschte seinem Herzschlag. Mich enger an ihn schmiegend tastete ich weiter über seinen festen Körper und schwelgte in dem Gefühl der Perfektion, seinem männlichen Duft, der mich umnebelte, und genoss die Vertrautheit zwischen uns. »Morgen ist letzter Schultag«, warf er irgendwann ein, als würde ich ihn nicht gerade schamlos begrabschen, und zog wieder an dem Joint. Mit Sicherheit würde er mich nicht noch einmal rauchen lassen. Allerdings hatte ich auch nicht das Bedürfnis dazu. Nie wieder! Diesen Kampf hatte er gewonnen. »Ich weiß«, grummelte ich unwillig. Nur einen letzten Tag Ignoranz und ich hätte ihn die ganzen Sommerferien nur für mich. Vorausgesetzt mein Vater machte mir keinen Strich durch die Rechnung.

»Morgen kommt die letzte Ausgabe der Schülerzeitung raus.« Wieso klang er nur, als würde noch ein großer Knaller auf mich warten? So was hasste ich, genauso wie Überraschungen jeglicher Art, wenn sie denn mich betrafen. »Ich weiß.« Diesmal fühlte ich regelrecht, wie er die Augen verdrehte.

»Du weißt, du weißt ...«, motzte er und reagierte ganz ungehalten in meinen Armen. Erschrocken keuchte ich auf. »Huch!«, war das Einzige, was ich rausbrachte, als er mich plötzlich mit beiden Händen fest am Hintern packte und gegen seinen Unterkörper drückte. Es braucht hier wohl nicht erwähnt zu werden, wie es um seinen Ficker stand, schließlich redeten wir von dem wahren Ficker!

»Weißt du auch, was ich jetzt gleich mit dir anstellen werde?« Verwegen funkelte er mich an und ich schüttelte den Kopf, obwohl ich es bereits vermutete.

Er drehte uns herum und hob mich einfach mal so auf das Geländer, worauf ich schmerzhaft eine Grimasse schnitt, weil ich immer noch wund war. Der glücklicherweise warme Wind wirbelte durch meine Haare. Es war nicht schwer zu erraten, was er wollte, doch ich verneinte stumm, aber nicht minder panisch. Zum Glück nahm er es mir nicht übel, denn ich hatte mich ihm noch nie verweigert. Mit einem weichen Ausdruck blickte er mich an, klemmte mir ein paar Strähnen hinter die Ohren und gab mir somit zu verstehen, dass alles in Ordnung war, auch wenn wir jetzt nicht rumfickten, sondern uns einfach nur festhielten.

Mit seinen Armen hatte er meinen Rücken umschlungen und bewahrte mich so rückwärts in den stürmischen Tod zu kippen. Blätter tanzten um uns herum – es war wie ein Zeichen. Ein großer Sturm kündigte sich an und schickte schon mal ein paar Vorboten. Nur Tristan war da, um mich zu beschützen.

Was würde morgen in der Schule geschehen? Könnte er über seinen Schatten springen und unsere Beziehung richtig offiziell machen? Bisher verbrachte ich zwar die Pausen bei ihm und seinen Brüdern, aber noch immer fanden unsere Zuneigungsbekundungen an abgelegenen Orten wie der Besenkammer statt. Eine tief sitzende Unsicherheit nagte deshalb an mir, was Tristan anging. Solange er nicht voll und vor allen anderen zu mir stand, würde diese auch nicht verschwinden, obwohl er mir seine Liebe so oft gezeigt und bewiesen hatte. Dennoch wollte ich ihn damit nicht belasten und ihn indirekt zu einer Entscheidung zwingen, daher wusste er auch nichts von meinen Bedenken. Trotzdem hoffte ich, dass mein allerletzter Wunsch bald in Erfüllung gehen und nicht durch irgendwen, insbesondere meinen Vater, zerstört werden würde. Hätte ich die Gelegenheit mal mit Tristan Sexy durch die Schule zu schreiten und allen deutlich zu machen, dass dieser Gott mich liebte?

Zärtlich streichelte ich seinen Rücken und presste mich an ihn.

»Wie wird es morgen sein?«, flüsterte ich schwach.

»Lass dich überraschen«, war alles, was ich zu hören bekam, bevor seine wundervollen Lippen meine in Beschlag nahmen und den Sturm, der um uns tobte, auch in mir entfachten. Dann würde ich mich wohl notgedrungen überraschen lassen ...

***

Ungefähr fünf Minuten, nachdem ich eingeschlafen war, wachte ich wieder auf, weil ein ohrenbetäubendes Poltern zu hören war. Gefolgt vom wilden Gefluche einer samtigen Stimme: »Gottverdammte Drecksfotzenscheiße, was machst du hier? Ab in deinen Scheißkorb!« Er versuchte wirklich, still zu sein, es misslang ihm nur leider kläglich. Tristan war von Haus aus ein aufbrausender, lauter Mensch und ich liebte es. Eilig verhinderte ich ein Kichern, als kleine Füßchen flink durch das Zimmer tippelten und das Knarzen von Stanleys Weidenkörbchen zu vernehmen war. Ich blieb auf dem Bauch liegen, schmiegte mich in die Kissen, als mich plötzlich grelles Licht blendete.

Schnell kniff ich die Augen zusammen und tat alles, um weiterhin vorzugeben, vor mich hinzuträumen. Tristan war inzwischen wieder ruhig und hatte den Unfall mit meinem Hund anscheinend gut überstanden.

Wieso schlich er sich mitten in der Nacht aus dem Bett, wuselte im Zimmer rum und hantierte mit einer Taschenlampe – anders konnte ich mir die wandernde Helligkeit nicht erklären? Vorsichtig linste ich durch halb geöffnete Lider. Okay, keine Taschenlampe verursachte den grellen Schein, sondern sein Handy – LED. Weswegen es auch so intensiv war. Verwirrt runzelte ich meine Brauen.

Was hatte er vor?

Leise ging er zum Schrank und leuchtete darin herum. Komplett nackt wühlte und wühlte er. Minutenlang. Ich unterdrückte ein herzhaftes Gähnen, während ich ihn auf der Seite liegend unauffällig blinzelnd beobachtete.

»Yeah!«, freute er sich gedämpft euphorisch, was mir ein Lächeln entlockte. Er war ja so süß ...

Schwungvoll beförderte er meine Lieblings-Jeanshose ans LED-Handylicht. Die eine, welche viel zu tief auf seinen Hüftknochen hing und in der man die Rundung seines Hinterns viel zu gut begutachten konnte. Ich schluckte, als er auch noch den von mir favorisierten schwarzen Rollkragenpullover aus einem Stapel holte, der so schön eng um seine Brustmuskeln saß. Wollte er mich heute mit seiner Erscheinung aus den Latschen kippen lassen. Das war ein Anschlag auf sämtliche Sehnerven und könnte zur Erblindung führen. Und wenn ich schon nicht aufgrund seiner Perfektion mein Augenlicht verlor, dann käme ich sicherlich irgendwann in die Geschlossene, weil ich in unkontrolliertes Sabbern ausbrach und wie eine läufige Hündin nach Tristan lechzen würde, um danach unweigerlich meinen Verstand zu verlieren. Großartige Aussichten. Eine seiner Superdesigner Shorts folgte und natürlich ein Paar Adidassocken.

Wollte er sich etwa davonschleichen? Mitten in der Nacht? Was ging hier ab?

Vollends öffnete ich nun meine Lider und richtete mich ein kleines bisschen auf, als er den Aufbau wieder schloss. Würde er sich nach links wenden, um das Zimmer zu verlassen, oder nach rechts in sein Bad? Grauenvolle fünf Sekunden spannte er mich auf die Folter, bevor die Entwarnung in Erleichterungsschüben meinen verkrampften Magen entspannte, weil sein Ziel offenbar das Bad war. Vorsichtig blickte ich ihm nach, auch wenn ich mich dabei fast verrenkte. Sein Handy warf einen Lichtkegel auf den Boden, dem er folgte, ohne dabei wieder über Stanley zu stolpern oder ihn versehentlich zu treten. Aus irgendeinem Grund wirkte Tristan amüsiert und taperte plötzlich wie Otto Waalkes in seiner besten Zeit übertrieben die Knie anziehend und die Arme sowie die Hände abwinkelnd durch die Gegend.

Ein lautes Lachen kämpfte sich in meiner Brust nach oben und es kostete mich sämtliche Selbstbeherrschung, hier nicht loszuprusten. Was hatte er nur vor?

»Miss Angel.« An der Badtür blieb er stehen und wandte sich zu mir um. Ich war noch so in meinem Film, ihm die schlafende Nicht-Jungfrau und Nicht-Schönheit vorzuspielen, dass ich meinen Kopf wegdrehte und die Augen zusammenkniff ... so auf die Art ›Ich schlafe noch, ich schlafe noch, ich schlafe noch ...‹

Mista Sexy lachte mich natürlich aus. »Willst du mitkommen?« Wahrscheinlich wusste er schon seit Ewigkeiten, dass ich ihn heimlich beobachtete.

»Wohin?« Ich gähnte herzhaft und tat so, als würde ich gerade aufwachen.

»Ins Bad.«

»Es ist mitten in der Nacht. Ich geh nirgendwohin!«, nuschelte ich ins Kissen und lächelte, als er theatralisch seufzte.

»Es ist sechs Uhr in der Früh, Miss Angel. Und der letzte Schultag vor den Ferien steht an.« Okay. Noch eine gute Stunde, die ich schlafen konnte.

»Komm wieder her. Es ist zu früh!«

»Nö!«

»Wieso?« Jetzt war ich munter und setzte mich auf, während ich mir über das Gesicht rieb, weil ich von seinem Handylicht geblendet wurde.

»Ich brauche etwas länger im Bad.« Er zuckte mit den Schultern und lächelte offen.

»War ja klar«, grummelnd quälte ich mich aus dem Bett. »Unser Tristan Sexy ist überhaupt nicht selbstverliebt und vor allem eitel, hm?«, zog ich ihn auf und schlurfte auf ihn zu.

»Wenn ich nicht eitel wäre, dann wäre ich lediglich perfekt, aber nicht umwerfend«, grinste er überheblich und ich schüttelte fassungslos den Kopf. »Wer schön sein will, muss früher aufstehen. Du brauchst es zwar nicht, denn du bist ohne das ganze Drumherum wunderschön, doch du kannst mir gerne im Bad Gesellschaft leisten. Aber warte! Komm lieber in zehn Minuten rein! Ich muss mir nämlich erst mal ein Stück Lehm aus dem Rücken drücken!«

Ich brach in Gelächter aus. »Gott, Tristan!«, und zwickte ihn in die Seite, während ich ihm ins Bad folgte. »Wenn schon, denn schon.« Damit sperrte ich die Tür hinter mir zu und öffnete das Fenster sperrangelweit, um das Erstickungsrisiko zu mindern, wenn er der Toilette seine Aufwartung machte.

»Du wolltest es so«, schmunzelte Tristan und hockte sich auf die Schüssel. »Wir sind wie ein zehn Jahre lang verheiratetes Ehepaar«, grummelte ich und beschäftigte mich damit, mir schon mal die Zähne zu putzen und dabei, die frische Luft einatmend, in die Morgendämmerung zu schauen. Die Nacht war immer noch warm; die Mücken nervten mich schon nach ein paar Minuten, aber das war mir lieber, als in der Gaskammer draufzugehen, während Tristan sich auskackte und mir erzählte, was er heute alles noch erledigen müsse.

Schule. Boxtraining. Mich ficken. Ja, genau. Das waren seine Pläne. Ach ja und »Dich noch mal ficken« kam als Zugabe. Nachdem er fertig war, versprühte er locker eine Dose Raumduft, an der ich beinahe erstickte. Die Mücken zumindest nahmen Reißaus oder starben einen qualvollen Tod.

Danach stellte er sich vor den Spiegel und inspizierte ausgiebig sein ebenmäßiges Gesicht. Ich konnte nicht anders, als die Augen zu verdrehen, als er anfing, mit den Fingerspitzen über seine Haut zu streichen, als würde er Pickel oder was ähnlich Störendes suchen.

Wen wollte er hier verscheißern?

Er wusste genauso gut wie ich, dass sein Teint makellos war.

»Es könnte sich ja irgendwo einer verstecken«, antwortete er auf meinen Blick, nachdem er sich zufrieden attestieren konnte, dass er über Nacht keine Akne bekommen hatte.

Tadelnd hob ich eine Braue. Ohne mich weiter zu beachten, schnappte er sich seine elektrische Zahnbürste, über die ich mich schon des Öfteren lustig gemacht hatte. Er weigerte sich hartnäckig eine Normale zu verwenden, aber zu beobachten, wie er dieses Hightech-Teil benutzte, war ein Bild für die Götter. In den unmöglichsten Verrenkungen wurde jeder einzelne Zahn von oben, unten und allen Seiten gereinigt. Die ganze Prozedur musste bestimmt zehn Minuten einnehmen und hörte erst auf, als seine Beißerchen zu seiner Zufriedenheit strahlend weiß waren. Das Waschbecken und der Spiegel glichen danach einem Schlachtfeld. Diverse Zahnpastareste zierten in Klecksen weitläufig die Flächen und sollten vermutlich eine Art Kunstform darstellen. Pingelig, wie Tristan nun mal war, wurde umgehend alles geschrubbt, bis es blitzte.

Danach folterte er sich noch eine Runde mit Zahnseide, worauf er wieder alles abwischte, nur um dann jedes Nasenloch auf eventuell störende Haare zu untersuchen. Das Ganze war unterhaltsamer als jeder Kinobesuch. Mir den Bauch haltend gackerte ich los. Ich konnte es nicht mehr stoppen. Erst nach ein paar Sekunden, in denen er mich entrüstet anschaute, konnte ich wieder verständliche Worte formulieren. »Ich weiß, da könnte sich auch eins verstecken«, kam ich ihm zuvor, als er sich schon rechtfertigen wollte.

»Ich gehe heute erst nach der Schule duschen. Ansonsten würde das hier noch länger dauern«, informierte er mich, als er gerade das Wasser anstellte, um sich das Gesicht zu waschen und sich zu rasieren. Selbst dabei war er extrem penibel und entfernte auch seine Achsel- und Brusthaare sowie die an meinem Lieblingsort. Natürlich hatte er auch dafür ein ultramodernes Ding, was vermutlich alles konnte, nur keine Pizza backen. Als er sich, nachdem er fertig war, eincremte, fiel mir was ein: »Was ist Babyweichcreme?«

»Du willst es nicht wissen«, erwiderte er trocken, während er das Fluid auf seiner Haut verteilte und mich damit mehr als ablenkte.

»Oh doch, Mista Wrangler!« Ich versuchte, streng zu klingen.

Er verdrehte die Augen. »Das ist die Creme, die meine Mutter uns allen auf den Arsch geschmiert hat, als wir kleine

Hosenscheißer waren. Also nicht genau dieselbe. Aber sie hat uns schon immer ein bisschen was auf die Lippen geschmiert, weil es sie so weich macht. Und das haben wir alle drei so übernommen«, klärte er mich schließlich auf. »Du schmierst dir Arschcreme auf die Lippen!« Ich brach in Gelächter aus. Die Vorstellung war einfach zu göttlich!

»Arschcreme ... Babyweichcreme, ist doch scheißegal!« Tristan konnte sich ebenfalls das Lachen nicht verkneifen, auch wenn er gerne geschmollt hätte.

***

Die Vorstellung, dass Tristan sich ARSCHCREME in sein Gesicht schmierte, konnte ich nicht abschütteln. Deswegen verlief die Fahrt zur Schule mehr als lustig. Für mich ... Tristan war nicht so begeistert, sondern tat alles, um mich mit sehr offensichtlichen Drohungen davon abzubringen, ständig über ihn herzuziehen, doch ich ließ mich nicht einschüchtern. Es ging auch gar nicht anders, dafür war der Morgen zu witzig gewesen. Arschcreme ... Pfff...

Ich fühlte mich pudelwohl und lehnte einschmeichelnd meinen Kopf an seine Schulter. Die letzten zwei Minuten hatte er mit beleidigtem süßen Rumgrummeln verbracht, aber jetzt hoben sich seine Mundwinkel und er gab mir einen Kuss auf den Scheitel. Genau im selben Moment bogen wir auf den rammelvollen, sonnenerhellten Schulparkplatz.

»OH!« Schon hatte ich mich gebückt, um mich aus purer Gewohnheit vor den Blicken der anderen zu verstecken. »Komm wieder hoch!« Tristans Hand griff nach meinem Oberarm. Bestimmend hielt er mich oben – an Ort und Stelle –, während er rückwärts in eine Parklücke fuhr. Sie war dermaßen eng, dass ich das Manöver nur erstaunt betrachtete, um Mista Sexy anschließend ungläubig anzustarren. Auf meiner Seite konnte ich nämlich nicht mal mehr aussteigen, auch wenn ich eine wandelnde Bohnenstange wäre. Der Mann musste wahrhaftig ein Gott sein. »Du wirst wohl oder übel mitten über meinen Schoß klettern müssen. Und ich werde jede Sekunde davon genießen«, funkelte er mich an. Oh. Mein. Tristan!

»Tristan!«, japste ich atemlos und absolut peinlich berührt. Aber wie konnte ich mich normal verhalten, wenn er mich um den Verstand brachte? Normal und hirnlos passten nicht immer zusammen – zumindest nicht in meiner Welt. »Falls dir das entgangen sein sollte: Wir sind in der Schule.« Mit beiden Zeigefingern deutete ich auf die Schüler, die vor seinem Auto vorbeigingen und uns fassungslos beobachteten.

»Ach, wirklich?« Tristan spielte lässig mit meinen Haarspitzen, während er mich, und ich meine damit nur mich, lächelnd musterte.

»Da vorne sind die anderen Schüler! Sie sehen uns an!« Ich packte ihn am Kinn und drehte es in die entsprechende Richtung. Natürlich musste ausgerechnet jetzt eine Gruppe Mädchen meiner Klasse an uns vorbeiflanieren. Einige von ihnen stolperten, andere begannen gleich hysterisch und rot werdend zu kichern, als sie registrierten, wie ich Tristans scheinbar aus Stein gemeißeltes Gesicht in meiner Hand hielt. Ihr Neid sprach Bände.

»Isch bin nisch blind«, nuschelte er, während ich seine Backen zusammendrückte, weil er mit seinem Schmollmund so süß aussah. Kichernd presste ich seine Wangen noch ein bisschen mehr zusammen.

Er verdrehte die Augen und nuschelte noch unverständlicher. »Mascht du misch gern schum Idioten?«

Unter lautem Gelächter schnallte ich mich ab, um mich an ihn zu drängen. Mit meinen Lippen an seinem Hals und meinen Kopf seitlich auf seiner Schulter streichelte ich entschuldigend über seinen glatt rasierten Kiefer. Er duftete nach Aftershave, Haargel und frischer Kleidung. Vor allem jedoch nach Tristan und wildem unbändigen Sex ... Mittlerweile war es schon zwei Minuten vor acht und der Großteil der Schüler längst in ihren Klassen – bis auf ein paar Nachzügler, die vermutlich noch überlegten, ob sich der letzte Tag vor den großen Ferien überhaupt lohnte.

»Mhm«, summte er tief in seiner Brust und ich hörte, wie er sich auch abschnallte.

Langsam schob er mich zurück, drehte sich zu mir und ich hielt die Luft an. Seine Finger wanderten langsam an meinem Oberarm hinauf und strichen mir die Haare aus dem Nacken, um dann dort die empfindliche nackte Haut mit einem Schauer aus sanften Küssen zu verwöhnen. »Gooott«, murmelte ich und drückte meinen Rücken durch, während ich meine Lider zukniff.

»Liebst du mich?«, fragte Tristan samten und fuhr mit seinen Lippen an der Seite meines Halses entlang.

»Ich weiß nicht ...«, piepste ich und krallte meine Hände schwach in seine Schulterblätter. Er lachte einen heißen Strom Atem gegen meine prickelnde Haut.

»Schwing deinen Arsch hier rüber!«, verlangte er plötzlich und seiner kühlen Forderung folgte ein nicht gerade zaghafter Biss unter mein Ohr – im Gegenteil, er war beinahe schmerzhaft. »AH!«, kreischte ich und zuckte vor ihm zurück, um ihm entrüstet anzuschauen. Dann fand ich es in seinen Augen: dieses gemeine Funkeln von früher. Diesen bösen, hinterhältigen Schimmer in seinen moosgrünen und zum Teil braunen bodenlosen Tiefen. Und ich liebte es, es machte mich an ... Sehr.

Ich keuchte und hätte vermutlich in eine Tüte atmen müssen, um nicht zu kollabieren, weil sich meine Frequenz so rapide beschleunigte. »Hast du mich gerade gebissen?«, wollte ich kleinlaut wissen und tastete über die Stelle, die er mit seinen geraden, ziemlich scharfen Zähnen malträtiert hatte. Der Abdruck war eindeutig fühlbar. Mit schief gelegtem Kopf zog er eine Braue nach oben. Woah! Das war der Tu-SOFORT-was-ich-sage!-Blick.

Umgehend schwang ich meinen Hintern zu ihm und krabbelte auf seinen Schoß ... Mit dem Rücken zu ihm. Er stöhnte, als ich mich geradewegs auf seine Mitte setzte und meine Füße irgendwie abstützte. »Lass die Scheiße!« Mit einem Ruck hatte er mich an den Kniekehlen gepackt, sie über seine geschoben, sodass ich nun mit meinem ganzen Gewicht auf ihm hockte. Alles, was ich spürte, war enorm hart ...

»Okay!« Tief Luft holend fixierte ich seine Hände, die meine Oberschenkel nach oben wanderten. Da er mir unter Androhung schwerster Folter verboten hatte, etwas anderes als meinen weißen, flattrigen Rock anzuziehen, fand er leichten Zugang. Er atmete mir heftig ins Ohr. »Hast du gerade wirklich gesagt, du weißt es nicht, als ich dich fragte, ob du mich liebst, Miss Angel? Denn wenn ja ... dann werde ich hier sofort Tristan *das Arschloch* Wrangler raushängen lassen und dich so lange mitten auf der Motorhaube vögeln, bis es dir wieder einfällt!«

GOTT! Seine Finger waren bereits am obersten Punkt meiner Schenkel angekommen und streichelten an den Rändern meiner schwarzen Hotpants entlang, die ebenfalls unter übelsten Drohungen den Weg zu meinem heutigen Outfit gefunden hatten. Tristan, das Arschloch, das mich ficken würde? Die Vorstellung machte mich an.

»Würdest du das tun?«, fragte ich atemlos. Ungefähr so, als wäre ich mal kurz den Himalaja hochgekraxelt. Tristans kleine reizende Bewegungen millimeterweit von meiner Schnecke entfernt gerieten ins Stocken.

»Was?«, erkundigte er sich. »Äh ... ja, also ...« Wie sollte ich ihm das denn sagen? »Ähm ...«

»Sprich!« Tristan verlor seine Geduld.

»Also ... ichglaubeeswürdemichtotalanmachen, wenn ... dumichalsTristanArschlochfickst!«

Die Vögel flogen am Fenster vorbei. Die Sonne schien. Angespannte Stille erfüllte die Fahrerkabine. Nur die Schulglocke draußen klingelte. Tristan war immer noch erstarrt ...

Der Moment schien endlos ... Dann also nicht. Ist ja gut ...

»Okay.« Nach einer halben Ewigkeit erklang wieder seine samtene Stimme und er fuhr fort, mich mit seinen Berührungen in den Wahnsinn zu treiben. »Okay, was?«

»Okay, wie immer willst du es ja nicht anders. Außerdem finde ich die Vorstellung von der kleinen, schüchternen Mia genauso scharf wie du von mir als Arschloch. Also okay«, erläuterte er und war wieder ganz sanft. »Nicht, dass mir normaler Sex mit dir nicht reichen würde. Es müssen nicht immer abgefahrene Sadomaso-Techniken und abgespacte Rollenspiele sein, um der Lust zu frönen.« Wo er recht hatte, hatte er recht. Mit Tristan Wrangler war selbst der ödeste Blümchensex ein sinnliches Abenteuer. »Natürlich habe ich nichts dagegen, mit dir meinen sexuellen Horizont zu erweitern. Deswegen okay. Noch mehr Erklärungen?«

»Ja.« Ich liebte diese tiefe ruhige Stimme mit der weichen Aussprache, die einem förmlich die Ohren dahinschmelzen ließ, weil sie so heiß war.

»Ich hatte sowieso vor, dich heute Nachmittag zu überraschen. Zwar wollte ich dich auf eine andere Art beglücken. Aber das kann warten. Heute wird es nur um dich gehen, Baby. Deswegen bin ich froh, dass du gerade jetzt diesen Wunsch geäußert hast.«

»Stopp!« Ich drehte mich etwas auf seinem Schoß, um ihn ansehen zu können. Fragend musterte er mich. »Wie überraschen? Wie beglücken?«

Tristan verdrehte die Augen. Plötzlich strich ein Zeigefinger sehr leicht und sehr unauffällig über den Saum meiner Hotpants. Komischerweise lag dieser genau zwischen meinen Falten.

»Ahhh«, stöhnte ich leise.

»Du wirst schon sehen.« Mit diesem kaum hörbaren Versprechen schwang er die Tür auf und schob mich von seinen Beinen.

Arsch!

Schmollend und taumelnd krabbelte ich aus dem Auto und wusste, dass es den ganzen Vormittag nichts bringen würde, die Schenkel aneinander zu reiben, so heiß, wie ich jetzt war ...

Tristan lachte mich aus, während er fröhlich ausstieg und pfeifend seinen Wagen absperrte.

»Arsch!«, verbalisierte ich meine Gedanken und beschloss, ihn jetzt einfach so stehen zu lassen. Sollte er doch wagen, mit dieser phänomenalen Delle in seiner Hose in den Unterricht zu gehen. Ha-ha!

»Um elf, Baby!«, rief er mir hinterher. Pah! Als ob ich nicht selber wüsste, wann wir heute Schluss hatten. Ich zeigte ihm den Mittelfinger und er lachte. »Und vergiss nicht, dir ein Exemplar von der fucking genialen Schülerzeitung zu holen!«

Oh, stimmt!

Ich beschleunigte meinen wütenden Schritt, um so schnell wie möglich an den Artikel zu kommen, den er über mich geschrieben hatte.

14. Die Vergangenheit, die Gegenwart und die Zukunft

Tristan 'the revenger' Wrangler

Es war so weit. Ab heute wäre es offiziell und es würde kein Zurück geben. Keine Rechtfertigungen und Entschuldigungen mehr, wenn etwas schiefging. Ab heute würden Tristan und Mia nur noch im Doppelpack zu finden sein. Ab heute würde die gesamte Schule wissen, was ich für mein Mädchen empfand. Denn ich hatte ihr in nichts anderem als der Schülerzeitung eine Liebeserklärung gemacht, die sich gewaschen hatte.

Ich konnte es nicht erwarten, sie zu sehen. Erst ihr breites strahlendes Lachen, dann die vor Aufregung erröteten Wangen, die funkelnden, leicht vor Tränen verschleierten Augen, die wippenden Haare (und Titten), wenn sie auf mich zulaufen sowie das Gefühl ihres warmen, weichen Körpers, der gegen mich prallen würde. Anzukommen. Zu wissen, zu wem ich gehörte.

Zwar war mir das schon seit geraumer Zeit klar, aber es jetzt jedem mitzuteilen, war etwas völlig anderes. Es machte alles endgültiger, intensiver und damit um so vieles besser. In jeder Faser konnte ich es spüren. Gleichzeitig dankte ich dem Scheißer da oben, wie sich die Dinge entwickelt hatten, bis wir an diesen Punkt gelangten, auch wenn der Weg recht steinig war und mich immer noch wurmte, was ich alles getan hatte. Trotzdem oder gerade deshalb? Wir hatten es geschafft. Ich war mit meinem Mädchen verbunden und wollte es nie wieder missen.

Zudem würde ich sie endlich mal dorthin mitnehmen, wo ich Ruhe und Kraft tanken konnte, wo mein Herz in einem eigenen Rhythmus schlug. An den Platz, der schon seit der Kindheit mein Zufluchtsort gewesen war. Mia hatte es nicht bemerkt, aber mir war nicht entgangen, wie oft sie die Zeichnung meiner Lichtung betrachtete – mit diesem sehnsuchtsvollen und doch wissenden Ausdruck. Ganz so, als wünschte sie sich, manchmal dort zu sein.

Heute drehte sich alles um mein Mädchen. Okay, vielleicht

nicht ganz. Denn ich war immer noch ein eigennütziger Scheißer, der aus allem seinen Vorteil zog. Also würde ich mich auch an ihr erfreuen. Nicht umsonst war ich bekannt für meine Fotos, meine Kreativität und meine Verspieltheit mit der Kamera. Sogar ›Queen‹ Katharina ließ sich gerne von mir ablichten, einfach weil ich immer die sogenannten Schokoladenseiten, das Idealste aus den Menschen herausholte, auch wenn es manchmal mehr als nur eine Herausforderung war. Bei meinem Mädchen dagegen musste ich mich nicht mal anstrengen. Egal wie, wann und wo. Für mich war sie immer perfekt in Szene gesetzt. Wie ein Stern am Firmament oder die Sonne am wolkenlosen Himmel. Im Grunde unvergleichlich. Wie es Mia eben für mich war. Aber damit mein toller Überraschungsplan klappen konnte, hatte ich mich auf etwas verdammt Waghalsiges eingelassen: meine Brüder. Eben jene würden mir helfen müssen. Meine blonde, attraktive Klassenlehrerin Heidi Klumpen war dagegen mein kleineres Problem. Ich bräuchte ihr nur geradezu mitleidheischend etwas von meinem armen kleinen kranken Hund vorspielen, der daheim allein war – was irgendwie auch stimmte, denn Stanley lag vermutlich wie immer in seinem Körbchen neben der Tür – und darauf warten, dass sie auf meine Masche hereinfiel. Was sie unweigerlich tat. Die meisten Hobelschnulzen fuhren auf jede Art von Tristan ab, den ich ihnen bot. Genauso war es bei ihr.

Um neun konnte ich abhauen. Womit mir noch zwei Stunden blieben, um alles vorzubereiten und mein Mädchen wieder abzuholen. Aber ich würde eine viertel Stunde eher wiederkommen, um mein Zeugnis entgegenzunehmen, was ohnehin nur aus Einsen bestand.

Eilig und leise machte ich mich auf den Weg über den grün gestrichenen Schulflur mit den ausdruckslosen Landschaftsbildern an der Wand. Als ich an Mias Kursraum vorbeikam, musste ich unweigerlich grinsen. Mit Sicherheit saß sie dort ahnungslos schmollend, weil sie durch unser Gefummel heute Morgen nach wie vor unsagbar aufgeilt war. Als ich daran dachte, mit welchem Blick sie mich angeblitzt hatte, als ich sie aus dem Auto schob, musste ich immer noch leise glucksen. Aber es blieb mir im Halse stecken, als ich um die Ecke bog und fast mit Chief Pimmelkopf zusammenstieß.

»Fuck!« Ich konnte mich gerade noch davon abhalten, ihn umzurennen. Er musterte mich genervt, ganz so, als wäre ich ein lästiges Insekt. »Kannst du nicht aufpassen?«, schoss ich ihm sofort entgegen. Nur im Bruchteil einer Sekunde registrierte ich seine Erscheinung: blutunterlaufene, zu Schlitzen verengte

Augen, der ranzige Geruch nach altem Schweiß und Alkohol, die verrutschte Polizeiuniform sowie die zerzausten lichten Haare und der ungepflegte Bart. Seine Miene war eisig, die Hände zu Fäusten geballt, die Haltung entschlossen. Allein seine Ausstrahlung sowie die Haltung signalisierte: emotionslos und abstoßend. Kurzum jemand, der im Leben meines Mädchens nichts verloren hatte. Obwohl er sich hätte, an mich erinnern müssen, ignorierte er mich und ging mit aggressiven Schritten weiter, geradewegs zur Klasse von … ihr! Gottverdammt noch mal, nein!

Alles geschah innerhalb eines Wimpernschlages. Als wäre ich in der Vogelperspektive, beobachtete ich mich, wie ich ihm bestimmend folgte. Kurz darauf setzte ich einen Polizisten mittels eines sehr professionellen, gut eintrainierten Kicks mit dem Ellbogen in die Halsbeuge im nächsten Atemzug außer Gefecht.

Bähm! Und schon sackte er bewusstlos in sich zusammen.

Er würde keinen Finger an sie legen! Nie wieder!

Schnaufend fing ich ihn auf, bevor sein enorm schwerer Körper auf den Boden traf. Denn sollte er sich eine Kopfwunde dabei einhandeln und hier dann dementsprechend alles vollbluten, wäre ich in Erklärungsnot. Trotzdem ahnte ich bereits jetzt, dass es ganz ohne Blutvergießen nicht ausgehen würde. Der Penner war dran! Mein Plan für diesen Vormittag hatte sich soeben geändert. Wenn auch nur ein wenig!

»Vergiss es, du Bastard«, grinste ich kühl, während ich seine Handgelenke packte und ihn rückwärtsgehend hinter mir her schleifte. Mehr als ein Quietschgeräusch seiner billigen Schuhe erklang nicht, als ich mich in Bewegung setzte. Hoffentlich käme jetzt kein Lehrer vorbei oder mein Mädchen persönlich. Denn wie sollte ich erklären, dass ich ihren reglosen Vater aus dem Gebäude zerrte. Das war wohl unmissverständlich. »Oh hi, Baby! Dein teuflischer Erzeuger ist einfach so aus den Latschen gekippt. Ich schleife ihn nur mal kurz an die frische Luft!« Nope! Das war nicht sehr gentlemanlike. Doch wenn es um die Sicherheit von Mia ging, hätte ich alles getan.

Meine Laune war blendend. Nur knapp hinderte ich mich daran, eine kleine Melodie zu pfeifen. Meinetwegen konnte man mich für einen kranken Wichser halten, aber auf so eine verdammte Gelegenheit hatte ich gewartet. Ich würde diesem Drecksack das Leben zur Hölle machen.

Zu seinem, aber auch zu meinem Glück befanden wir uns im Untergeschoss, sonst hätte ich diesen Penner diverse Treppen runtergetreten, wenn es nicht so eine Schweinerei oder Dellen in seinem Hinterkopf verursacht hätte. Obwohl es wirklich eine nette Vorstellung gewesen wäre, mitzuerleben, wie sein Schädel im steten Rhythmus auf die harten Stufen schlägt. *Plum. Plum. Plum. Plum. Plum.* Ich lächelte.

Bei solchen Aktionen durfte man sich nicht in die Hosen machen, das wusste ich. Aber darüber machte ich mir keine Sorgen, denn so was konnte mir nicht passieren. Meine Stärken waren meine Skrupellosigkeit und meine Gefühlskälte. Es gelang mir, zu allem einen gesunden Abstand zu schaffen, außer zu meinem Mädchen. Ich war nicht umsonst in dieser Stadt verschrien. Es gab einen Grund, warum jeder meinen Namen kannte und ich niemals einen einzigen Boxkampf verloren hatte. Der Nervenkitzel war mein Elixier, ebenso wie das Spiel mit anderen Menschen. Obwohl ich versuchte, mit meinem Mädchen nur auf die nette Art zu spielen und ihr zuliebe, gut zu sein.

Nichtsdestotrotz brauchte ich gelegentlich einfach mal einen anständigen Hirnfick. Hin und wieder musste ich alles Angestaute rauslassen und es den entsprechenden Arschlöchern zeigen. Jepp! Manchmal wollte ich ein bisschen Spaß außerhalb des Ringes und meine Regeln durchsetzen. Von Zeit zu Zeit hatte ich es nötig, mich über die reguläre Moral und die Ordnung zu erheben und meine eigenen Gesetze walten zu lassen. Nämlich dann, wenn jemand mit meinem Mädchen fickte!

Harald Engel hatte mit meinem Mädchen gefickt, und zwar fett! Sie musste ihre Kindheit in einem stinkenden, vor sich hinammelnden, von Kakerlaken und anderem Ungeziefer verseuchten Müllberg verbringen, wobei er nicht mal die Eier in der Hose hatte, für das einzustehen, was seinen Schutz am meisten benötigte. Er war zu schwach, um sein eigenes Fleisch und Blut zu beschützen. Stattdessen hatte der Pisser sein hilfloses Kind als Punchingball missbraucht, wenn Frust und Aggressionen seinen ohnehin armseligen Verstand heimsuchten.

Allein bei der Vorstellung verfestige sich mein Griff und ich hatte Mühe, ihn zu lockern, damit keine deftigen Blutergüsse zurückblieben. Die würde er an ganz anderen Stellen davontragen. An Teilen, wo ein gezielter Schlag ihn für Wochen plagen würde. Ich kannte alle – in und auswendig.

Ich war mit den Schwächen des menschlichen Körpers bestens vertraut und wusste, wo sich beispielsweise der empfindlichste Punkt einer Frau befand, aber auch wo eine Berührung mit der Fingerspitze ausreichte, um einen Bären auszuknocken. Wie genau ich Harald Engel büßen lassen würde, stand bereits fest.

Grinsend ließ ich ihn hinter meinem Auto liegen und beeilte mich, den Kofferraum zu öffnen und ihn darin zu einem Bündel zu verstauen. Mir war es gleich, dass die Dramatik etwas mit mir durchging, aber ein Bild von Mia-Baby, verzweifelt weinend auf dem dreckigen Boden sitzend, zwischen einer besoffenen Mutter und einem grölenden Vater reichte aus, um mein Blut kochen zu lassen.

»Rache ist eine Fotze!« Schmunzelnd über meine übersetzte Redewendung schloss ich gerade die Heckklappe, als ich eine Bewegung im Augenwinkel wahrnahm. Instinktiv holte ich nach rechts aus und umfasste einen muskulösen Arm, den ich demjenigen auf dem Rücken verdrehte. Ein Wimmern verriet mir, dass mein großer Bruder ›unser Date‹ nicht vergessen hatte.

Keine Ahnung, wieso er überhaupt einverstanden war, mir bei diesem ›romantischen Scheißdreck‹ zu helfen, wie er meine Überraschung für Mia liebevoll nannte.

»Tris ... Alles klar ... Du bist auf Kampfmodus. Wir haben's verstanden und jetzt lass ihn los!« Tommy tätschelte mir fürsorglich die Schulter und ich entließ Phil mit einem geknurrten »Sorry!« aus meinem Eisengriff. Selbst er wusste, dass es besser war, sich nicht zu rühren, wenn ich ihn anwendete. Im zarten Alter von dreizehn Jahren hatte ich ihm dabei nämlich einmal den Arm gebrochen. Was für ein Stress! Eine Woche Nintendo-Verbot auf meiner alten Konsole, die ich mir knapp erspart hatte, war das Ergebnis. Ich sah noch heute rot, wenn ich daran dachte.

Heute konnte ich meine Kraft besser einschätzen und hatte nicht vor, jemandem übermäßig wehzutun. Außer vielleicht dem haarigen Arschloch im Kofferraum. Aber Ausnahmen bestätigten ja bekanntlich die Regel.

Während ich überlegte, diesem Wichser einen Hitlerbart in seinen Schnauzer zu rasieren, waren meine Brüder bereits in mein Auto gestiegen. Okay. Offenbar war ich ein wenig langsam unterwegs, auch wenn meine Reflexe noch gut funktionierten. Aber es sollte mich vermutlich bei dem Kaffee mit Wodkaüberschuss, den ich intus hatte, nicht wundern. Das Radio lief schon, als ich es auch endlich schaffte, mich auf den Vordersitz neben Tom zu schmeißen. Ich betätigte die Zentralverriegelung und betrachtete abwechseln die beiden mit hochgezogener Braue, die es sich regelrecht gemütlich gemacht hatten. Phil fläzte sich über die komplette Rückbank und Tommy schubberte behaglich mit seinem Arsch gerade das Leder vom Platz. Die Spitze über eventuelle Sackratten verkniff ich mir. Die wirkten allen Ernstes so, als wollten wir einen entspannten, lustigen Badeausflug starten und keinen Vergeltungsschlag für mein Mädchen. »Ihr wisst schon, dass ich einen verdammten Bullen im Kofferraum habe?«

»Wir haben gesehen, wie du ihn rausgeschleift hast«, verkündete Tom grinsend.

»Du bist so eine vorsichtige Pussy, Tris!«, neckte mich Phil, doch er verstummte ganz abrupt, als ich auch die andere Braue hob.

»Wieso habt ihr mir nicht geholfen, anstatt nur blöd zuzuschauen? Das war kein gottverschissener Kinotrailer.« Auf ihre Kommentare zuvor reagierte ich erst gar nicht, da sie mich nur zu Weißglut bringen sollten. »Du sahst so zufrieden und glücklich aus, als du den Schweinepriester durch den Schulflur gezerrt hast. Wir wollten nicht stören«, ließ Tom verlauten.

»Wie auch immer, ihr kleinen Idioten. Ich denke, Chief Arschloch hat eine kleine Lektion verdient.« Düster starrte ich vor mich hin und startete den Motor. Vorsichtshalber drehte ich die Musik auf Vollkaracho, um eventuelles Protestgeschrei, falls das armselige Würstchen zu sich kam, zu übertönen.

Lang lebe Placebo!

Meine Brüder grinsten dämlich vor sich hin; die Aussicht auf ein bisschen Aktion in ihrem Leben berauschte sie wie immer. Tja. Wir alle liebten den Kick, was uns offenbar in den Genen lag. Selbst unser Vater musste mal Dampf ablassen, auch wenn er das grundsätzlich auf legalem Weg tat. Wir waren unseren Mädchen ergeben. Sie gehörten zur Familie und diese wurde verteidigt. Koste es, was es wolle. Daher unternahm ich nun sämtliche Anstrengungen, damit das Übel dieser Welt einen weiten Bogen um Mia-Baby machte. Auch wenn dieses Übel Harald Engel hieß und zufällig Bulle dieser verkackten Kleinstadt war.

»Yeah ...«, gab ich mir selber recht und zündete eine Kippe an, während ich mit quietschenden Reifen losfuhr. Selbst vor meinem Parkplatz hatte ich mich schon mit stylishen Bremsspuren verewigt, was indirekt jedem mitteilte, diese Stelle zu meiden. Egal, ob ich anwesend war oder Chief Pimmelkopf die Abreibung seiner Existenz bescherte, diese Lücke blieb grundsätzlich frei – sozusagen als Reserviert-Schild verständlich.

***

Um Viertel vor elf waren ich und meine Brüder wie geplant wieder in der Schule. Nur Harald Engel hing gefesselt an einem Baum im Wald und schlief vermutlich immer noch den Schlaf der

Gerechten, auch wenn dieser künstlich herbeigeführt wurde. Ich war so nett gewesen, ihn an einem häufig genutzten Wanderweg zurückzulassen, ohne ihn zu knebeln. Obwohl das wohl eher Tom und Phil zuzuschreiben war. Sie hatten alles getan, um mein aufschäumendes Temperament im Zaum zu halten, sonst hätte ich ihn womöglich noch umgebracht. Dabei waren sie auch keine Nonnen. Trotzdem, wenn es nach mir ging, hätte dieser Wichser in den Untiefen des Waldes verrotten können. Anschließend mussten wir uns alle umziehen, weil wir aussahen, als wären wir die Hauptakteure des alljährlichen Schlachtfestes.

Der Erzeuger meines Mädchens wurde einer etwas groben Veränderung seiner Visage unterzogen, als er wieder wach wurde, die in jedem Fall eine Verbesserung darstellte. Vor dem ›Umstyling‹ hatte ich aus meinen beiden Socken eine Augenbinde kreiert, damit er nicht checkte, wer für diese Sympathiegeste verantwortlich gewesen war. Während der ganzen Zeit redeten wir kaum und ließen stattdessen unsere Fäuste sprechen. Dabei flehte und bettelte er, doch wir kannten keine Gnade. Ebenso wenig wie er. Ansonsten hätte er seiner Frau schon längst Hilfe gesucht und mein Mädchen aus seinen Fängen entlassen. Dennoch, diese Aktion war waghalsig und unbedacht gewesen. Mir war nämlich nicht klar, ob er uns oder insbesondere mich nicht trotzdem erkannt hatte. Vielleicht konnte er sich denken, dass die berüchtigten Wranglerbrüder ihm eine Lektion erteilt und dass ausgerechnet ich ihn von hinten angegriffen hatte. Tja ... Ich würde es herausfinden.

Zwischenzeitig hatte ich überlegt, ihm sogar ein Zettelchen zuzustecken, in welchem ich ihn aufforderte, seine verdammten Griffel von Mia zu nehmen, aber das würde einem Schuldeingeständnis gleichkommen. Daher reduzierte ich es auf ein: Ich beobachte dich. Es stimmte zwar nicht, aber womöglich würde es ihn anhalten, ein wenig umsichtiger mit seinen Mitmenschen umzugehen. Anschließend hatten wir noch alles für meinen besonderen Nachmittag sowie meine Nacht mit Mia besorgt, um pünktlich zur Zeugnisvergabe wieder da zu sein.

Gerade rollte ich es achtlos zusammen und schlenderte nach draußen in die Sonne. Mit meiner weißen Leinenhose und dem weißen Hemd sah ich einfach fucking gut aus, weil es einen tollen Kontrast zu meiner Bräune bildete. Kurzum, ich war ein geiler Scheißer und der Traum eines jeden Höschens. Mia würde ich wohl erzählen müssen, ich hätte mich mit Kaffee eingesaut.

Auf der obersten Stufe blieb ich stehen und ließ den Blick über den Pausenhof schweifen, wo sich schon die anderen Schüler tummelten. Sie standen in Grüppchen zusammen und unterhielten sich aufgeregt. Die Kleineren liefen mit ihren riesigen Schulranzen umher und jagten sich ausgelassen über den Platz. Es war Hochsommer; nicht mehr lange und der Herbst würde angeschissen kommen. Die Schule war vorerst vorbei – wieder ein Jahr rum – und alle konnten sich auf die Ferien freuen. Ich grinste breit, als mir aufging, dass ich jetzt ganz viel Zeit für Mia hatte. Es gab nichts Besseres. Schon verdammt ungeduldig gesellte ich mich zu meinen Brüdern sowie ihren Schlampen und rauchte. Es war zwar verboten, aber der letzte Schultag. Also fuck it!

Aus dem Augenwinkel heraus bemerkte ich Eva und ihre Tussen. Valerie und die anderen starrten mich unverhohlen mit weichen und verlangenden Mienen an. Automatisch strafften sie die Schultern, reckten ihre Titten raus und posierten für mich. Nur Eva fixierte unablässig den Boden. Ein weißes Pflaster prangte auf ihrer Wange. Als sie registrierte, dass ich in der Nähe war, berührte sie es mit zittrigen Fingern. Ja, auch bei ihr war ich etwas ausgetickt. Doch es hatte gewirkt, denn nun schaute sie mein Mädchen nicht mal mehr an. Natürlich hatte ich ihr einen persönlichen Besuch abgestattet, um sicherzustellen, dass sie den Film auch wirklich löschte. Vielleicht war ich tatsächlich ein kranker, skrupelloser, sadistischer Wichser, aber sie hatte es geschnallt. Gerade als das Hobelschlunzengeschwader auf mich zukommen wollte, ertönte hinter mir ein aufgeregtes Quietschen. Ich kannte und liebte es.

Noch bevor ich mich umwandte, grinste ich und sah sie kurz darauf vor der großen Glastür stehen. In einer Hand hielt sie ihr Zeugnis, in der anderen die Schülerzeitung. Mit einem warmen Lächeln im Gesicht zierte sie das Cover, was eine große Ehre war, zumal es sich um die letzte Ausgabe handelte. Ursprünglich hatte ich Eva das Titelbild versprochen, doch das war nur besonderen Menschen vorbehalten.

Mia strahlte mich mit so viel Liebe, Hingabe, Dankbarkeit, allerdings auch etwas Unsicherheit an. Sie wollte auf mich zulaufen, mir um den Hals fallen und mich an sich pressen. Aber sie zögerte. Dabei ging es mir verdammt noch mal nicht anders. Deshalb lächelte ich breiter und streckte ihr meine Hand entgegen. Es war geradezu zu spüren, wie der halbe Pausenhof sich zu uns drehte und synchron die Luft anhielt. Mit einem leicht erschrockenen Ausdruck bei so viel Aufmerksamkeit kam Mia vorsichtig einen winzigen Schritt auf mich zu. So zaghaft, als wäre ich tatsächlich eine scheue Katze, die bei jeder falschen

Bewegung verschwinden könnte. Ich verdrehte die Augen. Wenn sie jetzt nicht begriff, dass ich sie über alles liebte, dann wusste ich auch nicht weiter!

Die Überschrift meines Artikels war Aussage genug: *Wieso ich, Tristan Wrangler, Mia Engel liebe!*

»Ich warte nicht den ganzen verdammten Tag auf dich, Baby«, log ich knallhart, weil ich in Wahrheit nämlich nicht nur den ganzen Tag, sondern bis in alle Ewigkeit auf sie warten würde. Doch so weit ließ sie es glücklicherweise nicht kommen, denn sie flog mir bereits entgegen und umschlang mich. Ohne an unser Publikum nur einen Gedanken zu verschwenden, krachten unsere Lippen aufeinander, während meine Finger sich in ihren delikaten Arsch bohrten. Ich hob sie hoch – ihre Beine um meine Hüften gelegt –, und sie küsste mich mit allem, was sie zu bieten hatte, kratzte mir mit ihren Nägeln über die Kopfhaut, zog an meinen Haaren. Wir lächelten in unseren Kuss hinein.

Um uns herum war es mucksmäuschenstill. Und hätte Mia mir nicht gerade den verdammten Verstand aus dem Schädel geküsst, dann hätte ich den Arschlöchern zugerufen, dass sie nicht so dämlich aus der Wäsche glotzen sollten. Schließlich sagte der verschissene Artikel doch alles.

Aber ich war damit beschäftigt, mit der Zunge meines Mädchens zu kämpfen und gleichzeitig so viel wie möglich von ihrem fruchtigen Geschmack zu kosten. Es tat mir für sie etwas leid, dass ich gerade geraucht hatte, aber in der Regel machte es ihr nichts aus. Dem leisen Stöhnen nach zu urteilen, das direkt in meinen hungrigen Mund schlüpfte, war es ihr auch im Moment mehr als egal.

»Ich werde dich hier und jetzt ficken, wenn du nicht aufhörst«, murmelte ich atemlos. Sie lachte und verteilte lauter kleine Küsse. »Hör du zuerst auf!«

Ich verneinte stumm und knabberte an ihre Unterlippe.

»Sie sehen uns alle, Tristan«, flüsterte sie und löste sich leicht von mir.

»Hey!«, beschwerte ich mich. Beschämt linste sie zu den anderen, aber ich hielt sie mit einer Hand fest, um mit der anderen ihr nun errötendes Gesicht zu mir drehen. »Scheiß auf die Saftsäcke!«, sagte ich laut und deutlich, sodass es der ganze Pausenhof hören konnte. »Scheiß auf alle anderen! Denn du hast etwas, was sie nie haben werden!«, wiederholte ich die letzten Worte aus meinem Artikel. Sie lächelte mich verträumt und absolut hin und weg an.

»Wie ich dich liebe, Tristan Wrangler«, wisperte sie verlegen, während ich mit ihr auf den Hüften die Treppen hinabstieg, dabei die ganze Schülerschaft mehr oder minder ignorierte, die uns nach wie vor anstarrten, als wären wir zwei Aliens beim Geschlechtsverkehr, und auf die Parkplätze zuschritt.

»Das sagst du nur, weil du keine Ahnung hast, Mia-Baby. Ich liebe dich mehr!« Empörtes Raunen verbreitete sich wie ein Lauffeuer, sodass an jeden, der nicht in unmittelbarer Umgebung zu uns stand, meine Worte weitergeleitet wurden, aber es war mir scheißegal! Alles, was zählte, war die Frau, die ihre Beine eng um mich geschlungen hatte und sich an mir festklammerte.

Hmmm ...

Ich brauchte diese Pussy sehr bald, doch noch war es nicht so weit. Die Games mit Mia hatten erst angefangen und ich die kleine, aber feine Vorahnung, dass dieser Nachmittag einer der besten meines Lebens werden würde.

Yeah ... Mögen die Spiele beginnen.

Ich setzte mein Mädchen auf meiner Motorhaube ab, weil ich mich nicht von ihr lösen wollte. Erst musste ich sie keuchend und stöhnend halb besinnungslos küssen, worauf ich ein paar neidische Seufzer erntete, ehe ich sie im Auto verstaute und mit ihr in den verdammten Sonnenschein fuhr.

* * *

Mein Boxtraining hatte ich abgesagt. Und nun waren wir geduscht, wobei ich immer noch lachen musste, wenn ich daran dachte, wie Mia sich aufgeregt hatte, als ich es wagte, ohne sie zu gehen. Doch ich vertröstete sie mit dem Versprechen, dass sie heute schon noch feucht genug werden würde. Dabei wurde sie niedlich rot und ihre Augen leuchteten voller Vorfreude.

Als ich startklar war, schnappte ich mir Stanley und fühlte mich wie Paris Hilton, als ich ihn die Stufen hinabtrug, im Wohnzimmer bei meinem Vater ablieferte, mit dem Befehl, auf den kleinen Scheißer aufzupassen. Mia schlüpfte derweil in ihr weißes Sommerkleid, welches ich ihr vorgeschlagen hatte. Somit hatte ich genug Zeit, den vorbereiteten Korb zu holen. Yeah ... Er stammte eigentlich von meinem Vater und ich wusste nicht einmal, dass er so ein schwules Teil besaß und erst recht nicht oder wozu er es brauchte. Aber für heute war er auf jeden Fall praktisch.

Ich überprüfte noch mal, ob alles darin war, und verstaute ihn dann im Kofferraum, in welchem noch vor drei Stunden dieses widerliche Polizistenschwein gelegen hatte. Bei dem Gedanken daran musste ich wieder mal schmunzeln.

Ich war einfach unverbesserlich, aber ich fühlte mich viel befreiter, nachdem meine Fäuste aus seinem Gesicht Matsch gemacht hatten. Wirklich! Ich wünschte, mein Baby würde auch mal ihre Aggressionen rauslassen. Es konnte nicht gut sein so etwas ständig zu unterdrücken, so wie sie es schon jahrelang tat.

Aber vielleicht würde ich sie ja heute mit meiner Rolle als Tristan-Arschloch aus der Reserve locken, denn so sicher, wie Scheiße stinkt, war sie es nicht mehr gewöhnt, dass ich mich ihr gegenüber nicht korrekt verhielt. Doch sie wollte es so. Wobei ich nicht leugnen konnte, dass ich bei der Idee, sie zu dominieren, dermaßen scharf wurde, dass es in meiner Hose wieder mal schmerzhaft hoch herging. Ich liebte es einfach, Kontrolle auszuüben ...

All die Möglichkeiten ...

Mias Hände auf ihrem Rücken gefesselt. Auf den Knien mit meinem Ficker im Mund. Ich stöhnte leise. Mias Arsch, der sich mir entgegenstreckt. Mein Handabdruck auf ihm ...

»Boah!« Mein Herz stockte vor Schreck, als ich von Mia aus meinen Träumereien gerissen wurde, weil sie mir um den Hals fiel. Mit meinen Armen um ihre Taille zog ich sie an mich und betrachtete ausgiebig ihr hübsches Gesicht. Die wallenden Haare, die cremige Haut ihrer Schultern und ihres Dekolletés, das sich vorteilhaft und ziemlich anregend aus dem weißen Kleid quetschte. Ihre fließende Figur, ihre weichen Konturen. Mein Mädchen funkelte mich an und ging auf die Zehenspitzen, um mit ihren vollen roten Lippen über meine zu streichen.

»An was hast du gerade gedacht? Du hast ziemlich gequält ausgesehen«, säuselte sie und küsste mich kurz.

Ich umschlang sie fester und beugte mich hinab, damit sie sich nicht so strecken musste. »An dich natürlich. Ich denke an nichts anderes mehr als an dich und an das, was ich bald mit dir tun werde ... Aber gequält war ich sicher nicht«, verkündete ich charmant und küsste sie als kleinen Vorgeschmack so was von wild, dass sie allein davon fast kam.

***

Selbst im Auto war mein Schwanz noch so hart von den Fantasien, dass es beinahe schmerzte, weil er stetig probierte, meine Hose zu sprengen. Viel fehlte nicht mehr. Mia merkte von alledem nichts. Sie machte es sich auf ihrem Platz bequem, suchte die Musik aus und setzte sich meine Sonnenbrille auf, während ich beide Fensterscheiben runterließ. Unauffällig schielte ich zu ihr herüber. Der Fahrtwind spielte mit ihren

Locken und die Wärme liebkoste ihre weiche Haut. Die Hände lagen locker in ihrem Schoß, die Beine leicht gespreizt.

Bei allem, was mir heilig war – bekanntermaßen nicht sehr viel –, hoffte ich, dass sie nicht mehr wund war. Noch heute Morgen hatte ich mit meiner Arschcreme ihre Pussy versorgt, und die half normalerweise phänomenal.

»Und? Wie läuft es sich so?«, fragte ich in die entspannte Stille. Mit einem Ruck wandte sie sich mir zu und ihr voller Mund formte dieses leichte O, das ich so süß fand.

Sie rutschte etwas auf dem Leder herum, um es zu testen. »Gut ...«, antwortete sie schüchtern und ihre Wangen verfärbten sich rötlich. Grinsend strich ich ihr ein paar Strähnen hinter das Ohr. »Also Klartext, Baby: Du willst wirklich, dass ich mich dir gegenüber so verhalte wie früher?«

Sie wurde noch eine gute Nuance dunkler, begann, förmlich zu strahlen und wand sich etwas mehr auf ihrem Platz. Diese Rumwinderei war eine klare Einladung an meinen Ficker, der jetzt endgültig die Schnauze voll hatte und sofort seinen Protest erhöhte. Ich war kurz davor, ihm seinen Willen zu lassen, rechts ranzufahren und von hinten in sie zu stoßen. Genau das machte ich Mia auch deutlich. »Hör sofort mit dieser elendigen Wackelei auf. Sonst fahre ich an die Seite und geb dir einen Grund dazu!« Streng funkelte ich sie an, doch sie überraschte mich mal wieder ...

Erst hoben sich ihre Brauen, dann die Mundwinkel zu einem schiefen Grinsen, bis sie schließlich in aller Ruhe ihre Hüften kreisen ließ, genau so, als würde sie mich reiten.

»Boah, Mia!« Ich musste mich enorm anstrengen, nicht auf die Bremse zu treten, weil meine Eier vermutlich schon so blau waren, dass sie gleich abfielen. Aber mir kam da ein Gedanke – erstaunlich, wo doch der Großteil meines Blutes in die südlichen Regionen abgewandert war –, bei dem sich meine Lippen zu einem hinterhältigen Lächeln verzogen. Sie wollte das Arschloch? Das konnte sie haben!

»Gib das her!«, forderte ich kühl. Erschrocken keuchte sie auf, als ich rasch nach der Brille griff und sie mir aufsetzte. Ich wollte ihr komplettes Gesicht sehen, bei dem, was ich ihr gleich befehlen würde. Kurz schaute ich nach vorn auf die Straße. Zu beiden Seiten befanden sich nur tiefe Wälder unterbrochen von Weideflächen. Es gab keinerlei Gegenverkehr und es erforderte demnach kaum Konzentration, auf der richtigen Spur zu bleiben. Zufrieden richtete ich meine Aufmerksamkeit wieder auf sie, wobei ich böse grinste.

»Ich hoffe, du hast einen Haargummi dabei«, meinte ich leise.

Verständnislos starrte sie mich an und parierte nicht. »Bind deine Haare zusammen!«, äußerte ich nun deutlich mit einem scharfen Unterton, als würde ich mit einer geistig Zurückgebliebenen sprechen. Meine Stimmung entging ihr scheinbar nicht, denn diesmal kam sie dem nach. Mit dem Gummi, der immer um ihr Handgelenk geschlungen war, steckte sie ihre langen Locken zu einem Pferdeschwanz hoch. »Mach meine Hose auf!« Ich lehnte mich etwas in meinem Sitz zurück, damit sie besseren Zugang zu meinem vor Vorfreude zuckenden Ficker hatte. Ihre Augen wurden ein Stück größer, so wie ich erwartet hatte. Mit aller Kraft verkniff ich mir das Lachen, als ich sah, wie die Erkenntnis in ihr Bewusstsein sickerte. Als sie erkannte, was ich von ihr wollte. Ihre Wangen strahlten plötzlich, der Atem beschleunigte sich hörbar, während sie sich abschnallte und zwischen meine Beine langte, um sofort meinen Ficker zu massieren. Ich feuerte einen warnenden Blick auf sie ab und packte grob ihre Hand.

»Bist du irgendwie schwer von Begriff?«, hätte wohl der alte Tristan von sich gegeben. »Ich habe nicht gesagt, dass du da rumreiben sollst, wie eine Blöde! Ich sprach davon, dass du die Hose öffnen sollst, verdammte Scheiße!«

Die Luft verließ ihre Lungen in heftigen Schüben, während ich sie wieder losließ und sie sich zittrig daran machte, mit meinem Knopf zu kämpfen und den Reißverschluss herunterzuziehen. Als meine Hose offen war, tat sie gut daran mich ohne Aufforderung nicht weiter zu reizen und starrte schwer atmend auf meinen Schritt.

Sie war göttlich!

»Hol ihn raus«, herrschte ich sie an und zeigte dabei nichts von der tiefen Verehrung, die ich für sie empfand. Mein Grinsen bemerkte sie dem Scheißer da oben sei Dank nicht, als sie aufgeregt in meine Hose griff. Es schien, als konnte sie sich gerade so ein Jauchzen verkneifen, während sie ihn befreite. Jetzt würde ich sie richtig schocken. Wenn sie nämlich glaubte, sie solle mir einen runterholen, war sie schief gewickelt. Mit gespreizten Fingern umfasste ich ihren Hinterkopf. »Und jetzt zeig mir, dass du wenigstens irgendwas kannst, und blas mir einen ...« Dabei drückte ich sie ziemlich grob nach unten, was sie zum Keuchen brachte. »Truthahn ...«, gab ich noch kleinlaut genau in dem Moment dazu, als sich ihre Lippen um meinen Schwanz schlossen.

Mühsam hielt ich mich davon ab, die Lider zuzukneifen, als

explosive Gefühle mich durchströmten.

Sie war so warm und so feucht und so verdammt talentiert. Egal! Ich war nicht nett.

»Saugen, Miss Angel«, befahl ich, packte ihren Pferdeschwanz und erhöhte den Druck, sodass meine Eichel ihre Kehle erreichte. Sie würgte, saugte aber brav, worauf ich kehlig stöhnte – hatte sie vollkommen in meiner Gewalt. Dennoch achtete ich darauf, sofort aufzuhören, wenn ich jeglichen Widerstand von ihr spürte. Natürlich gab es keinen, denn schließlich ging es hier um Mia-Baby!

Zusätzlich begann ich, meine Hüften nach oben zu stoßen, was sie regelmäßig würgen ließ. Vermutlich war ihre verkrampfte Position daran schuld, dass sie ihre Kehle nicht entspannen konnte, womöglich aber auch die Tatsache, dass ich meinen Schwanz noch nie so erbarmungslos in ihren Mund gerammt hatte und ausnahmsweise keine Rücksicht nahm.

Ich muss zugeben, das Gewürge machte mich an ... Die warme feuchte Tiefe, in der ich meinen Ficker versinken ließ, ebenso. Ihre kleinen verzweifelten Geräusche und ihr schnaufender angestrengter Atem auch. Ja, ich würde sehr bald kommen. Aber es war noch nicht genug.

»Saug fester ... und ... Hör. Auf. Zu. Würgen!«, ärgerte ich sie noch ein bisschen, denn ich wusste genau, dass sie es nicht verhindern konnte. Verzweifelt wimmerte sie auf, während sie versuchte, meiner (freundlichen) Bitte nachzukommen.

Fuck! Sie legte sich noch mehr ins Zeug und ich verlor kurzzeitig die Kontrolle über den Audi, weil ich stöhnend die Augen schloss. Zum Glück krochen wir schneckenmäßig mit 40 km/h über die einsame Landstraße. Dennoch konzentrierte ich mich wieder darauf, mein Baby Nummer zwei nicht spontan gegen einen Baum zu lenken, während mir mein Baby Nummer eins den besten Blowjob meines Lebens verpasste.

Ich war wirklich ein glücklicher Scheißer!

Natürlich hörte sie nicht auf zu würgen, weil ich Penner sie noch ein bisschen weiter nach unten bewegte und meine Hüften noch ein bisschen weiter nach oben stieß.

Ich würde kommen. Sehr bald ... und sehr heftig ...

Die Laute, die ich mittlerweile von mir gab, waren echt nicht mehr feierlich.

»Ich. Werde. Gleich. Spritzen. Und. Wehe. Du. Schluckst. Nicht. Alles!«, presste ich abgehakt zwischen meinen Stößen in ihren Mund hervor. Wieder wimmerte sie. Da war es schon so weit.

»Nimm das ... Schlampe ...«, stieß ich aus, während ich meinen zuckenden Schwanz umfasste und ihn so hielt, dass mein Sperma genau auf ihre Kehle traf. Umständlich probierte sie, alles runterzukriegen, ohne zu kotzen. Auch hier enttäuschte sie mich nicht.

Kaum war ich fertig, lehnte ich meinen Kopf total verausgabt und heftig atmend zurück, aber nicht ohne die Straße aus dem Blick zu lassen, und trat wieder aufs Gas. Am Schluss waren wir in Schrittgeschwindigkeit dahingetuckert, aber mehr war einfach nicht möglich gewesen. Ein wenig mehr Tempo hätte uns mindestens in den nächsten Graben befördert. Mia blieb über mich gebeugt, ihr zitternder Atem glitt über meine nun sehr empfindliche Eichel.

Meinen Ficker loslassend streichelte ich ihre Wange. Das erste Spiel war beendet und sie hatte sich perfekt geschlagen. Unglaublich, aber ich hatte sie wie jede dahergelaufene Quarkstelze behandelt. Kein Wunder, dass mich mein schlechtes Gewissen regelrecht überfiel. Ob sie mir die Aktion übel nahm? Wollte sie mich jetzt nicht mehr? Wieso zum Teufel richtete sie sich nicht auf? Hatte sie sich den Rücken verknackst, oder was?

»Baby?«, hauchte ich und beförderte sie an ihrem Zopf nach oben. Ihr Gesicht war tränenüberströmt, was mir im ersten Moment einen Stich versetzte, auch wenn es eigentlich klar sein sollte. Schließlich hatte sie überwiegend gewürgt, da blieb das nicht aus. Doch in ihren Augen fand ich immer noch ihre bedingungslose Liebe zu mir, was mich enorm beruhigte. Ihre Lippen zierte ein sanftes Lächeln, als ich sie fragend musterte. Mit erhobener Braue strich ich mit dem Daumen über ihre angeschwollene Unterlippe.

»War es sehr schlimm?«, erkundigte ich mich sanft und wischte ihr vorsichtig die Feuchtigkeit von den Wangen.

»Das war der Hammer!«, erstaunte sie mich mit noch etwas rauer Stimme, verteilte kleine Küsse auf meinem Hals und inhalierte meinen Geruch. Vermutlich wollte sie aber auch meine Reaktion abschätzen und sich vergewissern, dass ich sie nach wie vor liebte wie keine andere, obwohl ich mein altes Egoisten-Ich rausgekehrt hatte. »Ich hätte nie gedacht, dass es sich so ... berauschend ... anfühlen kann, gedemütigt zu werden«, murmelte sie errötend und ich konnte mich gerade noch so davon abhalten, einen Strike zu vollführen.

Hatte ich schon mal gesagt, dass mein Mädchen absolut cool war?

Einen Arm um ihre Schulter gelegt platzierte ich einen Kuss

auf ihrem Scheitel. »Wenn dir das hier schon gefallen hat, dann
warte ab, was Tristan-Arschloch noch für dich bereithält.«

Sie kicherte aufgeregt und so ansteckend, dass ich mitmachte.

Dies würde ganz sicher die beste Nacht meines jungen Lebens
werden!

15. Tristan das Arschloch

Mia 'the turkey' Engel

Tristan wollte mich eindeutig umbringen. Vorsätzlich!

Als mir klar wurde, wohin wir fuhren, bekam ich einen halben Herzinfarkt. Insbesondere als er schließlich sein Auto am Ende eines Kiesweges parkte, der durch die dichten Wälder führte. Ich wusste genau, wo wir uns befanden, weil ich hier selber schon oft mein Fahrrad abgestellt hatte.

Souverän holte er aus dem Kofferraum einen zugedeckten großen Korb und streckte mir wortlos seine Hand entgegen.

Wir mussten uns durch das dichte Gestrüpp kämpfen, denn unser Ziel lag sehr versteckt. Zum Glück hatte ich mich für Ballerinas entschieden, obwohl mir festeres Schuhwerk schon lieber gewesen wäre. Trotzdem kam ich gut über die Unebenheiten wie Wurzeln und Äste – nicht mal das weiße Kleid behinderte mich, weil es sehr gemütlich war –, während ich Tristan vermeintlich ahnungslos folgte. Früher hatte ich immer Angst gehabt, denn es wurde, je tiefer man vordrang, immer dunkler und kühler, weil das Grün den Großteil des Lichtes schluckte. Selbst nach Jahren blieb noch eine leichte Unsicherheit zurück, aber mit meinem großen, starken Beschützer an meiner Seite empfand ich keinerlei Furcht.

Stattdessen grinste ich ziemlich dumm. Noch hatte er es nicht registriert, aber ich konnte es nicht verhindern oder verstecken, weil es sich immer wieder auf mein Gesicht schlich. Sollte ich, wenn er es bemerken würde, beichten, dass das Bild von mir war? Ich beschloss, es noch eine Weile für mich zu behalten, einfach weil ich ihm die Überraschung nicht verderben wollte, aber auch, um ihn ein klitzeklein wenig zu ärgern. Das Spiel begann, mir Spaß zu machen. »Wohin gehen wir?«, fragte ich also.

»Zu meinem Lieblingsort«, antwortete er locker.

»Aha.« Ich grinste noch breiter.

Nach einer guten halben Stunde nahm die Dunkelheit ab und

zwischen den Stämmen der Bäume vor uns sah man noch etwas entfernt eine Lücke. Etwas wehmütig dachte ich doch, wie schade es war, dass wir uns nicht schon vorher hier getroffen hatten. So oft, wie ich früher im Wald gewesen war, hätten die Chancen dafür gar nicht so schlecht gestanden, dennoch war es nie dazu gekommen. Aber schnell nahm mich der Anblick der Lichtung gefangen und lenkte mich von meinen trübsinnigen Gedanken ab. Mir schossen die Tränen in die Augen, als ich durch die Bäume trat. Jedes Mal ging es mir so, obwohl es jetzt auch etwas anderes war. Mit Tristan direkt neben mir fühlte ich mich, als wäre ich in einem anderen Leben schon mal hier gewesen. Es wirkte bekannt, viel zu bekannt, aber auch etwas fremd. Ich war unheimlich überwältigt, ebenso wie Tristan, der mich genau musterte, um meine Reaktionen in sich aufzunehmen. Wobei ich nichts vorspielen musste. Dieser Ort war einzigartig. Eine kreisrunde Wiese übersät mit bunten Blüten. Das kräftige Gelb der Butterblümchen und das Rot der Mohnblumen, die leicht im Wind wehten, strahlten mir entgegen. Das satte, unberührte Grün war hoch und wiegte leicht in der warmen Brise. Links von uns befand sich eine riesengroße Weide, die mit ihrem Blätterdach gut die Hälfte der Oase überdeckte. Halb unter ihren dicken Wurzeln schlängelte sich ein Bach mit glasklarem Wasser entlang. Das Plätschern und das stete Gezwitscher der Vögel versetzten mich sofort in glückliche Zeiten zurück ... Die einzigen glücklichen Zeiten vor Tristan.

Ich lächelte, während eine nostalgische Träne an meiner Wange hinablief, und sog tief den kräftigen Geruch von frischem Gras, den versteckten Pilzen sowie dem duftenden Holz der umstehenden Bäume in meine Lungen. Die paar weißen Schäfchenwolken am Himmel konnten die Sonne nicht zurückhalten, die dieses wunderbare Fleckchen beleuchtete. Und dann war da noch Tristan, der jede noch so einmalige Schönheit problemlos in den Schatten stellte. Lächelnd schaute ich zu ihm auf und er erwiderte es warm und entspannt, bevor er mir die Träne wegstrich.

»Es ist schön hier, nicht?«, erkundigte er sich samten und ich nickte schniefend.

»Und wie«, murmelte ich und ließ meinen Blick erneut über das friedvolle Szenario gleiten. Erst da fiel es mir auf. »Ein Zelt?« Hinter der Weide stand ein knallrotes großes Zelt. Ich wirbelte zu Tristan herum und konnte mich nicht davon abhalten, auf und ab zu hüpfen wie eine Verrückte.

»Wir zelten hier?«, schrie ich und Tristan bejahte glucksend. Mit ihm im Schlepptau lief ich über die Wiese, drehte mich überschwänglich im Kreis, umrundete die riesigen Wurzeln und steuerte direkt darauf zu. Da stand es, sicher befestigt: mannshoch mit einem großen Vordach, unter dem sogar ein Teppich ausgebreitet war, und noch größerem Innenraum. Ich musste grinsen, als ich das Schloss sah, das die Reißverschlüsse miteinander verband. Als ob hier jemals eine Menschenseele hinkommen würde.

Ich wandte mich zu Tristan um.

»Unsere erste gemeinsame Wohnung«, säuselte ich verträumt.

»Yeah, ich hab mir gedacht, da wir sowieso Ferien haben und die ganzen Deppen uns nur nerven würden ...« Er zuckte mit den Schultern und näherte sich mir. Von hinten schlang er die Arme um meinen Bauch und küsste meinen Hals, der wegen meines Pferdeschwanzes noch immer entblößt war.

»Soll ich dich über die Schwelle tragen?«, schmunzelte er und ich rollte die Augen, legte meine Hände aber auf seine und schmiegte mich an ihn. Ich verrenkte mich etwas, um seine Lippen abzufangen und küsste sie sanft.

»Gerne«, erwiderte ich dann hinterlistig, weil ich wusste, dass er das sicher nicht erwartet hatte. Er wirkte eine Sekunde verdutzt. Doch dann grinste er plötzlich, fasste hinter meinen Rücken, bückte sich und riss mir im nächsten Moment den Boden unter den Füßen weg. Natürlich kreischte ich auf, als er mich problemlos hochhob, und krallte mich an ihm fest. Er ging auf die Knie und krabbelte mit mir unter das Vordach bis zu der viereckigen Öffnung, die nach wie vor verschlossen war.

»Der Schlüssel ist an meinem Herzen«, informierte er theatralisch. Ich nutzte die Gelegenheit, um seine festen Muskeln abzutasten, während ich ihn kichernd aus seiner Hemdtasche herausholte und aufsperrte. Verwundert inspizierte ich das Innere des Zeltes.

Eine riesige Luftmatratze – so groß wie Tristans Bett – wartete mit Kissen sowie Decken drapiert einladend auf uns und nahm den Hauptteil des Raumes ein. Ein aufgeregtes Quietschen konnte ich mir nicht mehr verkneifen, als Tristan mich auf das weiche Lager schmiss, sodass nur noch meine Füße zu sehen waren. Dann zog er mir die Schuhe aus und ich rutschte weiter nach oben, um mich entspannt fallen zu lassen.

»Gefällt es dir?«, Tristan hockte immer noch im Eingang und beobachtete, wie ich mir ein Kissen schnappte, es umarmte und an mich kuschelte.

»Ja!«, lächelte ich genießerisch, während ich Tristans bekannten Geruch einsog, denn er hatte sein eigenes Bettzeug hierher verfrachtet. Er entledigte sich seinen Nikes und kroch anmutig wie ein Raubtier auf mich zu. Vor mir blieb er auf den Knien sitzen und blickte weich auf mich hinab.

»Ich wollte schon immer zelten, danke, Tristan!« Auch ich richtete mich auf und streichelte seine Wange.

»Ich hab mir schon gedacht, dass du solche Aktivitäten als Kind sicher nicht erleben durftest, und so wie ich dich kenne, hast du nichts dagegen, an der frischen Luft zu schlafen.«

»Und das auch noch hier!«, *auf meiner Lichtung* ... hätte ich fast dazu gesagt. »Es ist so schön!«, wisperte ich selbstvergessen und spähte nach draußen bis zu den großen, uralten Bäumen, die die Lichtung säumten. Sie rauschten leicht im Wind. Das Geräusch schenkte mir einen Frieden, wie es nur die Natur vermag. »Jegliche Schönheit verblasst mit dir im Vergleich«, flüsterte er und wanderte mit einem Finger über meinen Handrücken. »Hör auf zu schleimen.« Kichernd lehnte ich mich weiter vor, um meinen Kopf an seine Brust zu legen. Genau dort, wo sein Herz schlug.

»Ich liebe dich«, nuschelte ich.

»Ich liebe dich«, gab er zurück und drückte mich an sich. Einige Minuten saßen wir hier einfach nur in dem intimen kuschligen Zelt und genossen unsere Zweisamkeit.

»Sag mir, was du dir wünscht, Mia-Baby«, durchbrach er nach einiger Zeit die Stille. »Ich möchte dir all deine Wünsche erfüllen.«

Ich lächelte glücklich und dachte über meine geheimsten Träume nach, die typisch weiblich waren. »Das ist peinlich.«

»Nichts muss dir vor mir peinlich sein. Erzähl mir alles ... «, forderte er mich ruhig auf.

Tief durchatmend schloss ich die Lider.

»Ich würde gern irgendwann ein Haus haben. Aber kein so großes Angeberhaus mitten in der Stadt, sondern ein abgelegenes. Weit weg von allen gemeinen Menschen. Gerne aus Holz mit höchstens fünf Zimmern und Fußbodenheizung. Außerdem möchte ich einen großen Garten – einen wirklich großen. Am besten mit einem Park und einer riesigen Holzterrasse inklusive Hollywoodschaukel und einem Grill drauf, wo man Feste feiern und Leute einladen kann. Richtige Freunde wären auch toll. Na ja, zumindest zwei hab ich ja schon: dich und Vivi. Vielleicht auch Tom, wenigstens ein bisschen. Vor der Terrasse sollen viele kleine und große Beete sein. Mit Früchten.

Am liebsten mit Erdbeeren, Himbeeren, Brombeeren und Heidelbeeren, aber auch Gemüsebeete. Ein kleiner Kräutergarten sollte direkt vor dem Küchenfenster sein, sodass ich beim Kochen nur rausgreifen muss.«

Tristan lächelte, war aber ganz Ohr, während ich mir alles bildlich vorstellte und immer mehr in meinen Fantasien versank. »Ich hätte gern, dass im Garten eine Hundehütte steht ... Nein warte ... zehn davon ... Weil ich gern Straßenhunde aufnehmen würde, um wenigstens etwas Gutes mit meinem Leben anzufangen und bedürftigen Wesen zu helfen. Egal ob Tier oder Mensch ...«

»Das sieht dir ähnlich«, hauchte er sanft und streichelte meine Schulter. »Ist das alles?«, erkundigte er sich provokativ und wir lachten leise.

»Natürlich nicht. Das alles war ja nur Materielles. Das Wichtigste kommt noch!« Ich löste mich von ihm und sah ihm ins Gesicht. »Ich möchte einen Ehemann haben.« Meine Stimme klang rau und ich legte meine Hände an seine Wangen. »Einen wunderschönen, mich über alles liebenden Ehemann. Einen, der mich und die, die ich liebe, immer beschützt und auf den ich mich immer verlassen kann. Der immer für mich da ist und mir jeden Wunsch von den Augen abliest. Und ich möchte ihm all das und noch viel mehr zurückgeben ...«

Tristan umfasste meine Finger, um die Spitzen zu küssen. »Dann bist du bei mir aber an der falschen Adresse. Mit wunderschön kann ich nicht dienen!«, scherzte er und schaute unter langen, atemberaubenden Wimpern zu mir auf. Gott! »Ach bitte ...«, erwiderte ich gespielt entnervt. Dann tauchte ich tief in seine braun-grünen Iriden und lehnte meine Stirn an seine. Ich hatte das Bedürfnis, ihm noch näher zu sein, auch wenn es mich stets überwältigte.

»Ich will drei Kinder. Zwei Jungs und ein Mädchen. Der Junge sollte möglichst der Ältere sein, damit er das Mädchen immer beschützen kann und es nie vor anderen Angst haben muss.« Mir war klar, dass diese Vorstellung daraus resultierte, weil ich als Kind niemanden gehabt hatte, der für mich da gewesen war. »Ich würde sie Robert, Elina und David nennen und sie sollen die schönste Kindheit bekommen, die ein Kind nur haben kann ... Sie sollen draußen spielen können, viel lachen und sorgenfrei großwerden. Sie sollen frei sein wie Vögel, doch dabei wissen, dass sie immer wieder in ihr Nest zurückkommen können, wenn sie das Bedürfnis haben oder sich die Flügel brechen. Sie sollen alles bekommen, was sich Kinder wünschen ...« Ich wusste nicht, woher auf einmal meine Tränen kamen, genauso wenig war mir bekannt, weshalb plötzlich Tristans Augen glitzerten. Er starrte mich an. Sein Blick brannte.

»Das werden sie!«, versprach er leise. »Ich werde alles dafür tun.« Dann küsste er mich leidenschaftlich und ich fing an zu weinen.

***

Wir redeten noch stundenlang. Über unsere gemeinsame Zukunft und seine Wünsche und Hoffnungen. Er erzählte mir einfach alles, genauso wie ich es getan hatte. Tristan hatte einige Flaschen Hugo mitgebracht, den er zum Kühlen in den Bach stellte. Mir war noch nie Alkohol untergekommen, der wirklich gut schmeckte, aber dieser hier war geradezu köstlich. Schlürfend ließen wir uns auf einer Wurzel nieder und hielten unsere Füße ins Wasser, so wie wir es sicher schon als Kinder getan hatten. Wir fühlten uns wohl, waren zufrieden – so vertraut. Eine dermaßen tiefe Verbundenheit, wie ich sie Tristan gegenüber verspürte, hatte ich noch nie empfunden. Ich wusste, ihm ging es nicht anders.

Als es begann zu dämmern, machten wir uns auf, um trockenes Holz zu suchen, denn Tristan wollte unbedingt ein Lagerfeuer machen. Er war so glücklich und losgelöst, scherzte mit mir und schwang mich so oft durch die Gegend, dass ich nicht anders konnte, als vollkommen selig aufzujauchzen.

Als wir genügend zusammenhatten, stapelte es Tristan zu einer ansehnlichen Pyramide und zündete diese an. Schnell loderten die Flammen und fraßen sich durch die Äste und Zweige. Mit einer großen weichen Decke machten wir es uns davor gemütlich, lauschten dem Knistern und grillten Würstchen, die wir auf lange Stöcke spießten.

Vermutlich wollte Tristan mir einen Teil meiner Kindheit zurückgeben, indem er typische Dinge tat, die man eigentlich in jungen Jahren erleben sollte. Dafür verehrte ich ihn nur noch mehr. Gott, wie sehr würde ich nie in Worte fassen können! Doch der eigentliche Knaller kam erst, nachdem es richtig dunkel geworden war, der volle Mond hell über uns erstrahlte und die Sterne am Himmel funkelten. Tristan kniete sich vor mich und umfasste meine Wangen mit beiden Händen. Die flackernden, unruhigen Flammen des Feuers erhellten zusätzlich sein schönes Gesicht und sein Blick war so eindringlich, dass ich angestrengt schlucken musste.

»Ich werde dich die ganze Nacht lieben«, eröffnete er mir ernst und ich runzelte die Stirn, als mein Herzschlag sich beschleunigte. Mit seinen Daumen streichelte er mich zaghaft. »Und ich werde dich dabei fotografieren.«

»Was?«

»Ich werde eine Kamera dort positionieren.« Ich bemerkte nicht, wohin er zeigte, viel zu sehr war ich damit beschäftigt, zu verarbeiten, was er mir gerade gesagt hatte und mich in seinen glühenden Augen zu verlieren. »Die andere werde ich selber auf dich richten.«

»Aber ...« Ich ... bin doch so hässlich und überhaupt: AHHH!, war ich kurz davor auszuflippen, aber Tristan legte seinen Finger auf meine Lippen.

»Entspann dich, Baby«, wisperte er und ich erkannte die Forderung dahinter. »Ich liebe dich. Du liebst mich ... Wir sehen hammermäßig zusammen aus ... und die Fotos werden wirklich nur für uns beide sein. Du weißt, dass ich dir nie wieder wehtun würde, ja?«, fragte er wirklich besorgt und ich nickte zaghaft.

Er grinste ... ein wenig ... böse. »So ist es brav, Baby. Dafür wirst du heute Nacht etwas von jedem Tristan bekommen, den ich dir bieten kann, und hoffe nicht auf Gnade, denn hier mitten im Wald kann keiner deine Schreie hören!«

Mir verschlug es die Sprache, sein Grinsen wurde breiter. »Aber jetzt möchte ich zuerst, dass du dich genau hier auf deinen Bauch legst und deine wunderschönen Augen zumachst. Ich muss noch ein paar Sachen vorbereiten.«

Unverhofft gab er mir einen bestimmenden Klaps auf den Hintern, der mich ziemlich erschreckte. Aber ich folgte seiner Anweisung und streckte mich mit rasendem Herzen und nicht jugendfreien Bildern im Kopf vors Feuer auf der Decke aus.

Gott! Was tat dieser wundervolle Mann nur mit mir?

Wie schaffte er es, dass lediglich von ein paar gezielt gewählten Worten mein Höschen überflutet wurde und ich nicht mehr klar denken konnte?

Die Spannung in mir baute sich immer weiter auf, je länger ich hier in der Position verharrte und Tristan lauschte ... Seltsame Geräusche drangen an mein Ohr. Was tat er da nur? Kletterte er auf den Bäumen rum? Und wieso fluchte er leise vor sich hin?

Es raschelte mal hier, mal da und ich hörte, wie er hin und her lief. Ich war so aufgeregt, dass mir schon fast schlecht wurde, aber ich blieb, wo ich war und wartete auf seine erste Berührung ...

16. Spring über deinen Schatten

Mia 'next Supermodel' Engel

Und sie kam – unerwartet. Fast wäre ich eingeschlafen, weil das knisternde Feuer so beruhigend und so kuschelig warm war. Aber mein aufgeregter Bauch hinderte mich daran. Tristan wollte uns heute beim Sex fotografieren. Gott, wieso noch mal hatte ich mich darauf eingelassen?

Ach ja ... ich liebte Tristan Wrangler. Deswegen.

Seine Fingerspitzen geisterten über meinen Rücken nach oben, genau dorthin, wo der Reißverschluss meines Kleides anfing.

»Du wirst nicht sprechen, außer ich erlaube es dir«, summte er sanft. Gott ... diese Stimme ... ich erschauerte, als ich seinen heißen Atem an meinem Nacken fühlte, kurz bevor mich das seidig Weichste seines Körpers berührte ... Seine Lippen, die jetzt leicht über meine Schulter strichen. »Verstanden?«, fügte er hinzu, als ich nicht weiter reagierte.

Eifrig nickte ich. »Das ist nicht die einzige Regel ...«, hauchte er und biss mir ins Ohrläppchen. Ich keuchte auf, wand mich. Aber seine flache Hand landete laut schnalzend auf meinem Hintern und stoppte damit jede noch so kleine Bewegung meinerseits. Erschrocken schrie ich auf.

»Keine Rumzappelei, Miss Angel«, befahl er knapp. Mein Herz überschlug sich beinahe.

Er liebkoste versöhnlich die Stelle, die er eben malträtiert hatte, und machte sich an meinem Reißverschluss zu schaffen. Langsam, sehr, sehr, sehr langsam zog er ihn nach unten ... und seine Lippen folgten dem Pfad jedes freigelegten Zentimeters.

»Die Fotos werden der Wahnsinn, Mia-Baby ... Du bist so wunderschön. Heb deinen Arsch für mich«, wisperte er. Fotografierte er etwa schon? Ich gehorchte widerstandslos und reckte leicht meinen Hintern in die Höhe.

»Winkel dein Bein etwas an, streck den Rücken durch. Fuck, das ist es!«

Okay! Anscheinend war er bereits dabei, mich abzulichten. Als ich mich umdrehen wollte, drückte mich seine Hand zwischen meinen Schulterblättern bestimmend nach unten. »Du wirst dich erst dann bewegen, wenn ich es dir sage. Und ja, ich fotografiere schon.«

Im nächsten Moment hatte er mir meinen BH aufgeschnippst und sein Mund nahm die empfindliche Haut, die sich darunter versteckte, in Beschlag. Ich presste meine Schenkel zusammen und krallte meine Hände in die Decke, um mich unter seinen ekstatischen Zärtlichkeiten nicht zu rühren. »Jetzt darfst du dich bewegen. Aber du wirst nicht schauen«, raunte er in mein Ohr. »Verstanden?« Ich nickte eilig. Mit einem Kribbeln tief im Bauch fühlte ich, wie er den linken Träger meines Kleides nach unten schob. Ich schlüpfte mit meinem Arm raus, ebenso auf der anderen Seite. Auf die Art befreite er mich auch von meinem BH.

»Arsch hoch!« Erneut hob ich meine Hüften und er beförderte das Kleid mit beiden Händen nach unten. »Braves Mädchen.« Sanft küsste er meinen Hintern und ich lächelte. Die Röte auf meinem Gesicht intensivierte sich.

»Ich liebe deine Rückseite ...«, murmelte er und streichelte am unteren Bund meiner Hotpants entlang – direkt am obersten Ansatz meiner Schenkel beziehungsweise meiner Backen. Die Hitze, die er in mir entfacht hatte, drohte, mich zu verbrennen. Mein Atem kam stockend. »Bleib still liegen«, erinnerte er mich wieder und ich bemerkte, wie er aufstand. Nur um sich breitbeinig auf meine Oberschenkel zu setzen. Erschrocken registrierte ich, dass er nackt war, was ein kleines Stöhnen in mir auslöste.

»Ruhe!«, forderte er sofort und ich biss mir heftig auf die Lippe, um keine weiteren Geräusche von mir zu geben und mich nicht gegen ihn zu drängen. Hilfe! Wie sollte ausgerechnet ich es schaffen, leise zu sein und stillzuhalten, wenn Tristan Sexy an mir rumspielte?

»Erst mal bringen wir deinen Körper dazu, sich komplett zu entspannen«, wisperte er. Ein zarter Duft nach Orange umhüllte mich, ehe seine Finger meinen Rücken massierend verwöhnten. Mit Mühe versuchte ich, keinen Mucks von mir zu geben und einfach nur zu genießen.

Wissend knetete er meine Muskulatur, die Schultern sowie die Arme ... Sogar mein Hintern wurde nicht ausgelassen, obwohl ich mein Höschen noch trug. Immer weiter hinab arbeitete er sich, von meinen Beinen bis zu den Füßen. Am Schluss fühlte sich meine ganze Rückseite an, als wäre sie aus Gummi, sodass ich mir nicht vorstellen konnte, jemals wieder aufrecht zu stehen oder mich gar zu regen. Doch das war nicht Tristans Plan.

Einige Minuten strich er über meine Unterschenkel. Dann kam er an meine Seite, seine Lippen an meinem Ohr.

»Du darfst dich jetzt umdrehen, Baby!« Gott sei Dank!

Endlich konnte ich sehen, was er vorbereitet hatte und endlich durfte ich ihn anschauen.

Vielleicht wäre es auch möglich, mir einen kleinen Kuss zu stehlen?

Auf dem Rücken stützte ich mich auf meine Ellbogen und betrachtete die Umgebung. Mein Mund klappte spontan auf und ich erstarrte. Überall an den Bäumen, die die Lichtung säumten, hingen unsagbar viele runde Laternen. Sie spendeten warmes Licht, das sich über die gesamte freie Fläche erstreckte und diesen ohnehin schon wundervollen Ort in etwas Mystisches und Faszinierendes verwandelte. Das Zusammenspiel mit dem Feuer wirkte geradezu hypnotisierend. Ein kurzes Blitzen riss mich aus meiner Verwunderung und ließ mich zusammenzucken.

Tristan klemmte mir mit einer Hand ein paar Strähnen hinter mein Ohr, mit der anderen hielt er die Kamera. Er beobachtete mich, während ich noch immer von der Schönheit rings um mich herum regelrecht geblendet wurde. Ich schluckte und blickte zu diesem Traummann neben mir, wusste, dass er die Dankbarkeit in meinen Augen lesen konnte, als er süß lächelte.

»Gern geschehen, Baby.« Er beugte sich ganz kurz vor, um mich zu küssen. Zumindest dachte ich das. Also kam ich ihm erwartungsvoll mit meinen Lippen entgegen, nur um seine dann nur auf meiner Wange zu spüren. Als ich frustriert aufschnaubte, gluckste er an meiner Haut.

»Ich liebe es, wenn du so ungeduldig bist, und nein: Verdreh jetzt bloß nicht deine Augen!« Ich verkniff es mir und musterte ihn mit leicht gerunzelten Brauen.

»Brav«, lobte er mich wieder und ich bekam als Belohnung einen kleinen Kuss, allerdings ohne Zunge! Wenn er so weitermachte, würde ich an langer Hand verhungern, ganz sicher!

»Streck einen Arm über den Kopf, Baby!« Ich tat, was er wollte, lehnte meine Nase dagegen und fixierte ihn dabei mit halb geschlossenen Lidern unter meinen Wimpern hervor – wahrscheinlich ziemlich lüstern. Fast schien es, als würde ihm dies Schmerzen bereiten, denn er legte die Stirn in Falten und verzog sein Gesicht ganz kurz zu einer Grimasse. Aber schnell war der Moment vorbei, sodass ich schon dachte, ich hätte es mir eingebildet. Ein paar Mal betätigte er den Auslöser der Kamera.

Dabei reizten mich seine Finger, brachten mich unter ihren minimalen Berührungen zum Winden und dazu, die Pose leicht zu verändern. Doch dieses gelegentliche Hauchen war alles, was er an Kontakt zuließ. Es war frustrierend und machte mich wütend!

Tristan störte das wilde Blitzen, mit dem ich ihn bedachte, offenbar gar nicht, stattdessen krabbelte er nach unten. Seine braun gebrannte Statur war anbetungswürdig, erst recht als er meine Beine an den Knien spreizte und sich dazwischen hockte. Gott ... dieser Körper ... diese Muskeln ... diese glatte Haut ... dieses unbeschreiblich schöne Gesicht! Schließlich legte er die Kamera zur Seite.

»Ich werde dich jetzt lecken ...« JAAAA! »Aber!« OH! »Du wirst dich nicht bewegen!« Er grinste absolut teuflisch, »... und keinen Ton von dir geben!« WAS?

Das konnte nicht sein Ernst sein! Ihm war aber schon klar, mit wem er es zu tun hatte, oder?

Ich wollte mich protestierend aufsetzen, doch er schüttelte mit dem Kopf, während ich mir auf die Lippe biss und liegen blieb.

»Gute Wahl.« Dann fühlte ich nur noch. Wie seine Finger sich am Bund meines Höschens einhakten, dabei die Vorfreude schürten, aber auch die Anspannung, bis er es gemächlich nach unten zog.

Er schmiss es irgendwo in die Wiese, was ich gar nicht mehr beachtete. Sein warmes Lächeln sandte einen Schauer durch mich.

»Mhm.« Seine Finger strichen zwischen meinen feuchten unteren Lippen entlang, diesmal biss ich mir wirklich fest auf meine oberen und verkrampfte die Beine, um mich nicht zu rühren.

»Wenn du dich nicht an meine Spielregeln hältst, wirst du im Bach landen«, drohte er ganz die Ruhe selbst und ich starrte ihn etwas neben der Spur an. Das Wasser war eiskalt! Das würde er doch nicht wirklich wagen, oder? Oder?

»Schau nicht so ungläubig! Eine Abkühlung würde dir ganz gut tun!«

Hektisch verneinte ich stumm und er lachte. »Dann sei brav!« Mit einem verwegenen Schmunzeln beugte er sich vor und platzierte seinen Mund auf meine Mitte, direkt auf meiner Schnecke. Dann grinste er breit und saugte ... fest, seine Zunge schnellte hervor ... Ich konnte einfach nicht anders, bog meinen Rücken heftig durch und schrie meine Lust hinaus in die klare Nacht.

»Ich habe dich gewarnt!« Geschmeidig richtete er sich etwas auf. In seinem Blick tanzte der Schalk. Der Penner! Das hatte er mit Absicht gemacht! Er wollte mich ja nur nackt, nass und frierend sehen!

»Nein, Tristan!« Ich wuselte mich umständlich auf die Beine, als er nach mir greifen wollte. Mein Körper fühlte sich an, als würde er mir nicht gehören. Nichts funktionierte richtig aufgrund seiner phänomenalen Massage. Ungläubig schaute er zu mir hoch und hob eine Braue.

»Bitte nicht ...«, stammelte ich, schon jetzt Placebo frierend ... Er schüttelte nur vermeintlich bedauernd den Kopf.

»Und jetzt redet sie auch noch ...« Leichtfüßig stand er auf, absolut sprungbereit. Ich wich einen Schritt zurück, als er sich zu seiner vollen Größe sehr eindrucksvoll vor mir aufbaute. »Ich werde weglaufen!«, drohte ich und stolperte von ihm weg.

»Wie bitte?« Tristan tat ganz höflich, als hätte er sich verhört, während er einen Satz auf mich zu machte. Ich wich vor ihm zurück und er folgte, riesengroß, jeder Muskel auf Angriff geeicht.

»Tristan, bitte nicht!« Meine verfluchte Stimme zitterte wie Espenlaub.

»Strafe muss sein, Mia-Baby.« Mit einem unschuldigen Lächeln schnellte er erneut vor, um mich mit beiden Händen an den Hüften zu schnappen, aber ich fuhr kreischend herum und konnte ihm gerade noch so entschlüpfen, dem Öl sei Dank!

Dann lief ich, was das Zeug hielt. Durch das hohe Gras. Nackt. Unter dem wolkenlosen Sternenhimmel.

»Ahhh, Tristan! Neeein! Geh weg!«, rief ich über meine Schulter und bemerkte mit Schrecken, dass er knapp hinter mir war. »Nein!« Er war mir so dicht auf den Fersen, dass ich seine Fingerspitzen an meinem Rücken spürte, doch ich schlug im letzten Moment einen Haken nach rechts und konnte ihm noch mal entkommen.

»Du machst damit alles noch schlimmer!«, lachte er ausgelassen. Meines war mir vergangen, schließlich ging es hier um meine trockene Haut.

»Ich will nicht mehr mit dir zusammenwohnen!«, kreischte ich und rannte auf das Zelt zu. Keine Ahnung, was ich da wollte. Aber es kam mir irgendwie am sichersten vor. Ich hörte ihn hinter mir weiter lachen, als ich kopfüber in das Refugium hechtete und schnell den Reißverschluss hinter mir zuzog, als könnte dieser Tristan irgendwie abhalten.

Dann kauerte ich mich in die Ecke, mein Herz raste und der Schweiß floss in Strömen. Heftig atmend erinnerte mich die Situation an die Geschichte mit dem schwarzen Mann, vor dem ich als Kind immer Angst gehabt hatte. Sein perfekter Schatten kniete vor dem Zelt, als seine samtene, melodische Stimme leicht psychotisch, aber dennoch mehr als anregend singsangte: »Letzte Chance. Kommst du alleine raus oder muss ich dich wirklich holen?« Ich hörte das Schmunzeln in seinen Worten, konnte mich aber nicht dazu bringen, mich freiwillig zu ergeben, denn ich hasste kaltes Wasser. Und der Bergbach war eiskalt!

»Niemals!«, schrie ich wagemutig.

»Okay!« Schon vernahm ich ein Ratschen und sein Kopf schob sich ins Innere meiner Zuflucht. Er grinste böse, als er mich musterte – in die hinterste Ecke gedrängt, wie ein verängstigter Hase in der Falle. Die Beine angezogen und die Arme darum geschlungen. Er hob eine Braue und reichte mir seine Hand. Allerletzte Chance ...

Ich streckte ihm die Zunge raus.

Seine Augen weiteten sich ungläubig, dann hatte er mit einem Ruck meine Handgelenke gepackt. »Beiß jetzt lieber die hübschen Zähne zusammen!« Erbarmungslos presste er mich an sich. Ich versuchte, mich zu befreien, aber ohne Erfolg. Er drückte nur fester zu. Seine Erektion drängte sich gegen meinen Bauch, ich keuchte an seiner Brust und probierte, krampfhaft von ihm wegzukommen. »Bitte ... ich mache alles, was du willst ... Alles!«, stotterte ich, während er mich rückwärtsgehend aus dem Zelt zerrte.

»Für dein Flehen ist es schon lange zu spät. Nicht nachdem du mir die Zunge rausgestreckt hast, du kleines Luder!«

Kaum draußen schwitzte ich noch mehr, Tristan kein bisschen und ich versuchte noch panischer zu fliehen, aber er verdrehte nur die Augen. Unvermittelt bückte er sich und schwang mich über seine starke Schulter.

»Umpf!« Mein Bauch krachte auf seine harten Knochen und jetzt schrie ich wirklich.

»Nein, Tristaaaan! Hilfeeeee!«

»Es wird dich sowieso keiner hören!« Wieder klatschte er mir heftig auf den Arsch und mir schossen die Tränen in die Augen, weil das diesmal sehr wohl wehgetan hatte. Das würde Abdrücke hinterlassen. Aber gab ich deswegen keinen Mucks mehr von mir? Nein, ich brüllte noch lauter und strampelte stärker, auch wenn es hoffnungslos war.

Zu schnell waren wir am Bach. Tristan blieb einige Sekunden

mit mir davor stehen, damit ich mich mental darauf vorbereiten konnte ... oder um die Folter zu erhöhen. Ich tippte auf Letzteres.

»Neeein!« Und schon landete ich kopfüber und sehr ungraziös im grausigen Nass. »Ahhhhhhhhh!« Eiskalt war gar kein Ausdruck. Das Wasser stach förmlich in meine Haut und ich japste nach Luft, als ich prustend an die Oberfläche kam. Von wegen Bach. Das musste eher ein Fluss sein, denn es war viel zu tief. Ich stand auf meinen Zehenspitzen, um überhaupt Luft zu kriegen.

»Das wirst du büßen!«, schrie ich nun wirklich wütend und hörte meine Zähne klappern. Wunderschön und göttlich mit den Händen in den Hüften abgestützt stand Tristan über mir und grinste zufrieden auf mich hinab.

»Ach ja?«

»Ja!«, keifte ich zurück und schwamm an den Rand. Bis zur Taille konnte ich mich nun schlotternd erheben, dann sprang er zu mir hinein.

»Gottverdammt noch mal, diese Brustwarzen!«

Im Nu hatte er seine Lippen um eine meiner aufgestellten, vor Kälte fast schmerzenden Nippel gelegt und saugte schamlos daran.

»Tristan!«, stöhnte ich atemlos und krallte mich in seine Haare. Sofort wurde mir nicht nur warm, sondern heiß!

»Mhm«, summte er an meiner Haut, was feuchte Wellen in mir freisetzte, und knetete mit einer Hand meine Brust, während er sanft an meinem Nippel knabberte und leckte. Ich vergaß, dass ich wütend auf ihn war, wusste nur noch, dass ich ihn genau jetzt und hier brauchte ... tief!

»Bitte ...«, flehte ich.

»Bitte was?«, hauchte er. Seine Finger gruben sich in meine Arschbacken und sein Schenkel schob sich zwischen meine. Ich rieb mich an ihm und stöhnte laut.

»Komm, Baby!« Er zog mich ins tiefere Wasser, sodass es mir bis zu den Schultern reichte, dann hob er mich an meinem Hintern hoch. Automatisch umklammerte ich ihn mit meinen Beinen.

»Bitte fick mich!« Ziemlich grob zog ich seine Lippen von meinen Nippeln weg und attackierte ihn wild mit meiner Zunge. Er stockte kurz, erwiderte meinen Kuss dann aber heftig, wobei er sich fester in meine Haut krallte. Ich konnte und wollte nicht mehr warten und griff zwischen uns, worauf er mir warnend in die Unterlippe biss, als ich ihn umfasste.

»Ich wollte dich eigentlich noch lange nicht ficken ...«,

murmelte er atemlos und stöhnte rau, weil ich mit dem Daumen fest über seine pralle Eichel strich. »Aber meine Pläne haben sich soeben geändert«, rasselte er dann herunter und bewegte sein Becken, sodass ich ihn loslassen musste, er aber wie von selbst mit all den Sehnen und Adern - seiner gesamten imposanten Härte - in mir versank.

»Mia!«

»Tristan!«, keuchten wir gleichzeitig, als sich unsere Körper endlich vereinten. Ich warf meinen Kopf nach hinten und betrachtete die blinkenden Sterne, während Tristan mich zielsicher in Richtung Orgasmus trieb.

Es dauerte nicht lange, bis wir gleichzeitig kamen.

Tristan hielt mich immer noch an sich gepresst, seine Lippen immer noch auf meinen. Und nachdem er den letzten Druck in mir abgelassen hatte, küsste er mich sanft.

Danach kämpften wir uns zum Ufer und Tristan stieg mit mir auf seinen Hüften die leichte Böschung hinauf Richtung Wiese, direkt zu dem Platz, wo die warmen Flammen zum Glück noch loderten. Er bettete mich auf die Decke, direkt neben der Hitze des Feuers und blieb halb auf mir liegen. In mir.

Ich umschlang ihn mit meinen Armen sowie den Beinen und lächelte ihn an, was er erwiderte. Einige Zeit genossen wir unser Beisammensein und schauten uns intensiv in die Augen. Betrachteten, wie der Schein des Feuers auf dem Gesicht des anderen tanzte. »Und das alles hast du fotografiert?«, fragte ich nach einer halben Ewigkeit.

Er grinste. »Jepp. Die eine fotografiert immer noch.« Zärtlich strich er mit seiner Nase über meine. »Ich sag ja, das werden die besten Fotos, die es jemals gab!«

»Hmm«, summte ich und streichelte seine Schulterblätter.

»Die Kamera kann aber nicht festhalten, wie sich das hier für mich anfühlt.« Ich spannte meine inneren Muskeln um seine halbsteife Erregung an und spürte, wie diese sich umgehend verfestigte.

Hörbar biss er die Zähne aufeinander.

»Oh Baby ... schon wieder?«, erkundigte er sich gespielt verzweifelt und ich kicherte. Fühlte einfach nur seinen harten Körper auf mir, seine Brust- und Bauchmuskeln, die sich an mich drängten und seinen Hintern, in den sich meine Hacken rammten.

»Ich werde niemals genug von dir bekommen«, flüsterte ich und fuhr mit beiden Händen in seine Haare, um seine mittlerweile angeschwollenen rosa Lippen gegen meine zu pressen.

»Hilfe!«, brummte er, was mich nur noch lauter lachen ließ.

»Ruhe«, befahl ich und schlängelte meine Zunge in seinen Mund, kostete von ihm und lockte ihn aus der Reserve.

»Okay«, gab er sich scheinbar gütig geschlagen und packte plötzlich meine Hüften. »Sanft? Hart? Weich? Verspielt? Ernst? Lustig? Theatralisch? Melodramatisch?«, wollte er mit hochgezogener Braue wissen.

»So, wie wir es am liebsten haben«, hauchte ich und er begann zu strahlen.

»Das ist mein Mädchen.« Damit schnappte er sich eins der Kissen, die sich zwischen unseren Köpfen befanden, und platzierte es unter meinem Hintern, den er locker anhob. Dann kniete er sich vor mich, wobei es ihm gelang, dass wir kein einziges Mal getrennt wurden, was wirklich eine Leistung war. »Fühlst du das?« Er ließ sein Becken kreisen und damit seinen mittlerweile komplett harten Ficker in mir …

»Jaaa!« Ich bog meinen Rücken durch.

»Tief genug?« Schelmisch grinste er mich an, was ich verneinend, aber genauso spitzbübisch erwiderte. »Brav.« Dann nahm er meine Unterschenkel und legte sie auf seine Schultern. »Und jetzt?«

»Ohhh!«, stöhnte ich laut, denn jetzt war er wirklich tief. Es fühlte sich an, als wäre er in meinem Bauch.

»Ich. Liebe. Dich«, keuchte er, während er sich erbarmungslos in mich rammte und wieder ganz zurückzog. Ich fühlte, wie sein Sperma vom vorigen Mal sich zwischen uns verteilte, wie es zwischen meinen Lippen und an meinem Hintern hinablief. Dieses Gefühl war dermaßen erregend, so heiß … Aber noch heißer war es, sein Gesicht zu betrachten, als er in mich stieß. Sein ausgeprägter Kiefer war verkrampft, die vollen Lippen leicht geöffnet und seine Brauen leicht gerunzelt. Es schien, als hätte er Schmerzen. Schweiß glänzte auf seiner Stirn und seiner glatten Brust, den breiten Schultern. Er war so sexy!

Meinen Blick nach unten wandern lassend beobachtete ich das Vor und Zurück seiner trainierten Hüften, das schöne V, und wie seine verschwitzten Bauchmuskeln arbeiteten, als er sich noch tiefer in mir versenkte und seine Bewegungen steigerte. »Ich will dich … nie … verlieren!«, kreischte ich fast und klammerte mich an seinen Oberarmen fest. Seine Augen rollten nach oben, als ich mich um ihn herum anspannte.

»Gottverdammte Scheiße!«, stieß er aus, dann stützte er sich auf einem Arm neben mir ab.

Die andere Hand platzierte er zielsicher zwischen meinen Beinen, nutzte die Feuchtigkeit unserer Vereinigung und verwöhnte meinen Kitzler. »Komm für mich, Baby. Jetzt!«

Natürlich kam ich! Genau wie er. Zum zweiten Mal ... aber sicher nicht zum letzten ...

17. Mein Mädchen ist mein Mädchen!

Tristan 'angry' Wrangler

Der gestrige Tag und die heutige Nacht waren wirklich denkwürdig gewesen. Mein Mädchen und ich. Allein. Auf der Lichtung. In unserer ersten gemeinsamen Wohnung. Na ja, im Grunde hatten wir nicht im Zelt, sondern unter dem Sternenhimmel geschlafen.

Wir hatten uns geliebt und geredet. Geliebt und geredet. Und wir wären sicher noch viel länger dageblieben, wenn wir heute Morgen nicht von einem mächtigen Gewitter aufgeweckt worden wären und daher nackt zusammenpacken und aufbrechen mussten.

Natürlich fuhren wir nicht nackt nach Hause und kamen auch nicht in diesem Zustand daheim an, aber für pitschnass reichte es locker. Die anderen saßen gerade am Frühstückstisch, als wir das Haus stürmten.

Alle außer meinem Vater trugen ein dreckiges Grinsen auf dem Gesicht spazieren, woraufhin ich ihnen meinen Lieblingsfinger zeigte und Mia die Treppen hinaufzog. Sie kicherte über mein Gefluche und beschwerte sich darüber, dass sie schon wieder wund war. Nur um mich eine Sekunde später süffisant darum zu bitten, sie mit der verdammten ARSCHCREME einzuschmieren.

»Gottverdammte Scheiße, wenn du nicht mein Mädchen wärst, dann hätte ich dich schon den nächsten Balkon runtergestoßen, du kleines hinterhältiges, sich immer über mich amüsierendes Ding!«, lautete meine Antwort, als ich die Zimmertür hinter uns zuknallte. Geschlagene fünf Minuten verbrachte sie dann damit, vor Lachen bebend auf meinem Bett zu liegen und sich nicht mehr einzukriegen. Soviel zu meiner Einschüchterungstaktik, die bei meinem Mädchen nicht die Bohne funktionierte. Nicht mehr!

Allerdings konnte ich mich nicht wirklich darüber aufregen.

Dafür freute es mich viel zu sehr, sie glücklich zu erleben, auch wenn es auf meine Kosten geschah, weil sie mich verscheißerte. Zudem wusste ich ganz genau, dass sie geradezu von mir besessen und ich in ihrem Universum der einzig wahre Ficker war. Also durfte sie mich verarschen, solange sie verdammt noch mal wollte.

Irgendwann schafften wir es, uns aus unseren feuchten Klamotten zu schälen und unter der Dusche zu landen. Zur Abwechslung ganz ohne Rumgeficke, weil sie tatsächlich wund war. Was mir sogar ein schlechtes Gewissen einbrachte, meinen Ficker jedoch weniger interessierte. Gut erzogen begrüßte er Mia, wie immer wenn sie nackt war. Ebenfalls höflich widmete sie sich daraufhin voll und ganz meinem harten Schwanz und entlastete mich völlig uneigennützig, indem sie mir einen hammermäßigen Blowjob verpasste ... Danach überredete sie mich, zu den anderen nach unten zu gehen. Und damit meinte ich *alle* anderen.

Tom und Vivi kuschelten auf der großen Dreisitzercouch und fütterten sich gegenseitig mit Chips, während Phil und Katha einen der Sessel, mehr oder minder aufeinanderhängend, in Beschlag nahmen. Breitbeinig und knutschend – sie bekamen überhaupt nichts von der Umwelt mit. Es war ihnen scheißegal, dass mein Vater an der offenen Terrassentür saß und ein Buch las, das hieß: ›Wie bringe ich meinen Kindern Manieren bei?‹ Ich musste lachen und dirigierte Mia zu dem verbliebenen Sofa, auf dem noch kein liebeskrankes Pärchen vor sich hin turtelte. Natürlich zog ich sie seitlich auf meinen Schoß, begnügte mich aber damit, meine Nase an ihrem Hals auf und abgleiten zu lassen. Sie roch einfach so herrlich erfrischend, süß und unschuldig, so verdammt nach Mia.

»Schauen wi un einen Fim an«, hörte man plötzlich ein kaum zu verstehendes Genuschel aus der Ecke des Sessels, woraufhin alle in hysterisches Gelächter ausbrachen.

»Phil, du weißt doch, dass man mit vollem Mund nicht spricht! Also Katha: Zunge raus!«, forderte Tommy kichernd, woraufhin von Katha und Phil eintöniges und widerwilliges Gegrummel kam. Katha löste ihre vergewaltigten Lippen von ihm und betrachtete uns mit erhobener Braue.

»Ach komm schon, Katha. Der Killerblick wirkt hier nicht!«, lachte Vivi, stand auf, hüpfte zu ihr und bot ihr versöhnlich ein paar Chips an. Dann fragte sie in die Runde, welchen Film wir sehen wollten, während sie sich zu der giftigen Natter und ihrem Toyboy auf die Sessellehne hockte. Gleichzeitig konnte sie es sich nicht verkneifen, zu betonen, dass es eigentlich viel besser wäre, an die frische Luft zu gehen, aber sie sich auch aufgrund des ersten Ferientages mit einem Film begnügen würde. Der ewige Naturfreak.

Die Wahl fiel auf ›Studio 54‹. Mia kannte den Film noch nicht – die anderen Weiber sehr wohl. Sie wollten ihn wegen dieses Schmalzjungen Ryan irgendwas anschauen. Phil und Tom waren begeistert von dem Streifen, aufgrund der Drogen und dieser Tussi, die nackt im Hintergrund ein Tier ritt. Mir ging es am Arsch vorbei, mein Mädchen hatte sowieso schon Ja gesagt. Außerdem: Für sie hätte ich mir sogar den ›Pferdeflüsterer‹ reingezogen.

Es war wirklich sehr unterhaltsam, allein wegen Mike Myers, der seit ›Austin Powers‹ mein geheimer Held war, was ich aber einzig vor Mia zugegeben hätte. Sie war der Meinung, dass dieser Ryan Dingsbums fast so einen schönen Körper hatte wie ich, als er oben ohne herumtänzelte, ich jedoch ein bisschen mehr Muskeln besitzen würde, woraufhin ihre Hand sofort unter mein weißes enges Shirt rutschte, um mich den Rest des Filmes mit ihren Berührungen zu quälen. Mit ihren Fingerspitzen glitt sie am Bund meiner Hose entlang, bis sie schließlich immer wieder über die größer werdende und auffallende Delle in meinem Schritt strich. Ich flüsterte ihr ins Ohr, dass, wenn sie mich vor allen ficken wollte, sie es mir einfach nur sagen müsse, denn dann hätte ich sie umgehend auf der Couchlehne genommen. Kein Problem! Sollte sie allerdings dagegen sein, wären ihre vorwitzigen Finger im oberen Bereich besser aufgehoben. Dafür umkreiste sie nun stattdessen meine Nippel und zwickte ab und zu rein … Was nicht weniger ablenkend war. Aus Rache wisperte ich ihr Sauereien zu, denn sie liebte Dirty Talk. Sie revanchierte sich damit, ihre Titten gegen meinen Arm zu pressen, wo ich sie genau fühlen konnte. Wohingegen ich Kreise auf ihren Innenschenkel malte …

Yeah … So ungefähr verlief der Nachmittag. Wir geilten uns auf, bis wir es kaum noch aushielten. Irgendwann kam Vivi auf die glorreiche Idee zu kochen, natürlich mit meinem Mädchen. Sogar Katharina, die Große, ließ sich dazu herab, ihre High Heels in die Ecke zu stellen und mitzuhelfen. Okay, sie schlug lediglich die Sahne und bespritzte damit die gesamte Küche, doch Mia betonte, dass der gute Wille zählen würde. Gegen Abend bekamen wir dann ein einzigartiges ›Paprikahähnchen auf tschechische Art‹ serviert und ich hätte schwören können, noch nie etwas so Leckeres gegessen zu haben. Nie zuvor war Hähnchenfleisch zarter, die Soße geschmackvoller und der Reis reisiger gewesen. Also erklärte ich dieses Gericht zu meinem Lieblingsfraß und verlangte von ›meinem Weib‹, nie wieder etwas anderes zuzubereiten.

Nach diesem Gelage überredete Vivi Mia, mit ihr einen Cocktail trinken zu gehen. Sie belaberte dann mich ... und so fand ich mich mit meinen Geschwistern, ihren Freundinnen und meinem Mädchen in der einzigen Bar wieder, die diese Stadt zu bieten hatte.

Eine schlechte Entscheidung, denn sie war rammelvoll, mit jedem verdammten Penner, der dieses Kaff bewohnte. Und mit ›jedem‹ meinte ich jeden. Sogar Mias Nachbar – Martin bald tot Arschkrapfen!

Nicht eine Sekunde ließ ich mein Mädchen aus den Augen, lenkte sie den kompletten Abend mit meinen Händen, Lippen und vor allem mit Worten ab, indem ich mit ihrem Kopfkino spielte und sie so verrückt machte, dass sie mich nach zwei Stunden einfach auf die Toilette zerrte ... und tja ... wieder merkte, dass sie immer noch verdammt wund war. Daraufhin bekam sie einen so ausgewachsenen Wutanfall, dass sie mich sogar dafür schlagen wollte, weil ich so geil war. Es war hinreißend, sie dermaßen frustriert zu erleben – und verdammt anbetungswürdig. Deshalb bot ich ihr an, einfach zuzulangen und hielt ihr natürlich meine Wange hin. Doch sie nutzte die einmalige Gelegenheit nicht, sondern stürzte sich wie eine Furie auf meine Lippen und befahl mir, sie irgendwie zu erlösen, wenn ich sie schon ständig anheizen musste.

Ich ließ mich nicht zweimal bitten. Die Aussicht, von ihrer delikaten Pussy zu kosten, war zu berauschend. Also leckte ich sie vorsichtig und hauchzart. Nippte nur leicht an ihrem Kitzler und strich mit meiner Zunge federleicht über genau die eine Stelle links von diesem Punkt, der am empfindlichsten war. Meine Hände, die dabei in stetem Rhythmus über ihre nackten glatten Beine streichelten, übernahmen den Rest. Innerhalb weniger Minuten war sie so weit und explodierte genau dann, als eine Gruppe Mädchen das Klo betrat, die sich aufführten wie ein Rudel Hyänen.

Evas Stimme machte ich sofort unter ihnen aus. Insbesondere sie klang schockiert, als sie Mias – mit Elan rausgebrüllten – Orgasmusschrei hörte. Ich konnte es mir nicht verkneifen, ein paar sehr laute Sprüche darüber zu klopfen, wie gut Mias Pussy schmeckte und wie gerne ich Mia oral befriedigte, weil ich Mia ja so sehr liebte. Mia fand das doof – war aber dabei nicht allzu überzeugend, wie ihr funkelnder Blick bestätigte. Insgeheim freute sie sich darüber, dass Eva laut schluchzend und panisch die Flucht ergriff, auch wenn sie es nie zugeben würde. Egal ...

Leider trafen wir den Arschlochkrapfen vor der Tür, der meiner Laune, wie immer, wenn ich mir seine Visage reinziehen musste, einen ordentlichen Dämpfer verpasste. Besser wurde es auch nicht, als Mia sich höflich, wie sie war, in ein Gespräch mit ihm verwickeln ließ, anstatt ihn einfach zu ignorieren und links liegen zu lassen. Er dagegen war so freundlich, mich nicht zu beachten, während ich mit mir kämpfte, ihm nicht seine hässliche Fresse zu polieren. Etwas verkrampft hielt ich Mia an ihrer Taille an mich gedrückt, um eventuellen Missverständnissen vorzubeugen und natürlich um in den Genuss ihrer samtweichen Haut zu kommen, die ich am Bund ihres Rockes verwöhnte. Sie so nah zu wissen, beruhigte mich und half mir, dem Wichser nur diverse Todesarten an den Hals zu wünschen und nicht in die Tat umzusetzen, als er mit MEINEM MÄDCHEN scherzte und eindeutig scharf auf ihre Pussy war.

Doch mir war klar, dass sie ihn mochte. Also würde der neue Tristan auch das ertragen – so wie alles –, damit sie bei ihm blieb. Erst tief in der Nacht schafften wir es nach Hause und fielen halb tot in unser Bett, wo wir eng umschlungen und noch halb knutschend einschliefen. Halb tot waren wir übrigens, weil ich Mia dazu gebracht hatte, ein bisschen mit mir zu tanzen. Was eine gute und gleichzeitig eine absolut miserable Idee gewesen war. Gut, weil ich ihrem Körper ständig dabei zuschauen könnte, wie er sich vor mir rekelnd verbiegt, wenn ihre Titten hüpfen und ihre Hüften so beweglich kreisen, als würde sie mich reiten. Absolut miserabel, weil ich doch ein notgeiler Wichser war und sie wund. Naja. Shit happens!

Den nächsten Morgen verbrachten wir mit der Familie im Garten. Wir Kerle spielten Fußball – mit nacktem Oberkörper –, während sich die Weiber die Nägel lackierten. Genau genommen übernahmen das bei Mia die anderen beiden. Vivi links und Katha rechts, die immer weniger eine Fotze für mich darstellte, je netter sie zu meinem Mädchen war. Auch Vivi hatte ich gelernt zu mögen, selbst wenn ich sie immer noch reichlich schräg fand. Ich behandelte die Freundinnen meiner Brüder mittlerweile zuvorkommender und hielt mich mit abwertenden Begriffen über sie zurück, was ganz klar auf Mias Mist gewachsen war. Offensichtlicher Fall von Gehirnwäsche. Ich fühlte mich rundum glücklich und betete zu dem Scheißer da oben, dass er mir dieses Glück nicht nehmen würde.

Anschließend machte ich mich auf zum Boxtraining. Ich war in Topform, dank meines wendigen, kraftvollen und auch ein wenig riskanten Stils. Mein Trainer drängte mich wie jedes Mal, in die Profiliga zu wechseln. Allein beim letzten Kampf hatte er einen arschteuren Vertrag für mich an Land gezogen, aber ich war noch nicht bereit dazu. Ich wollte erst in Ruhe mein Abitur machen, studieren und ein Leben mit meinem Mädchen aufbauen. Nicht als Profiboxer um die Welt reisen.

Ihre kleine Zukunftsvision hatte mir mehr als gefallen. Ich konnte uns schon grauhaarig und immer noch wild rumfummelnd auf der Hollywoodschaukel sehen, während unsere unzähligen Kinder sich wegen unserer Rumgrabscherei ekelten, um dann laut kreischend davonzulaufen. Wer konnte es schon vorhersagen, sehr wahrscheinlich würden es mehr als drei werden …

***

Nach guten zwei Stunden, in denen ich mich aufwärmte, meine Kombinationen vor dem Spiegel perfektionierte, mit den Pratzen trainierte, sowie einem kleinen Sparringskampf mit meinem Trainer, schloss ich fix und fertig die Haustür auf. Alles war dunkel und anscheinend kein Arsch da. Nur Stanley kam mir entgegengewackelt und leckte meine Waden ab.

»Wäh!«, stieß ich aus, beugte mich aber hinab, um ihn zu streicheln. Worauf er sich sofort auf den Rücken knallte und mich damit indirekt zwang, seine kleine Wampe zu kraulen. Hechelnd bedankte er sich dafür mit noch mehr samtig feuchtem Gelecke.

Wo zum Teufel waren alle? Wo zum Teufel war *mein Mädchen*?! »Baby?«, rief ich durchs Untergeschoss und die offene Terrassentür. Aber ich bekam keine verdammte Antwort. Also ließ ich meine Sporttasche fallen und lief, gleich zwei Stufen auf einmal nehmend, die Treppen hinauf, weil sich ein beklemmendes Gefühl in mir breitmachte. Ich hasste es, nicht zu wissen, wo sie war und was sie machte!

»Mia?!«, brüllte ich im Flur des zweiten Stockes, falls sie zufällig in einem der Räume von meinen Brüdern war, aber wieder bekam ich keine Antwort. Waren etwa alle ausgeflogen?

Mein Herz raste, als ich in mein Zimmer stürmte. Im nächsten Moment vernahm ich ein stranguliert geschluchztes »Tristan!«, und warme nasse Lippen pressten sich verzweifelt auf meine. Ihre Arme umschlangen mich wie Stahlträger und ihr Körper krachte mit voller Wucht gegen meinen. Ich taumelte sogar einen Schritt nach hinten und knallte mit dem Rücken gegen die Tür, die sich dadurch schloss.

Eine Sekunde war ich total blank … dann erleichtert. Dann

verwirrt.

Wild drang ihre Zunge in meinen Mund ein. Sie umkreiste meine und Mia stöhnte heiser auf, als ich etwas verdattert anfing, ihren Bewegungen entgegenzukommen und sie an der Taille festhielt.

Da spürte ich die Tränen, die über ihre Wangen liefen und sich mit unserem Kuss vermischten, fühlte, dass ihr ganzer Körper bebte und zitterte und jetzt erst erkannte ich, dass etwas absolut überhaupt gar nicht in Ordnung war!

»Baby?« Mit beiden Händen packte ich ihr nasses Gesicht und wollte ihre Lippen von meinen lösen. Aber sie schluchzte herzzerreißend und klammerte sich mit den Fäusten in meinem Shirt fest. Dann zog sie mich rückwärts, während sie weiter meinen Mund dominierte. Vor dem Bett schwang sie mich herum und ich war erstaunt über die enorme Kraft, die anscheinend in ihren Armen steckte.

Mit Wucht schubste sie mich. Ich keuchte, als mein Arsch auf meinem Heiligtum landete, und stöhnte dann auf, als ihr Körper folgte, sich ihre Pussy auf meinen Ficker setzte und sich daran rieb. Keine einzige Sekunde unterbrach sie den Kuss. Keine einzige Sekunde stoppte sie ihr Tun, saugte und leckte weiter.

Doch ich musste wissen, was hier los war!

»Mia, hör auf!« Mühsam versuchte ich, sie abzuhalten, mich weiter zu attackieren und packte erneut ihr Gesicht. »Was ist mir dir los, Baby?« Erschrocken sah ich, dass sie offensichtlich schon eine Zeit lang geweint hatte, denn ihre Augen waren knallrot und zugeschwollen, wie bei einer allergischen Reaktion. Die Schluchzer, die sie überwiegend geschüttelt hatten, unterdrückte sie gerade. Nur ein gelegentliches Schniefen konnte sie nicht vermeiden. Wie immer, wenn sie unsicher wegen etwas war oder sie etwas beschäftigte, biss sie auf die nun bebende Unterlippe. Es zerriss mir wirklich das Herz, sie so vollkommen aufgelöst zu erleben. Aber wenn sie nicht mit mir redete, konnte ich ihr auch nicht helfen. Dabei wollte ich nichts mehr als das.

»Ich ... ich ...« Es gelang ihr nicht, klare Worte zu formulieren, weil sich zu den Schniefern nun auch ein Schluckauf gesellt hatte, der sie konsequent am Sprechen hinderte. Ich setzte mich auf, um sie zu umarmen und ihr beruhigend über den Rücken zu streichen, während sie in meinen Nacken weinte und ihre Beine rechts und links neben meinen Hüften knieten.

»Shhh, Baby, atme tief durch«, flüsterte ich und wiegte sie sanft vor und zurück. Sie zitterte und hickste ohne Unterbrechung.

»Ich ... Ich ... liebe dich ...«, kam abgehackt und atemlos.

»Das weiß ich, Mia-Baby, und ich liebe dich auch. Über alles«, versicherte ich ihr schnell. Plötzlich schlängelten sich ihre Hände zwischen unsere Körper; sie richtete sich etwas auf, während sie meinen Jeansknopf aufmachte.

»Mi...«

»Ich brauche dich so. Bitte mach Liebe mit mir!«, unterbrach sie mich mit vom Weinen rauer Stimme. »Bitte, Tristan!«, wimmerte sie und öffnete meinen Reißverschluss.

Natürlich war mein Ficker hart und freute sich über die Tatsache, dass sie ihn anscheinend reiten wollte, weil er ein egoistischer Wichser war, aber ich war damit nicht einverstanden. Alles in mir rebellierte, sie auf diese Weise zu vögeln. Irgendetwas musste passiert sein, dass sie so niedergeschlagen war und sie versuchte, es mit Sex zu kompensieren. Gleichzeitig flüsterte der Ich-habe-immer-Bock-auf-Mia-Teil in mir, es einfach zu genießen, wohingegen sich der andere Teil bereits wie ein Vergewaltiger vorkam. »Warte!«, flehte ich heiser.

»Nein!«, rief sie verzweifelt, als ich ihre Finger von meiner Hose lösen wollte. Stattdessen rutschten sie rasch in den Bund, wo sie ihn mit bestimmendem Griff umfassten. Ich stöhnte und knurrte auf einmal – einerseits erregt, andererseits genervt.

»Tristan«, hauchte sie inbrünstig, »bitte!«

Diese zwei Worte rollten mit so einer leidenschaftlichen Hingabe von ihren Lippen, dass ich mich ihr nicht verweigern konnte. Es schien, als würde sie mich anflehen, sie zu retten ... Vor etwas Schlimmerem als dem Tod.

Geschickt holte sie ihn aus seinem Stoffbunker und stützte sich noch ein Stück höher ab, mit der anderen Hand zog sie ihr Höschen zur Seite und ließ sich auf mich hinabsinken.

Wir stöhnten auf, als ich sie so unvorbereitet dehnte, obwohl sie bereits feucht wie die Niagarafälle war und mich ohne Probleme tief aufnahm. Zum Glück weinte sie nicht mehr, als sie begann, ihre Hüften zu kreisen, und mich innig zu küssen. Viel zu überwältigt war ich von dem Gefühl, sie auszufüllen, verschwendete daher keinen Gedanken mehr an den möglichen Grund ihrer Trauer und schwelgte lieber in unserer Vereinigung.

Zeit zum Reden gab es genug – unser ganzes Leben, wenn nötig. Deswegen schritt ich auch nicht ein, als sie mich die ganze Nacht mit ihrem Körper ablenkte. Nicht ein Minute ließ sie von mir ab. Nicht eine einzige verdammte Minute!

Wie eine Süchtige erkundete sie mich mit ihren vollen Lippen und ihren feinfühligen Händen, als wäre es das letzte Mal. Sie versicherte mir mit jedem Blick und mit jedem Hautkontakt, wie sehr sie mich liebte. Sie probierte mit mir jede mögliche Stellung aus, ließ sich von mir, auf dem Balkongeländer sitzend, in der Dusche stehend und im Bett liegend, lieben. Von vorne. Von hinten. Von der Seite. Immer und immer wieder ... Und obwohl ihre Pussy schon enorm schmerzen musste, verringerte sie nie ihre intensiven Liebkosungen. Sie sagte kein Wort. Nicht einmal. Und ganz ehrlich: Sie wollte nicht reden, also redete ich nicht. Ich wollte auch gar nichts hören, abgesehen von ihrem sanften Stöhnen, unserem leisen Schmatzen oder ihrem schnellen Atem.

Jetzt im Nachhinein wünschte ich, ich hätte mich zurückhalten können und sie zum Sprechen gebracht. Aber danach ist man immer schlauer ... oder gefickter ...

Die ganze Zeit liebte ich sie und sie mich. Ich verwöhnte sie und sie mich. Sie gab mir, was ich brauchte und ich ihr. Ein perfektes Zusammenspiel unserer Körper und unserer Seelen.

Es war ein Irrglaube, die Nacht auf der Lichtung wäre die schönste in meinem Leben gewesen. Sie rangierte mittlerweile auf Platz zwei, denn diese wahrhaftig wirren Stunden waren unübertroffen – in ihrer Einmaligkeit, aber auch in ihren Zweifeln. Denn ihre Berührungen, die mich nicht weniger als sonst erregten, machten mir unterschwellig Angst. Sie schienen so ... *endgültig*. So, als wollte sie sich jeden einzelnen Muskelstrang, jede einzelne Sehne und jedes einzelne Muttermal in ihr Gedächtnis brennen.

Im Hintergrund meines Kopfes schrillten die Alarmglocken: rot und blinkend, aber ich ignorierte es konsequent oder nahm es erst im Nachhinein bewusst wahr. Dabei schwebte es in der Luft, einer düsteren Vorahnung gleich. Doch ich wollte und konnte es nicht erfassen.

Bis zum nächsten Morgen ... Es würde der letzte Gemeinsame für uns werden ...

18. Der Anfang vom Ende

Mia 'death' Engel

Als Tristan zum Boxtraining ging, entschied ich mich, einen ausgiebigen Spaziergang mit Stanley zu unternehmen. Man musste nur über den penibel gemähten Rasen der Wranglers bis ans hinterste Ende des Gartens gehen, um in den nahe gelegenen Wald zu gelangen. Eine Art Trampelpfad führte direkt hinein, den auch die gesamte Familie regelmäßig zum Joggen nutzte. Für Stanley war das eine Art Paradies, denn er liebte es, zwischen den Bäumen umherzufetzen, anstatt wie früher zwischen Hochhäusern und Asphalt sein Geschäft erledigen zu müssen.

Die Sonne ging schon langsam hinter den Wipfeln der den Weg säumenden hohen Tannen unter, was sich sofort empfindlich auf die Temperatur auswirkte. Ich war froh, Tristans schwarzen Kapuzenpulli übergeworfen zu haben, an dem ich jetzt auch den Reißverschluss nach oben zog, nachdem ich ein kleines Stöckchen aufgehoben hatte und für Stanley schmiss, sobald wir das Gartentor der Wranglers hinter uns gelassen hatten. Mein kleiner Hund bellte und jagte fröhlich seiner Beute in die dichten Büsche hinterher. Allein ihn so glücklich zu erleben, ließ mich entspannt lächeln. Tief atmete ich den Duft des Waldes ein, spürte den frischen Wind, der durch das Blätterdach rauschte, hörte das Knacken der Zweige unter meinen Turnschuhen und fühlte mich einfach nur richtig zufrieden.

Ich kickte ein paar Steine vor mir her, während ich überlegte, wie sich doch mein Dasein in den letzten Wochen verändert hatte. Davor hätte ich mir nicht träumen lassen, dass ich mal bei dem beliebtesten und schönsten Jungen der Stadt, des Landes, der Erde, des Universums wohnen würde. Ich hätte nie geglaubt, dass er mich je lieben würde und niemals – nicht in einhundert Jahren –, wie wundervoll es ist, wenn man jemanden hat, der einen versteht. Einen Menschen, der einem an den Augen ablesen kann, was man gerade denkt und fühlt. Es war so schön mit Tristan

Sexy.

Er hatte sich für mich eingesetzt, all meine Probleme beiseitegeschafft und für mich und mein Glück gekämpft. Mein strahlender Held mit dem knallroten Audi und den dreckigen Gedanken.

Wir hatten unsere Zukunft besprochen – ausgiebig. Wir hatten uns aufeinander abgestimmt, denn wir wussten, dass uns nichts mehr trennen konnte. Und wir wollten erst die Schule beenden und dann ein Studium in der nächsten Großstadt anfangen.

Tristan würde Sport studieren, ich Sozialpädagogik, denn mit Kunst konnte ich nicht wirklich Geld verdienen. Außerdem wollte ich etwas tun, was anderen Menschen half.

Mein Ziel war es, mit Kindern zu arbeiten, die von der Gesellschaft ebenso verstoßen wurden, vielleicht sich aber nur so fühlten wie ich einst, bevor die Familie Wrangler in mein Leben getreten war.

Oder ich in ihres – das war Ansichtssache.

Ich fragte mich, was mein Vater machte. Sicher war er noch immer stinkwütend. Bestimmt ließ er mich suchen, obwohl er im Grunde schon längst hätte wissen müssen, wo ich mich befand. Die Stadt war klein. Sollte es aber nicht der Fall sein, würde er spätestens, wenn er es erfuhr, mit seinen Kollegen hier einlaufen. Womöglich hatte er mich auch nur als vermisst gemeldet, aber selbst dann dürfte es nicht lang dauern, bis mich jemand aufspürte. Wenn er mich fand, würde ich auspacken: wie oft er mich geschlagen und psychisch misshandelt hatte. Erst Tristan hatte mir diesbezüglich die Augen geöffnet. Erst durch meinen persönlichen Sexgott realisierte ich, dass ich auch das Recht hatte, mich zu wehren, auch wenn es nicht einfach werden würde. Aber noch hoffte ich. Hoffte, dass mein Vater mich abgeschrieben hatte. Leider wurde dieser Teil von dem größeren überlagert, der keine Zweifel besaß, dass meine kleine Blase der Glückseligkeit bald zerplatzen würde, dank meines Erzeugers, der grundsätzlich niemals locker ließ. Nur, wie weit war er bereit zu gehen? Ich wusste es nicht. Ich wusste nur, dass Tristan bei mir war, zu mir stehen und mich in allem unterstützen sowie alles tun würde, damit mir keiner Schaden zufügte. Und sei es durch Harald Engel, der sich hoffentlich nicht an Tristan herantraute.

Ich war so sehr in Gedanken versunken, dass mich erst das merkwürdige Geräusch, was plötzlich hinter mir ertönte, aus meinen tiefsten Grübeleien schlagartig in die Bewusstseinsebene holte. Stanley kam im selben Moment bellend auf mich zugelaufen, als ich das Rascheln in den Büschen hörte.

Schockiert drehte ich mich um und rechnete schon mit einem wilden Eber, der auf mich losgehen wollte. Aber das, was auf einmal fünf Schritte vor mir stand, war schlimmer als jedes wilde Tier.

Wenn man an den Teufel dachte ...

»Papa?«, keuchte ich ungläubig und blinzelte mehrfach, um mich zu vergewissern, dass er sich hier wirklich vor mir befand. Doch er war es: Mit einem abschätzigen Grinsen, leblosen Augen, einem blau-karierten Hemd und beigefarbenen Hosen lehnte er mit verschränkten Armen vor mir an einem Baum.

Mir wurde eiskalt, mein gesamter Körper spannte sich an – war auf eine potenzielle Flucht vorbereitet. Automatisch wich ich etwas zurück, ohne den Blick abzuwenden. Erst da fiel mir auf, dass er seinen Bart abrasiert hatte, was sehr ungewohnt aussah. »Was ist mit deinem Schnurrbart?«, fragte ich verwirrt und entfernte mich weiter von ihm, während ich Stanley hochhob und fest an mich drückte. Er knurrte unheilvoll, aber könnte mich im Notfall nicht beschützen.

»Frag doch deinen kleinen Mister Superheld!«, säuselte mein Vater ganz unschuldig.

»Was?«

»Ja, dein toller ... Freund, oder wie auch immer ihr jungen Schlampen das nennt, dachte, er könne mir eine Lektion erteilen. Er dachte, er wäre schlau, indem er mir die Augen verbindet, wie in einem billigen Mafiastreifen. Glaubte wohl, ich kenne nicht das dumme Gekichere von ihm und seinen asozialen Brüdern. Er dachte, er hätte mich fertiggemacht. Aber der Knabe hat keine Ahnung, mit wem er sich angelegt hat – du schon, nicht wahr?« Drohend kam er näher.

»Bleib stehen!«, schrie ich, weil meine Knie inzwischen schlotterten.

Er grinste nur. »Seit wann sagt die Tochter ihrem Vater, was er zu tun hat? Er hat dich wirklich verzogen. Aber das wird schon bald aufhören. Ich habe Pläne mit dir. Die hatte ich schon immer. Hab nur darauf gewartet, bis du achtzehn wirst, weißt du ... und jetzt kommt der Möchtegern-Klitschko und denkt, er kann alles versauen? Wozu habe ich dich dein Leben lang durchgefüttert, wenn du dann abhaust?«

Pläne? Was denn für Pläne? Ich hatte nicht die geringste Vorstellung, aber eines war sicher: Sie stimmten garantiert nicht mit meinen Zukunftsvisionen überein.

»Ich werde mit dir nirgendwo hingehen!«, sagte ich und schluckte mühsam, damit meine verräterische Stimme nicht zitterte. Ich wollte nur noch rennen, weit weg, so schnell ich konnte. »Und Tristan wird mich suchen, wenn du mich einfach mitnimmst!« Ich reckte mein Kinn empor und straffte die Schultern – das war mir nie zuvor in Gegenwart meines Vaters gelungen, weil er eine so einschüchternde Wirkung auf mich hatte.

Sein humorloses Lachen ließ mir einen eiskalten Schauder über den Rücken laufen.

»Tristan wird einen Dreck tun!« Er spuckte seinen Namen förmlich aus, als würde es ihn anwidern, ihn nur in den Mund zu nehmen. »Weil dein toller Tristan dich heute zum letzten Mal gesehen hat. Du wirst mit mir kommen, weil du mein Mädchen bist!«

»Nein!«, rief ich und distanzierte mich noch weiter von ihm. Stanley zappelte und fletschte die Zähne auf meinem Arm. »Du kannst mich nicht zwingen! Ich werde zum Jugendamt gehen und ihnen alles erzählen!«

»Glaubst du etwa, ich bin nicht vorbereitet? Ich habe eine Verbündete, die dich nicht gerade sehr mag. Sie rief mich vor einiger Zeit an und wollte Tristan Wrangler wegen Vergewaltigung anzeigen. Das wäre wohl das Aus für seine Boxkarriere und sein Image. Eine Ahnung, von wem ich spreche?«

»Eva!« Ich wisperte es kaum hörbar. Es konnte nur Eva sein ... Eva, die nach der Sache letzten Samstag verstanden hatte, dass sie ihn nie haben würde. Getreu dem Motto: Wenn sie ihn nicht kriegen kann, dann keine. Lieber würde sie ihn ruinieren ... Oh Gott. Ich hätte fast meinen wütenden Hund losgelassen. Eva wollte Tristan anzeigen? Bei seinen vielen und schweren Vorstrafen würde er wahrscheinlich in den Knast wandern und seine Karriere wäre für immer vertan, wenn das erst bekannt wurde. »Scheiße!«, nuschelte ich untypisch vor mich hin und starrte entsetzt meinen verhassten Vater an.

Er lächelte siegessicher. »Ich habe ihr davon abgeraten, es zu tun ... Und sein gesamtes Leben zu zerstören. Aber ich weiß nicht, ob ich sie wirklich davon abbringen kann, wenn du mit ihm zusammenbleibst. Die Kleine ist ziemlich vernarrt in ihn.«

Tränen traten mir in die Augen und ich schüttelte den Kopf hin und her. Das konnte doch alles nicht wahr sein. Was sollte ich tun?

»Ich werde ihm helfen und ihn entlasten, sodass sie als unglaubwürdig erscheint. Wenn du mit mir kommst. Tust du es nicht, werde ich sicher noch ein paar andere Belastungszeuginnen finden. Diese kleine Eva meinte, ihre Freundinnen hätten auch eine ganze Menge zu erzählen ... Und wir wollen deinen Tristan doch nicht im Knast besuchen?«, versuchte er, mich zu überzeugen und bot mir symbolisch und sehr hinterhältig seine Hand.

»Nein ...« Wieso musste ich nur so schwach klingen? Warum konnte es keinen Ausweg geben, oder fand ich ihn nur nicht?

Gequält kniff ich die Lider zu, überlegte. Es musste doch eine Möglichkeit geben! Es musste einfach!

Aber mir wollte nichts einfallen. Verdammt! Hier ging es um Tristans Zukunft. Eva würde alles, würde ihn zerstören! Bei diesem Gedanken liefen die Tränen über ... Ich schluchzte, während eine eiskalte Welle durch meinen Körper rauschte, ihn zum Zittern brachte und ihn mit Hoffnungslosigkeit füllte. Trost suchend vergrub ich mein Gesicht in Stanleys weichem Fell und nahm ein paar tiefe beruhigende Atemzüge. Doch es funktionierte nicht. Meine Welt stürzte gerade in sich zusammen. Einfach so ...

»Okay«, hauchte ich schließlich tonlos. Was blieb mir denn anderes übrig? Mein Vater lachte siegessicher, während ich ihn düster musterte und vielleicht zum allerersten Mal bewusst hinter seine Fassade schauen konnte. Ich war nie ein gewalttätiger Mensch gewesen, aber in diesem Moment überfielen mich bösartige Fantasien davon, was ich am liebsten mit meinem Erzeuger anstellen wollte. Dem Mann, der mich hätte lieben und behüten sollen, mir ein sorglosen Heim bieten müssen, mir stattdessen aber die Hölle auf Erden beschert hatte und auch weiterhin alles daran setzte, dass es mir schlecht ging. Ihm, der nur seinen eigenen Vorteil im Sinn hatte und mich – seine leibliche Tochter – wie Dreck behandelt hatte und es noch tat.

»Glaubst du etwa, du kannst mich verarschen?«, feixte er höhnisch. Ich verstand ihn nicht.

Er hatte doch, was er wollte. Ich würde mit ihm gehen und mich opfern, damit Tristan eine normale Zukunft haben konnte.

»Okay reicht mir nicht. Du kannst mir jetzt alles erzählen und am Ende machst du dich trotzdem mit ihm aus dem Staub.«

»Was willst du denn noch?«, flüsterte ich gebrochen und unterdrückte einen weiteren lauten Schluchzer.

»Eine Aussage«, entgegnete er unterkühlt.

»Eine Aussage?«

»Ja. Sozusagen als kleines Druckmittel. Du wirst aussagen, dass er mich angegriffen hat, damit ich etwas in der Hand habe, falls du dich dazu entscheidest, deinem eigenen armen Vater in den Rücken zu fallen!«

»Du Wichser«, schrie ich. Meine Wut übernahm die Kontrolle, ohne eine Chance mich zu beherrschen. Er brachte mich zur Weißglut. So richtig.

»Ich werde nicht gegen ihn aussagen! NIEMALS! Und ich gehe jetzt!« Ohne über die Konsequenzen zu grübeln und mit dem letzten bisschen Mut bewaffnet, ging ich auf ihn zu. Wollte an ihm vorbei, doch sein Arm schoss hervor und hielt mich fest. Stanley schnappte nach ihm und ich musste mir ein Grinsen verkneifen, als Harald seine Hand panisch zurückzog und meinen Hund zornig anfunkelte. Dann traf sein brennender, dunkler Blick mich, aber ich senkte nicht meine Lider. Erwiderte ihn. Mein ganzer Hass war darin zu lesen.

»Ich werde ihn in den schlimmsten Knast auf diesem Planeten verfrachten und den Insassen als Kinderficker vorstellen. Sein süßer Popo wird zerfetzt werden, und wenn er wieder raus kommt, ist seine Boxerkarriere im Arsch, weil kein Schwein sich Kämpfe von einem Typen ansehen will, der mehrere Frauen vergewaltigt hat. Also überleg dir sehr gut, was du tust, Mia Marena«, konterte er ruhig. Ich schloss kurz die Augen, als dieser Albtraum meinen Geist flutete, öffnete sie jedoch, als es mir gelang, diese Bilder zu vertreiben. Dann trat er zurück, um mich vorbeizulassen.

Aber ... ich ging nicht. Ich konnte nicht! Das durfte ich nicht zulassen ... ich durfte es Tristan nicht antun.

»Okay!« Wieder war ich kaum zu verstehen. Ich glaubte, sogar der leichte Wind war lauter als mein leises Wispern.

»Okay?«

»Ich werde aussagen ... Aber ... bitte ... gib mir noch eine Nacht mit ihm!« Seine dunkelbraunen Iriden bohrten sich meine karamellfarbenen. Forschten, um eine eventuelle Lüge darin zu entdecken. Bis er plötzlich meinen Kopf tätschelte. Das hatte er noch nie gemacht ...

»Natürlich, meine Kleine!« Wie großzügig von ihm. »Aber erst fahren wir zum Polizeirevier und du wirst mir eine erstklassige Aussage liefern. Wie wäre es, wenn du erzählst, dass er plant, mich für immer aus dem Weg zu räumen? In allen Einzelheiten, begonnen bei meiner Entführung?«

Längst fehlten mir die Worte. Ich folgte ihm lediglich schlurfend, als er sich in Bewegung setzte.

Meine Existenz war verwirkt ... Ich bereits tot ...

Alles, was mir blieb, war eine einzige Nacht mit meinem strahlenden Helden, dann würde mein Märchen ein Ende nehmen.

Eine Alternative gab es nicht – anscheinend hasste uns das Schicksal.

***

Ich konnte nicht fassen, was ich tat, als ich auf dem ungemütlichen Plastikstuhl im Büro meines Vaters saß und mit emotionsloser Stimme die Liebe meines Lebens verriet. Aber ich sagte mir, dass es nur zu seinem Besten sei. Immer wieder. Krampfhaft versuchte ich, nicht zu weinen und scheiterte kläglich. Unaufhörlich liefen die Tränen über meine Wangen, woraufhin ich von meinem Vater zur Ruhe befohlen wurde. Schließlich brauchte er mich nicht dehydriert.

Nach einer Stunde waren wir fertig. Ich fühlte mich so ausgelaugt wie noch nie, aber auch voller Scham und Zweifel.

Mit letzten Instruktionen wurde ich von meinem Vater entlassen, einschließlich der Warnung, ihn nicht zu hintergehen und mit dem Hinweis, dass eine Patrouille das Haus im Auge behielt. Nur für den Fall, dass wir uns aus dem Staub machen wollten. Gleichzeitig hatte er mir eingetrichtert, mich nicht zu verplappern, ansonsten würde er Evas Anschuldigungen der Öffentlichkeit preisgeben und Tristan im Gefängnis landen. Ich hatte schon eine Menge mitgemacht in meinen siebzehn Jahren, auch mit Tristan. Hatte ihn verloren, um ihn gekämpft und mich zum Affen gemacht. Sprang regelmäßig über meinen Schatten. Doch nichts war so grausam, wie jetzt in die Villa der Wranglers zurückzukehren und zu wissen, dass es das letzte Mal sein würde.

Noch viel schlimmer wurde es, als ich in sein Zimmer kam. Und dabei hatte ich nicht mal die Vermutung gehegt, dass eine Steigerung möglich wäre. Während ich auf Tristans weichem Bett saß, mit einem Kissen auf dem Bauch und das Bild von der Lichtung anstarrte, war ich es immer noch nicht leid nach einem Ausweg zu suchen ... und zu weinen.

Nichts klappte, wie es sollte. Also entschied ich mich dazu, Tristan ein Abschiedsgeschenk zu hinterlassen. Vorsichtig löste ich das Bild aus dem Rahmen und setzte mich an Tristans Schreibtisch. Dann schnappte ich mir einen der weichen Bleistifte und begann, mit gekonnten Bewegungen zu skizzieren. Zwei Schatten im Bach – unter den Wurzeln –, die bis zu den Hüften im Wasser standen und kurz davor waren, sich zu küssen. Die Hände des weiblichen Umrisses lagen vertrauensvoll auf der Brust des männlichen. Tristan und ich – man konnte es genau erkennen. Nach zwanzig Minuten war ich zufrieden. Es war perfekt!

Kurz lächelte ich sogar, während mir die Tränen vom Kinn tropften. Eine irre Mischung. Unmittelbar fand ich mich auf der Lichtung wieder, meinem Zufluchtsort, der meine dortige gemeinsame Nacht mit Tristan so magisch gemacht hatte. Aber die Realität fraß sich unbarmherzig durch die Erinnerungen. Jene Wirklichkeit, dass ich Tristan tatsächlich aufgeben würde. So richtig. Morgen würde ich meine Sachen packen, Stanley nehmen und meinen Vater aufsuchen. Das war an sich nicht so schlimm, doch ich ahnte schon jetzt, dass er mich nicht hierlassen, sondern wegschicken würde, um ›seine Pläne‹ mit mir durchzuführen.

Ich würde Tristan nie wiedersehen.

Bei dem Gedanken daran heulte ich gleich wieder unkontrolliert los ... und geriet dabei langsam in Panik, weil Tristan jede Minute kommen würde. Aber egal, was ich probierte, es gelang mir einfach nicht, mich zu beruhigen. Ich glaube, ich hatte einen Nervenzusammenbruch. Und zwar einen Ausgewachsenen.

Die hysterische Phase ebbte gerade ein wenig ab, als Tristan tatsächlich durch die Tür stürmte und ich ihm sofort in die Arme flog. Komplett verwirrt, aber süß und liebevoll wie immer, drückte er mich an sich, was alles nur schlimmer machte. Es war keine leere Floskel, wenn er sagte, dass er alles für mich tun würde. In dieser Nacht bewies er es, auch wenn er sich Sorgen machte, weil ich mich ernsthaft wie eine Verrückte verhielt und einfach nicht von seinen Lippen und seinem Körper ablassen konnte. Schließlich verwöhnte ich diese perfekten Muskeln unter der glatten Haut zum letzten Mal. Aber er stoppte mich nicht, zumindest nicht sehr vehement, ließ sich voll und ganz auf mich und meine Stimmung ein, berührte und betrachtete mich so, als wüsste er (vielleicht auch unterbewusst), dass unsere Zeit längst abgelaufen war.

Wenn ich jetzt daran zurückdachte, wünschte ich mir, ich hätte diese eine Nacht ausnahmsweise nicht mit ihm geschlafen, sondern offen und ehrlich geredet. Vielleicht hätten wir gemeinsam eine Lösung gefunden. Nur welche? Wären wir geflüchtet, hätte er seine Karriere beerdigen können, denn ich hatte bereits ausgesagt. Ebenso wie es Eva tun würde. Ganz zu schweigen davon, dass mein Vater uns niemals Frieden gegönnt und alles in seiner Macht stehende unternommen hätte, um uns aufzuspüren. Und selbst, wenn wir Eva daran hindern könnten, diese miese Tour zu fahren, gäbe es offenbar immer noch ein paar andere, die an ihrer Stelle nachrücken würden. Hätten wir uns Harald vorgeknöpft, wäre Eva zu einem anderen Polizisten gegangen. Es gab einfach keinen Ausweg ... und dennoch hätten wir irgendetwas unternehmen müssen.

Irgendwas, denn es kam alles ganz anders als erwartet ...

***

Der nächste Morgen war eigentlich kein richtiger, weil wir kein bisschen geschlafen hatten. Ich hockte auf dem Balkongeländer, mit Tristan vor mir, der aufrecht und wunderschön zwischen meinen Beinen stand. Er löste seine Lippen gerade von meinen, nachdem sein Ficker seine allerletzte Ladung in meine Pussy gepumpt hatte, und lächelte mich glücklich an. Mit einer Hand strich ich sanft über seine Wange, um dann mit dem Daumen über seine vollen Lippen zu gleiten. Daraufhin lehnte er seine Stirn an meine, wanderte mit seinen Fingern von meinen Hüften über meinen Rücken nach oben, vergrub sie in meinen Haaren und nahm meinen Blick gefangen. Gott ... Ich wollte nicht gehen und ihn verlieren. Wir könnten doch einfach auf dem Balkon bleiben – für immer in den Armen des anderen, oder?

»Baby?«, hauchte er mit leicht rauer Stimme, um meine Aufmerksamkeit zu bekommen, denn ich hatte die Lider zusammengekniffen und war einfach nur still dagesessen. Nebenbei hatte ich mir eingeprägt, wie sich seine Schultermuskeln unter meinen Fingern anfühlten, genau wie seine Hüfte, die sich immer noch gegen meine presste. Ich hatte versucht, heute Nacht so viel wie möglich von seinem Duft aufzusaugen, als Vorrat. Aber leider wusste ich, dass das menschliche Gehirn löchrig wie ein Sieb ist und ich seine frische, männliche Note bald vergessen haben würde. Ebenso wie das Funkeln seiner Augen und den sanften Zug in seinem markanten Gesicht, wenn er mich so anlächelte wie jetzt gerade.

»Redest du jetzt mit mir?« Mein Herzschlag beschleunigte sich, als ich wie so oft in den vergangenen Stunden für eine Sekunde überlegte, ihm die Wahrheit zu sagen. Doch ich schob die Überlegung ungenutzt zur Seite, denn es war zwecklos. Mein Vater saß am längeren Hebel – er würde immer gewinnen und befand sich in der Position, unser beider Leben zu zerstören. Warum sollte ich also Tristan beunruhigen, ihn aufregen und ihm unnötigen Ärger einbringen, wenn ich ihn durch mein Opfer schützen konnte? Sein Wohlergehen lag mir mehr am Herzen als mein eigenes. Also nein ... ich würde ganz sicher nicht mit ihm reden und damit auch seine Zukunft mit in den Abgrund reißen.

»Machst du heute mit mir das Frühstück?«, fragte ich ihn stattdessen und räusperte mich, weil ich ganz kratzig klang.

Wahrscheinlich vom Weinen am Tag zuvor. Wobei ich nicht mal wissen wollte, wie ich aussah. Es war egal … Alles war egal …

Tristan stimmte natürlich zu – ganz der Gentleman, der er mittlerweile auf seine eigene unnachahmliche Art und Weise war – und wir verließen den kalten Morgen, gingen ins warme Zimmer, um uns dort fertigzumachen. Langsam und unwillig streifte ich mir seinen Kapuzenpulli über, an welchem immer noch ein wenig von seinem Duft haftete. Ich hoffte, er würde noch lange erhalten bleiben, denn ich hatte nicht vor, ihn Tristan zurückzugeben, auch wenn mir das schlechte Gewissen, ihn zu bestehlen, zusetzte. Aber ich hatte doch sonst nichts von ihm. Noch langsamer und unwilliger stiegen wir Treppen hinunter in die Küche. Die Wanduhr dort zeigte bereits Viertel vor acht an. Spätestens um zehn sollte ich bei meinem Vater sein. Tristans und meine gemeinsame Zeit neigte sich immer mehr dem Ende. Dabei hatte ich noch so viel vor. Wollte ihm so viel sagen, ihn wenigstens noch einmal an mich drücken, noch einmal seinen starken Körper an meinem fühlen, ihn noch einmal küssen, um ihm damit klar zu machen, was er mir bedeutete und stets bedeuten würde …

»Hey, Mia-Baby … Lächeln!« Tristan stellte sich vor mich und zog meine Mundwinkel mit jeweils einem Finger nach oben. »Oder war die Nacht so schrecklich?« Dabei wackelte er anzüglich mit den Brauen und ich wollte weinen – wieder.

»Die Nacht war wunderschön. Danke, Tristan. Danke für alles, was du für mich getan hast. Unsere gemeinsamen Stunden kommen mir immer vor wie ein wunderschöner Traum«, flüsterte ich und nahm sein wie gemeißeltes Gesicht vorsichtig zwischen meine Handflächen.

»Hey!« Verdrossen runzelte er die Stirn. »Ich werde noch viel mehr für dich tun! Also bedank dich mal nicht zu früh!«

Ich schmunzelte leicht, konnte seinem jungenhaften Charme einfach nicht widerstehen, und stellte mich auf die Zehenspitzen, um meine Lippen auf seine sanft glänzenden zu pressen.

»Mhm«, knurrte er erotisch und zufrieden, während er mich mit Schwung auf die Anrichte hob … da … klingelte es.

Sofort rutschte mein Herz eine Etage tiefer – in meinen Magen und intensivierte die dort bereits bestehende Übelkeit. Dabei klopfte es so lautstark, dass man es hätte hören müssen, und bemühte sich um jeden einzelnen Schlag – kämpfte geradezu. Mit einem erschrockenen Keuchen löste ich mich von Tristan, während er mich fragend anschaute. Ich erwiderte panisch seinen Blick, vernahm nebenbei das Blut, das in meinen Ohren rauschte.

»Beweg dich nicht von der Stelle!«, befahl er streng und wollte zur Tür gehen, doch automatisch hielt ich ihn am Oberarm zurück.

»Mach nicht auf!«, stieß ich hektisch aus, denn eine kleine Ahnung, vielleicht eine Form von Urinstinkt warnte mich, dass hier etwas gerade falsch lief. Er rollte mit den funkelnden Augen und stellte mich auf meine wackligen Füße.

»Es sind wahrscheinlich nur die beknackten Zeugen Jehovas! Warte hier einfach, okay? Es wird schon nicht der *Toooood* sein …«, den er mit zitternder Stimme plus Gichtfingern imitierte. Damit gab er mir noch einen kleinen Kuss auf die Schläfe, murmelte etwas von »Total paranoid« vor sich hin und schlenderte locker in seinem weißen Muskelshirt und der grauen Jogginghose barfuß zur dicken Eingangstür. Dabei fuhr er sich durch die wundervoll zerzausten Haare und gähnte ausgiebig.

Er öffnete und wurde im selben Moment auf den Boden gestoßen, bevor er unter drei Polizisten begraben wurde.

»Tristan Wrangler, Sie werden wegen tätlichen Angriffs gegen einen Staatsbeamten, Entführung, Freiheitsberaubung, Körperverletzung und versuchtem Mord festgenommen!«, informierte ihn einer der Polizisten, und schon klickten die Handschellen.

»Was zum Fuck?«, grölte Tristan und wehrte sich so heftig, dass es zwei der Uniformierten nicht gelang, ihn zu bändigen. Erst der Dritte – groß und muskulös – schaffte es, ihn dingfest zu machen, um ihn anschließend auf die Beine zu wuchten.

Ich war erfroren. Innerlich und äußerlich. War nicht in der Lage, mich nur einen Millimeter vom Fleck zu rühren. Das Eis breitete sich in jeder Zelle meines Körpers aus, bedeckte mein Herz, um es an seiner Tätigkeit zu hindern, und ich wünschte, es würde geschehen. Das, was hier gerade passierte, konnte ich zwar erfassen, aber nicht glauben. Das durfte einfach nicht wahr sein. Bitte nicht!

Sie wollten Tristan gerade hinauszerren, als von oben Gepolter ertönte und die gesamte Familie in Schlafklamotten die Stufen hinunterjagte. Sicherlich freuten sich die Beamten über Katha und Vivi, die lediglich in halb durchsichtige Spitze gehüllt waren. Doch sie ließen sich dadurch nicht lange aufhalten und zogen Tristan über die Schwelle, während gleichzeitig meine Beine unter mir nachgaben und ich mich an der Wand abstützen musste, um nicht zu fallen.

Nein. Nein. Nein. Nein … In der Hocke drückte ich meine schweißnasse Hand gegen meine Stirn. Das konnte nicht wahr sein! *Nur ein böser Traum, es ist nur ein böser Traum, gleich wachst du auf Mia ...*

»Was ist hier los?«, fragte David und lief nach draußen. Vivi kam zu mir und legte ihren Arm um meine Schulter. Wir sahen uns an, ich schockiert mit weit aufgerissenen Augen und Vivi mitfühlend. Behutsam strich sie meine Tränen weg, dann brachte sie mich auf die Beine und sagte: »Komm!«

Obwohl mein Magen rebellierte und ich so sehr zitterte, dass ich Angst hatte, auseinanderzufallen, folgte ich ihr vor die Tür in den lauen Sommermorgen. Unmittelbar vor den zwei Stufen standen zwei Wagen der Polizei. Ein regulärer Vier-Sitzer und ein Sixpack ... aus Letzterem stieg gerade breit und teuflisch grinsend mein Vater persönlich in voller Montur aus.

»Nein!«, keuchte ich. Das war alles eine Illusion. Ich bildete es mir ein. Das, was ich dachte, konnte unmöglich den Tatsachen entsprechen! Doch mein entsetzter Laut ging im vorherrschenden Getümmel komplett unter, weil sie Tristan eben in den Mannschaftswagen bugsieren wollten. Die Familie rief durcheinander, verlangte umgehend eine Erklärung, während ich meinen Blick nicht von Tristan abwenden konnte. Auf seinem Gesicht spiegelte sich wider, wie er versuchte, diese ganzen Geschehnisse in eine passende Reihenfolge zu bringen, sodass sie Sinn ergaben. Vermutete er bereits etwas?

Mein Vater stellte sich vor Tristan – mit einem Ausdruck tiefster Genugtuung. Gleichzeitig krampfte sich alles in mir zusammen und wir wurde schlecht – richtig *kotzübel* –, denn meine schlimmsten Befürchtungen bewahrheiteten sich soeben. Es war meine Aussage, die dafür verantwortlich war. Ich hatte den belastenden Beweis gegen Tristan geliefert. Wegen mir wurde er verhaftet! Weil ich ihn verraten hatte! Verraten, um ihn zu schützen. Ich war so dumm. So unendlich dumm!

Mir wurde schwarz vor Augen und ich wollte nichts anderes als aus dieser kranken Realität entfliehen. Natürlich würde mein Vater Tristan nicht in meinem Leben belassen. Stattdessen ging er auf Nummer sicher und sorgte dafür, dass wir nie wieder zusammenfinden würden, weil Tristan mich hasste, weil ich, die Frau, die er liebte, diejenige war, die ihn verraten hatte. Ich hatte mit dem Unterzeichnen dieser verlogenen Aussage seine Zukunft ruiniert und war ihm gleichzeitig in den Rücken gefallen.

»Bring ihn rein!«, befahl Harald grinsend, dann musterte er mich spöttisch.

»Jetzt kannst du mit dem Spiel aufhören, wie ein verschrecktes Reh zu gucken. Das nimmt dir doch sowieso keiner ab.

Dank deiner gestrigen Aussage wird er ins Gefängnis gehen.«

Und das war es – der Overkill.

Ruckartig drehte Tristan seinen Kopf in meine Richtung und sah über seine Schulter. Sein eiskalter Blick fuhr mir durch Mark und Knochen, schmerzte bis in mein Innerstes. Er gab keinen Laut von sich, aber was ich in seinen nun dunklen Iriden las, sagte mehr als tausend Worte. Mit einem Arm umschlang ich meine Taille, weil ich drohte, auseinanderzufallen. Eine Hand hob ich zum Mund, um einen Schluchzer zu unterdrücken. »Tristan, ich ...«

Mein Vater unterbrach mich. »Sie ... ist eben eine hinterhältige Schlampe, wie ihre Mutter, wie deine Mutter, wie jede andere Frau ... Das weißt du doch: Frauen sind nichts wert! Sie lassen uns alle irgendwann im Stich!« Jetzt klopfte ihm Harald freundschaftlich auf die Schulter.

Tristan ignorierte ihn und starrte mich einfach nur an.

Sein Ausdruck wurde immer mörderischer – irrer. Sein Kiefer presste sich fest aufeinander. Eine Ader an seiner Stirn trat deutlich hervor. Alles an ihm verriet seinen Zorn. Meine Tränen liefen inzwischen über und ich bebte am ganzen Körper, unfähig, etwas zu meiner Verteidigung vorzubringen.

»Ich meine ... Mia wollte nach diesem Schuljahr sowieso die Stadt verlassen und zu ihrem Onkel ziehen. Hat sie dir das nicht gesagt?«, streute Harald auch noch mehr Salz in die offene eiternde Wunde und zuckte mit den Schultern. Panisch begann ich, den Kopf zu schütteln. Tristan schnaubte. Voller Verachtung und Abscheu.

»Tristan, nein!«, japste ich hysterisch und schaute hilflos in seine glühenden Augen, die diesmal nicht mit Leidenschaft oder Liebe gesättigt waren, sondern mit unbändigem Hass. Oh Gott! »Tristan, hör mir zu!«

»Klappe halten!«, stoppte mich mein Vater unwirsch.

Aber ich sprach weiter, denn dies war meine einzige Chance ...»Du weißt, ich kann dich nicht anlügen. Ich habe nicht gewusst, was ich tue ...«

Das war anscheinend alles, was er hören musste.

»Okay!«, erwiderte er plötzlich unbarmherzig und sehr leise. Ich erschauerte, denn so hart klang seine samtene Stimme normalerweise nicht, wenn er sich an mich wandte. »Okay, was?«, fragte ich zittrig.

»Okay ... Das wirst du bereuen! Ich werde nicht ewig im Knast sitzen ... und wenn ich einmal raus bin, werde ich dich finden ...«

Jeder Ton, jede Silbe kam ruhig, besonnen, sodass nur ich ihn verstehen konnte.

»Ich werde dich trotzdem immer lieben, Tristan Wrangler. Egal, was du mir antust ...« Mühsam schluckte ich.

Das Grinsen, welches er mir schenkte, wirkte wie vom Teufel persönlich und vermittelte mir eindeutig, auf welche Qualen ich mich einstellen konnte.

»Deine Liebe kannst du dir sparen!«

Damit drehte er sich endgültig um und stieg hoch erhobenen Hauptes und anmutig in den Polizeibus ein. Mein Dad fand das offenbar saukomisch, denn er salutierte und verabschiedete sich mit einem: »Wir sehen uns zu Hause!«

Ich konnte mich nicht rühren, hoffte immer noch auf ein Wunder oder irgendetwas anderes, was mir klarmachte, dass alles nur ein böser Traum war. Ich wartete, starrte vor mich hin. Zitternd, weinend, sterbend.

Tristan hasste mich, er wünschte mir sicherlich den Tod ... Ich hatte ihn getötet, hatte ihn genauso verraten und verlassen, wie jede andere Frau in seinem Leben, die ihm etwas bedeutete.

Er würdigte mich keines Blickes, als sie davonfuhren, sondern sah stur geradeaus. Wenn ich gewusst hätte, dass unsere Geschichte so ausgehen würde ... dann hätte ich ... dann wäre ich ... ich hatte keine Ahnung ...

Tristan war fort – für immer. Und mein Herz zerfiel in viele kleine Stücke.

Keiner der Wranglers beachtete mich weiter. Erst als sie an mir vorbei ins Haus stürmten, um sich anzukleiden und aufs Polizeirevier zu begeben, fixierten sie mich kurz. Keiner hatte ein nettes Wort für mich übrig, nicht einmal Vivi, keine Aufmunterung, nur Ablehnung und Entsetzen.

Alle fuhren davon ... und ich stand immer noch so da.

Ich blieb ganz allein auf der Straße – auf dieser Welt – zurück.

Denn ich hatte Tristan verraten.

Ich, die alles für ihn tun würde, damit er glücklich war. Ich, die sich den Hintern für ihn aufriss, die über alle möglichen, denkbaren Schatten gesprungen war.

Ich hatte meinen Tristan verraten!

Als diese Erkenntnis nun komplett zu mir durchsickerte, knickten meine Knie ein. Auf dem kühlen Asphalt rollte ich mich seitlich zu einer Kugel zusammen und umschlang meine Beine mit den Armen, um eine Art Kokon zu bilden. Vereinzelte Regentropfen fielen, wie kleine Kristalle legten sie sich auf meinen Körper und verwandelten auch mein Äußeres in Eis. Ich hatte keine Energie in keinem einzigen meiner zitternden Glieder, hoffte, mich würde ein Auto erfassen, ein Meteorit auf meinen Kopf fallen, oder sonst etwas Tödliches – Endgültiges – über mich hereinbrechen, damit dieser unerträgliche Schmerz aufhörte. Ich betete für eine schnelle Erlösung. Eine alles verschlingende Dunkelheit, die mich mit in die Tiefen ziehen und mir Frieden geben würde. Denn diese unbändigen Qualen, dieser mich zerfressene Schmerz wuchs in meinem Inneren und umschloss alles, was noch halbwegs in mir lebte, mit seiner unbarmherzigen Faust. Ich war der einzige Mensch, dem er vollends vertraute, und ich hatte dieses Vertrauen zerstört. Aber nicht nur das ... ich hatte *ihn* zerstört ...

»Hey!« Grob tippte mich eine Fußspitze am Oberschenkel an, und als ich die herrische Stimme erkannte, versiegte mein unkontrolliertes Schluchzen schlagartig. Unter meinem Arm und den feuchten Wimpern hindurch schaute ich hoch und erblickte lange Beine in einer Anzughose ... ein weißes Hemd ... blaues Jackett und ... zwei stechend blaue Augen.

Das Wimmern kehrte zurück, stärker als zuvor, und ich kniff die Lider zusammen, um all das auszublenden, was von nun an meine Zukunft darstellen würde. Mit einem vermeintlich sanften Tonfall hörte ich meinen Onkel: »Komm schon, Kleines ... Auf in ein neues Leben!« Ohne Tristan Wrangler.

Und alles wurde schwarz.

19. Epilog

Tristan 'death' Wrangler

Ich weiß nicht, wieso sie mir das angetan hatte.

Warum?

Diese eine Frage schwirrte unaufhörlich in meinem Kopf umher, während ich durch die dicken Gitterstäbe schaute. Der Himmel öffnete seine Schleusen und durchtränkte das umliegende Gelände hinter den Gefängnismauern. Dieser verfickte Dauerregen passte zu meiner Stimmung.

Seitdem ich hier war, hatte nicht einen Tag die Sonne geschienen. Aber sie würde ohnehin nie wieder für mich scheinen. Mein Anrecht darauf hatte ich verloren, als meine persönliche Sonne mich verstieß. Nur dass sie leider überhaupt kein wunderbar gleißender, leuchtender Stern gewesen war, sondern ein grausamer Todesmeteor, der alles zerstört, was in seine Umlaufbahn kommt.

Mit ihrer Wärme und den hellen Strahlen hatte sie mich erfolgreich geblendet und ihr wahres Wesen getarnt.

Ich betrachtete das Bild auf meinem Schoß, zündete mir meine verdammte selbst gedrehte Zigarette an und lehnte mich auf dem ungemütlichen, knarzenden Holzstuhl zurück.

Neuerdings hatte ich Schiss davor, die Augen zu schließen, denn das Bild von ihrem tränenüberströmten Gesicht verfolgte mich nicht nur bis in meine Träume, sondern war auch im Wachzustand immer präsent.

Sanft strich ich mit abgekauten Fingerspitzen über die Bleistiftzeichnung.

Unsere Lichtung … und nun mit zwei Liebenden im Bach … Es stammte von ihr … Womit sie mich in mehr als einer Hinsicht belogen hatte. Und ich Arschloch hatte ihr alles geglaubt – ihr vertraut. Sie war meine Göttin gewesen und ich hatte ihr mein Herz geschenkt. Meine Seele.

Aber sie hatte mir alles entrissen und zertrampelt.

WARUM?

Was hatte ich falsch gemacht? Was hätte ich tun können, um dieses Unglück abwenden zu können? Wie hätte ich interessanter für sie sein können, damit sie mit mir zusammenblieb und mich nicht ohne mit der Wimper zu zucken in den Knast brachte? Warum hatte sie mich nicht einfach verlassen, wenn sie es wollte? Wie hatte mich diese süße, vermeintlich unschuldige Person nur so täuschen können?

Humorlos lachte ich auf und mein schlafender Zellengenosse warf sich unruhig auf seinem Bett herum. Mehr konnte man hier ohnehin nicht tun. Pennen und hoffen, zu vergessen, bis die Zeit vorüber war. Okay, okay ... ich hätte sie nicht gehen lassen, sondern bis zum Schluss um sie gekämpft, denn ich war süchtig nach ihr.

... oder ihrer Pussy ... Das war der Kern des Ganzen. Hatte ich sie tatsächlich geliebt oder nur den astronomisch antörnenden Sex mit ihr?

Ich legte meinen Kopf in den Nacken und knallte dabei mit mehr Gewalt als nötig gegen die Steinwand hinter mir. Hieß den Schmerz willkommen, der letztendlich für mich die einzige Alternative zu meinen Träumen darstellte. Nur ihre Pussy? War ich einer der notgeilen Idioten, die sich von einer heißen Pussy verraten ließen? Nein ... Nach längerer Überlegung (und hier konnte man wirklich laaaaaaaaaaaaaaaaaaaaang überlegen) kam ich zu dem Schluss, dass es nicht nur mein Ficker gewesen war, den sie beherrscht hatte. Verstand und Herz hatten sich hinzugesellt – die Arschlöcher!

Aber dass sie so etwas tun könnte, um mich loszuwerden, hätte ich nie von ihr erwartet.

Tja, so konnte man sich in einem Menschen täuschen. Ich hatte geglaubt, sie wäre rein und engelsgleich, aber in Wirklichkeit war sie noch berechnender gewesen als alle anderen Schlampen zuvor. So wie ihre Eltern. Wie hieß es so schön: Der Apfel fällt nicht weit vom Stamm ... Sie hatte mich ausgenutzt. Hatte mit mir ihren Spaß gehabt, eiskalt meine Würde und mein Vertrauen genommen und alles gnadenlos dem Erdboden gleichgemacht. Sie hatte mich komplett zugrunde gerichtet. Nie wieder würde ich einem Menschen vertrauen, nie fucking wieder!

Und eines schwor ich bei dem Penner da oben. Mia Engel würde dafür büßen, dass sie mein Leben auf dem Gewissen hatte. Diese Schuld würde nicht ungesühnt bleiben. Sie hatte mich seelisch zerstört ... und ich ...

Grinsend drückte ich die Kippe im Aschenbecher aus.

»Ich werde dich genauso zerstören, Mia-Baby. Verlass dich drauf ...«

ENDE

Immer wieder Verführung

Auszug

Sein Verstand sagt: Schlampe -
sein Herz: Baby.
Ihr Verstand sagt: flieh -
ihr Herz: kaempf!

20. ACHT JAHRE SPÄTER, KAPITEL SEX

»Hey, Tristan Wrangler hat noch mal angerufen«, teilte mir mein Freund aufgeregt mit. Hastig warf ich die Tür hinter mir zu und lief in mein kleines, aber schnuckliges Wohnzimmer.

»Was wollte er?«, erkundigte ich mich betont beiläufig. Hatte er vor, abzusagen? Scheiße, das würde ich nicht überleben. Obwohl, wahrscheinlicher war wohl, dass ich nicht damit klarkam, wenn er nicht absagte. Ich blinzelte flüchtig, ehe ich innerlich abwinkte. Egal was, mein Herz würde es nicht überstehen. Von daher passte es ganz gut. »Er hat gefragt, ob ich dich ihm bis morgen leihen kann, weil er einige fesselnde Ideen für das Shooting hat!« Oh Gott! Meine Wangen wurden heiß. Eilig wandte ich mich von Francesco ab und beugte mich zu dem treuesten Wegbegleiter der Welt: meinem süßen schwarzen Chihuahua Stanley, um mein Gesicht in seinem Fell zu verstecken. Er war tatsächlich alles, was von meinem alten Leben noch geblieben war.

»Und du sollst die Schuhe von letztem Mal anziehen.« Ging es noch irrer? Bilder von dem besagten letzten Mal schoben sich vor mein geistiges Auge und ich dachte, mein Innerstes würde verglühen.

»Sonst noch was?«, fragte ich eher desinteressiert und gab Stanley, der inzwischen etwas grau um die Schnauze geworden war, einen kleinen Kauknochen, bevor ich sanft seine Nase und Ohren kraulte.

»Jepp, ich soll dir ausrichten, dass ähm ... warte, wie war das genau ...?« Francesco war arglos und unbekümmert wie üblich. »Er hat genug Arschcreme, keine Sorge oder so ... Was auch immer das zu bedeuten hat ...« Ratlos hob er die Schultern.

Ohhhh, das hieß, ich würde wund enden nach der heutigen Nacht! Allein die Vorstellung reichte, um mein Höschen wechseln zu müssen. »Ich frage mich die ganze Zeit, was er damit meint?«, sinnierte Francesco nachdenklich. Ich riss die Lider weit auf und legte die Stirn in Falten.

Verdammt, ich musste unbedingt meine Mimik kontrollieren und brauchte eine Ablenkung!

»Keine Ahnung, aber ich muss ins Bad!«, leierte ich herunter und sah zu, dass ich schleunigst unter die Dusche kam, und vor allem sämtliche störenden Haare entfernte. Tristan liebte es mit Sicherheit immer noch blank und wenn nicht, würde er mir das hundertprozentig auf nicht gerade freundliche Art mitteilen. Ich war so aufgeregt wie eine Vierzehnjährige vor dem ersten Date mit dem Schwarm der Schule – also praktisch fast wie damals. Die Anspannung wuchs ins Unermessliche, je näher der imaginäre Zeiger meiner Handyuhr auf die Acht rückte.

Nebenbei machte ich mir noch ernsthafte Gedanken darüber, ob Francesco misstrauisch geworden war. Immerhin dauerte so ein Fotoshooting selten die ganze Nacht. Aber so wie ich Tristan kannte, hatte er es so hingebogen, dass es völlig logisch klang. Schon früher konnte er die Menschen gut manipulieren, und ich ahnte, dass er inzwischen sogar noch viel besser darin geworden war ... Das machte mich gleichermaßen an, wie es mich verängstigte.

***

Ich war auf das Fahrrad und die U-Bahn angewiesen, weil ich nach wie vor kein Auto besaß, trotz eines gültigen Führerscheins. Und Francesco lieh mir grundsätzlich nicht seine Nobelkarosse, weil seinem tollen Ferrari ja etwas hätte zustoßen können. Also blieb mir nichts anderes übrig, als kräftig in die Pedale zu treten – bergauf, mein Ziel immer im Blick.

Je näher ich der pompösen Siedlung kam, desto nervöser wurde ich. Zwischenzeitlich war ich der Überzeugung, dass ich mich übergeben und in die Hose machen würde, sobald ich wieder vor ihm stand. Aber ich wollte mich um jeden Preis beherrschen, denn das Risiko, dass er sich andernfalls tierischst genervt von mir abwenden würde, war mir persönlich zu groß. Krank – ohne jede Frage, aber hatte ich je etwas anderes behauptet?

Heute trug ich keine exquisiten Klamotten, so wie bei unserem ersten Treffen. Ich hoffte und ahnte nämlich, dass er sie mir erneut vom Leib schneiden würde. Eine Hotpants war obligatorisch – diesmal in Weiß, genau wie der BH. Ganz im

Zeichen der Unschuld. Ach, wem machte ich hier etwas vor? Als würde das einen Tristan Wrangler aufhalten!

Zusätzlich hatte ich eine knapp sitzende Röhrenjeans und einen hautengen schwarzen Rollkragenpullover ausgewählt. Da die Kleidung aus einem Secondhand-Laden stammte, würde es mir nicht schwerfallen, sie zu opfern. Mein Haar hatte ich der Einfachheit halber zu einem Pferdeschwanz gebunden. Genau genommen fehlte mir die Zeit, um es zu föhnen und anständig zu frisieren – möglicherweise waren auch die mangelnden Nerven verantwortlich, oder beides. Wer wusste das schon genau? So oder so war das die einzige Option nicht mit einem Vogelnest auf dem Kopf herumzulaufen. In meiner Handtasche – eine dunkle, praktische zum Umhängen – befand sich alles, was die Frau von heute so braucht: Handy, Geldbeutel, High Heels und ein Wechselslip ... Komplettiert wurde das ganze Outfit mit meinem hellen Mantel und Chucks. Wie das aussah? Selbstverständlich dämlich, aber mit den Heels wäre ich keinen Zentimeter auf dem Rad vorwärtsgekommen.

Irgendwann war es mir tatsächlich gelungen, mich diesen verdammten Hügel hinaufzuquälen, auch wenn ich ab der Hälfte absteigen und schieben musste. Es war die Hölle. Doch schließlich stand ich vor Tristans Galerie. Wieder wurde die Umgebung von brennenden Fackeln sanft erhellt, deren Licht sich in den superteuren Schlitten auf dem Parkplatz widerspiegelte. Verwundert bemerkte ich, dass ich in dem komplett verglasten Erdgeschoss niemanden ausmachen konnte, nur ein paar wundervoll ausgeleuchtete Kostbarkeiten. Wacklig wechselte ich meine Schuhe und schritt langsam auf die Vorderseite des Gebäudes zu, die von der Straße leicht zugänglich war.

Eine Klingel war von Weitem nicht zu erkennen und ich fragte mich, ob es überhaupt eine gab und wenn nicht, wie ich reinkommen sollte. Doch kaum kam ich an die schwere Tür, wurde der Summer betätigt. Eilig öffnete ich und wurde mit diversen Kameras im Eingangsbereich konfrontiert – war ja klar. Ganz der alte Kontrollfreak.

Musik empfing mich – laut und atemberaubend. Es war eines meiner Lieblingsstücke. Doch außer von der instrumentalen Untermalung wurde ich nicht begrüßt. Die Halle wirkte wie ausgestorben, bis auf die einzigartigen Fotos, die ich schon beim letzten Mal bewundert hatte. Das Bild von mir und Tristan von der Lichtung wurde zusätzlich mit zwei Scheinwerfern angestrahlt, um es besser in Szene zu setzen.

Wie hypnotisiert ging ich darauf zu; am liebsten hätte ich den Rahmen abgenommen, um es irgendwo zu verstecken. Leider war das nicht möglich. Wo sollte ich so ein großes Ding auch unterbekommen?

Nichtsdestotrotz, es war wunderschön. So leidenschaftlich, ohne dabei anstößig zu wirken. Erotik auf diese Art darzustellen, ist tatsächlich eine Kunst. Eine, die er sehr gut beherrschte.

Wehmütig dachte ich an meine alte Figur zurück. Inzwischen wusste ich, dass ich niemals wirklich fett gewesen war, sondern mich nur so empfunden hatte.

Damals hatte ich Tristan nie geglaubt, auch wenn er es mir stets versucht hatte zu erklären. Schon merkwürdig, wie verzerrt die menschliche Eigenwahrnehmung doch ist. Unsichere Personen fühlen sich häufig als hässlich. Es heißt nicht umsonst: Man begehrt immer das, was man nicht (mehr) hat. Sobald man älter wird, wünscht man sich seine Jugend zurück und vergisst völlig, dass man sich damals auch nicht mochte. Ein Teufelskreis der Unzufriedenheit.

»Es ist unverkäuflich, Miss Angel.«

Ohhhh! Da war es wieder! ›Miss Angel‹, betont mit dieser leisen, schmeichelnden und dennoch provozierenden Samtstimme. Umgehend löste sich meine Unterwäsche in Nichts auf.

Ich wirbelte herum und erblickte ihn am obersten Absatz der luftigen Treppe, die von der Galerie in den ersten Stock führte. Seine Erscheinung war einfach nur ... *umwerfend*. Das dunkle Haar – das übliche relativ kurz geschnittene Chaos. Der Körper – die übliche Sexyness und Tristan Wrangler – die übliche Arroganz.

Seine dunkle, edle Anzughose hing viel zu locker auf seinen Hüften.

Dazu ein komplett schwarzes Hemd. Drei Knöpfe offen ... Ärmel hochgerollt ... denn ihm war höchstwahrscheinlich klar, dass es nichts Anziehenderes und Fesselnderes gab als die Sehnen an seinen muskulösen Unterarmen ... Ebenso wie seine lässige Haltung, die trotzdem so anmutig wirkte wie bei einem Raubtier auf der Jagd.

Woah! Tristan im Anzug ... Hatte er mich früher förmlich umgehauen, fehlten mir jetzt die Worte. Kein Wunder bei einem Hirn im Leerlauf. Nur mühsam konnte ich mich davon abhalten, offensichtlich zu sabbern. Herrje, ich musste mich unbedingt zusammenreißen und mich nicht wie eine pubertierende

Schulgöre benehmen. Denn das war ich nicht mehr! Ich war jetzt eine erwachsene Frau!

Aber ... Gott, er war aber *so* schön! Und ich liebte ihn immer noch *so sehr*!

Als er eine Braue hochzog, bemerkte ich das winzig kleine Schmunzeln, das über seine kühlen, ebenen Züge huschte.

»Momentan habe ich nicht vor, deinen Mund zu ficken, Mia Marena, du darfst ihn schließen!«

Verdammt! Schnell versiegelte ich meine Lippen und erstarrte darauf prompt. »Du hast mich noch nie ›Mia Marena‹ genannt.«

Er neigte den Kopf leicht zur Seite, musterte mich mit analytischer Miene. »Wie habe ich dich genannt?« Unvermutet und wie in Zeitlupe stieg er die Treppe hinab, als befände er sich auf einem Laufsteg, jedoch ohne mich aus den Augen zu lassen. Einen halben Meter vor mir hielt er inne. »Wie soll ich dich nennen?«, hauchte er samten.

Damit näherte er sich einen weiteren Schritt, bis er mich fast berührte und ich vor Erwartung zu zittern begann. Ich musste mir den Hals ziemlich verrenken, um hoch in sein perfektes Gesicht schauen zu können.

»Das weißt du«, wisperte ich.

»In der Tat!« Sein Zeigefinger strich an meiner Halsschlagader rauf und runter, worauf ich heftig erschauerte. Dies war eine stumme Drohung. Atemlos spürte ich die Wärme seiner Haut, rechnete jede Sekunde mit dem Angriff, wagte nicht zu schlucken, um ihm nicht auf diese Art noch den Weg zu weisen – und brüllte gleichzeitig lautlos auf ihn ein, dass er es endlich tun sollte.

Vergebens.

»In den letzten Jahren habe ich mich verändert ... Perspektiven gerade gerückt, Ansichten revidiert ... unangebrachte Verhaltensweisen abgelegt ... Realitäten akzeptiert ...« All das kam in diesem dunklen, kaum hörbaren Raunen. »Ich weiß, du würdest dir wünschen, dass ich dich ›Baby‹ nenne ... aber so bezeichne ich nur die Frau, die ich liebe. Und die ist für mich schon längst gestorben, gemeinsam mit meinem alten Ich. Sie existieren nicht mehr ...« AUTSCH! Das war schmerzhaft! Ich stand doch hier – vor ihm! Mein Herz schlug nur für ihn! Noch ...

»Es ist nicht so ... wie du denkst. Das war alles ganz anders, als ...«

»So?« Nur flüchtig traf mich sein Blick, bevor er sich wieder auf meinen Hals konzentrierte. Wohingegen ich kaum zu einem logischen Gedanken fähig war. »Bin ich oder bin ich nicht aufgrund deiner Aussage für zwei Jahre in den Knast gekommen?«

»Aber ...«

Ich drohte zu hyperventilieren, während er mich endlich direkt ansah. Sein Lächeln war nun allerdings verschwunden, als hätte es nie existiert. »Hast du oder hast du nicht ausgesagt?«

Fieberhaft überlegte ich, wie ich ihm erklären sollte, dass alles ein riesengroßes, dummes Missverständnis gewesen und ich von meinem Vater reingelegt worden war, ohne dass sich die Story total unglaubwürdig anhörte. Jahrelang hatte ich Zeit gehabt, mir manchmal sogar vorgestellt, was ich sagen würde, wenn ich ihn wieder traf. Und nun brachte ich keine Silbe hervor. Vor lauter Nervosität begann ich, auf meiner Unterlippe herumzukauen und fixierte den Boden. Mist!

»Antworte!« Seinen Zeigefinger ersetzte er durch seine Hand, die nun mein Kinn umfasste, es mit einem Ruck nach oben zwang, sodass ich ihn anschauen musste.

Seine Präsenz, seine Kraft und innere Stärke schüchterte mich ein. Nichts war mehr von dem alten Tristan in ihm. Nichts Weiches, Einladendes. Stattdessen fand ich nur Ablehnung und Härte.

»Ich musste ...«, schluchzte ich auf und kniff die Lider zusammen, als er mir für einen kurzen Moment seinen Handballen auf meine Kehle presste und mir somit die Luft abschnürte. Bevor ich in Panik ausbrechen konnte, hatte er schon wieder von mir abgelassen und distanzierte sich etwas. Nach wie vor sprach er sehr leise, fast schon verführerisch, doch seine Worte hätten nicht vernichtender ausfallen können.

»Die Tour der Unschuld vom Lande zieht nicht mehr, kapiert? Überlege dir verdammt gut, was du tust oder sagst, ansonsten könnte es sein, dass ich nicht mehr so nett bin wie jetzt ...« Wenn er das ›nett‹ nannte, dann wollte ich nicht erfahren, wie er drauf war, wenn er wütend wurde. Nur befürchtete ich, dass ich mit dem eiskalten Tristan viel mehr zu tun haben würde als mit dem vermeintlich ›netten‹.

»Komm!«, befahl er und zog mich, ohne auf mich zu achten, die Stufen nach oben, bis wir durch einen Gang kamen, der mit flauschigen Teppichen bedeckt war, wo wir rechts abbogen, eine Wendeltreppe erklommen und letztendlich vor einer weißen Tür stoppten. Auf dem Lack war in goldenen, verschnörkelten Buchstaben

Gods Palace

angebracht.

Tristan tippte in ein Zahlenfeld irgendeinen Code ein, worauf ein grüner Knopf aufleuchtete und wir passieren konnten. Wieder durchquerten wir einen Flur – mit diesmal schwarzen Teppichen. Er gab mir auch hier keine Gelegenheit, mich umzusehen, denn er zerrte mich am Handgelenk unbarmherzig weiter. An der letzten Tür kam er zum Stehen, worauf

Room of God

zu lesen war.

War das tatsächlich sein Ernst? Ich wollte die Augen verdrehen und einen schnaubenden Ton von mir geben, aber ich ließ es bleiben. Ich konnte den neuen Tristan einfach nicht einschätzen. Doch dieser übermäßige Größenwahnsinn, den er offenbar neuerdings an den Tag legte, toppte alles je da gewesene. Früher hatte er ja schon einen Hang dazu, aber jetzt nahm es ungeahnte Ausmaße an, vor allem weil er es nicht mehr versteckte. Dekadent war das Erste, was mir einfiel, als ich in den Raum trat. Ein weicher goldener Bodenbelag und viele künstlerische Elemente dominierten die weitläufige Fläche.

Tristan steuerte direkt die Minibar an, die nicht offen einsehbar war. Fragend musterte er mich. Als ich den Kopf schüttelte, imitierte er meine Geste – nur flüchtiger – und köpfte in aller Seelenruhe eine Flasche Eiswein.

Mhm ... Noch immer zeichnete er sich durch seinen eigenen typischen Geschmack aus. Während er Eis in ZWEI Gläser verteilte und die prickelnde Flüssigkeit einschenkte, setzte ich meine Inspizierung des seltsam anmutenden Büros fort. Ein riesiger und gleichzeitig perverser Couchtisch forderte meine Aufmerksamkeit. Mich glotzte sozusagen eine detailgetreue Vagina an, auf der die polierte Glasplatte befestigt war. Dahinter nahm ich eine dunkle Ledercouch und einen Chefsessel wahr. An den Wänden, die nicht von Schrankelementen verstellt wurden, hingen mehrere Rahmen. Viele Fotografien schmückten sie. Und ich hätte schwören können, dass mir diese Brust und die Hand unheimlich bekannt vorkamen. Vielleicht sollte ich mich bei Tristan erkundigen, wie viel von unseren gemeinsamen Aufnahmen noch in diesem eindrucksvollen Gebäude zu finden waren. Ich konnte aber auch auf Einzelstücken seine Brüder erkennen und seinen Vater mit einem gigantischen schwarzen Gorilla. Irritiert betrachtete ich das Tier.

So viele Eindrücke stürmten auf mich ein, aber ich sagte nichts. Dennoch wollte ich alles erfahren – die Neugierde brannte in mir. Aber es beruhigte mich ungemein, dass wenigstens seine Familie anscheinend noch Teil seines Lebens war. Vielleicht könnte ich versuchen, Vivis Nummer zu bekommen. Denn ich hatte seit dem verheerenden Tag vor acht Jahren nichts mehr von ihr gehört. Auch wenn es mich nicht wunderte. Mein Blick glitt weiter … Zu einem weiteren Bild …

Eines, worüber ich beinahe gelacht hätte, wenn mir meine Instinkte nicht signalisiert hätten, keinen Ton von mir zu geben. Gott persönlich thronte dort mit ausgestreckten Beinen auf einer Wolke und schaute teuflisch grinsend hinab. Hinab auf die Erde, wo alle nackt waren und es jeder mit jedem trieb. Der Chef des Himmels war natürlich kein anderer als Tristan, der einen übergroßen Joint in seinen Fingern hielt, während eine dunkel glänzende Pistole auf seinem Oberschenkel schlummerte, die scheinbar sanft berührt wurde, als wäre sie sein neues Baby Nummer eins.

Die eingelassenen goldenen Wandlichter setzten passende, göttliche Akzente. Wieder drohte mich ein leicht irres Kichern zu überwältigen, aber auch dieses verschwand schlagartig, als etwas im Augenwinkel meine Konzentration verlangte. Hinter seinem Schreibtisch, genau mittig darüber, in einem schönen gebeizten Rahmen war es: die Zeichnung unserer Lichtung. Mir wurde warm ums Herz und ich ging unbewusst darauf zu, gebannt von der Wiese, den Bäumen, dem Bach … In letzter Sekunde konnte ich mich davon abhalten, über die beiden Schatten zu streichen, die ich kurz vor diesem schrecklichen Tag noch hinzugefügt hatte.

»Wieso hast du mir nie gesagt, dass du die Künstlerin bist?«

Langsam wandte ich mich zu ihm um, während ich mir peinlich berührt die Tränen fortwischte, die sich von mir unbemerkt über meine Wangen gestohlen hatten. »Ich weiß es nicht.«

»Tja, das war nicht die einzige Angelegenheit, bei der du mich belogen hast.« Er saß mittlerweile in seinem Sessel, der sich zentral im Raum befand. Ein Fuß ruhte seitlich auf seinem Oberschenkel, während er, vermutlich in Gedanken versunken, sein Kristallglas schwenkte und mich beobachtete.

Unlesbar und ganz und gar nicht liebevoll.

Dennoch wunderschön.

Natürlich wurde ich mir der in mir aufsteigenden Hitze nur zu sehr bewusst, die mich immer überkam, wenn Tristan Wrangler mich allein ansah, weshalb ich mich aus meinem Mantel schälte und ihn zusammen mit meiner Tasche sorgsam auf einem Stuhl drapierte. Nicht eine Sekunde ließ er mich dabei aus den Augen und schürte damit gekonnt meine Nervosität.

Ja, er war tatsächlich ein neuer Tristan. Gefährlich ...

Unschlüssig stand ich vor ihm und er reichte mir das von mir eigentlich nicht gewollte, aber dennoch gefüllte Glas. Es war noch nie meine Art gewesen, verlorene Kämpfe auszufechten, deswegen ergriff ich es mit schweißnassen Fingern.

»Also ...« Ich klang so zittrig, wie ich mich fühlte. »Was willst du von mir?«

Die nächste fast wissenschaftlich neugierige Musterung folgte, bevor er sprach – ruhig und gelassen und dennoch lauernd. Ein Panther kurz vor dem Sprung.

»Die Frage lautet wohl eher: Was willst du von mir?« Das Ganze ähnelte beinahe einer Hypnoseshow: mit dieser samtenen, tiefen Stimme, dem intensiven Blick und den minimalistischen Bewegungen – fast in Zeitlupe. Mir war mehr als mulmig zumute, und als ich ihm antwortete, war es, als würde ich mir aus weiter Ferne lauschen.

»Ich will dich.«

»Du willst mich, ja?«, wiederholte er sarkastisch. »Damit du mich noch mal verraten kannst? Ein zweiter Versuch, mich zu zerstören?«

»Nein! So war das nicht! Ich habe nie gewollt, dass dir etwas Schlimmes zustößt, das musst du mir einfach glauben! Ich will dich wieder zurück, egal wie ...«

Humorlos – mit einer Prise Fassungslosigkeit – lachte er auf. »Also, du bist tatsächlich nur deswegen hier aufgekreuzt, obwohl du weißt, dass ich dich zu gern tot sehen würde, weil du mich zurück willst?« Der Spott war nicht zu leugnen und ich nickte vermeintlich mutig.

Er grinste diabolisch. Seine Augen funkelten verwegen. »Du bist echt nicht normal ... Okay!«

»Okay, was?«, hakte ich nach, bevor mir unser Insider auffiel.

»Okay ... dein Wunsch sei mir Befehl ...« Aber ehe ich diese erleichternde Brise in meinem Inneren genießen und sich ein Lächeln in meine Züge schleichen konnte, fügte er lapidar hinzu:. »Da gäbe es nur eine winzige Bedingung.«

»Ja?« Mein Herz hämmerte so laut in meiner Brust, dass man es hätte hören müssen. »Welche?«

Erneut neigte er den Kopf, aber seine Lippen beschrieben nicht das kleinste Lächeln. »In den kommenden drei Monaten gehörst du mir: sowohl dein Geist als auch dein Körper. Du wirst tun, was ich von dir verlange – EGAL, was es ist. Ich darf alles, du nichts. Nun ...« Seine Mundwinkel zuckten spöttisch. »Wenn mir der Sinn danach steht, gebe ich dir vielleicht sogar die Möglichkeit, meine Meinung über dich zu ändern und dir die abgefuckten Lügen zu glauben ...« Seiner Miene nach zu urteilen, rangierte das jenseits aller Eventualitäten.

»Wenn du mich vernichtest, bringt mir das aber nichts mehr!« Mir war nicht klar, woher ich den Mumm hatte, auch noch sarkastisch zu klingen.

»Ich werde mich ehrlich bemühen, es nicht so weit kommen zu lassen.« Tristan zwinkerte mir zu.

Das war doch komplett irre. Ich, er, dieses gesamte Gespräch!

»Also ... verstehe ich das richtig? Wenn ich mich deinem Willen beuge, alles mitmache, was du mit mir vorhast, darf ich mich erklären und du verzeihst mir?« Mehr interessierte mich nicht, nur seine Vergebung, für die ich wirklich alles tun würde. Und sei es nur, damit jeder die Dämonen der Vergangenheit abschütteln konnte, um sein Leben unbelastet weiterleben und irgendwann einmal, ohne Reue und mit reinem Gewissen ins Licht gehen zu können. Seine nun eher braunen Augen sahen mich unter seinen langen Wimpern heraus provozierend an. Für einen Moment blitzte etwas in ihnen auf, verschwand jedoch, ehe ich es erfassen konnte. »Ja«, antwortete er schlicht. Auch wenn ich ihm nicht glaubte, so war es meine einzige Chance. Und ich würde sie nutzen!

»Okay«, stimmte ich zu, ahnte aber bereits, dass ich gerade

einen faustischen Pakt geschlossen hatte und somit die Hölle auf Erden willkommen hieß. Tristan bedachte mich mit einem fast ehrlichen, offenen, strahlenden Lächeln.

»Ich wusste, dass du dich darauf einlassen würdest. So naiv und einfältig, wie du immer noch bist.«

»Bin ich nicht! Ich würde nur alles für dich tun, weil ich nie aufgehört habe, dich zu lieben.«

»Ja, ja, ja, wie auch immer ... kommen wir also zu den geschäftlichen Dingen.«

»Geschäftliche Dinge?« Geschmeidig erhob er sich und steuerte seinen Schreibtisch an.

»Selbstverständlich müssen wir das schriftlich fixieren.«

»WAS?« Als er registrierte, dass ich noch keinen Schluck getrunken hatte, hielt er mir scheinheilig mein Glas an die Lippen.

»Trink«, forderte er spöttisch grinsend und ich kippte in einem Zug alles hinunter. Aus der obersten Schublade holte er eine schwarze Aktenmappe hervor. Offenbar war er perfekt vorbereitet – ich überlegte, wie lange er die Rache an mir schon geplant hatte –, als er sie auch schon öffnete und mich zu seinem Chefsessel dirigierte. Grob stieß er mich hinein und stellte sich hinter mich. Wortlos drückte er mir die Unterlagen in die schwitzigen Hände und lehnte sich bedrohlich, aber auch unwiderstehlich duftend über meine Schulter, um sich seinen ›Wutball‹ vom Tisch zu schnappen und ihn zu kneten. Einige Sekunden fixierte ich hingerissen seine schlanken Finger, bevor ich mich nur im Ansatz auf das Geschriebene vor mir konzentrieren konnte.

»Punkt eins«, las ich leise für mich selber vor. »Kein Küssen ... Was?« Ich drehte ihm mein Gesicht zu. Er war mir so nah, dass meine Lippen fast seinen Mundwinkel berührten, wie ich schockiert feststellte.

Oh Gott! Die Billigpants würde diesem Wasserfall nicht viel länger standhalten können. Tristan rollte mit den Augen, während er mir unverfroren auf die Brüste starrte. »Mund weg! Da steht es, schwarz auf weiß: Ich werde dich nicht küssen!«

»Wieso?«, kam von mir, ganz wie ein quengliges Kind.

»Ganz einfach. Damit verhält es sich genauso wie mit der Benutzung spezieller Kosenamen. Die verwende ich nur, wenn ich liebe. Davon ausgenommen sind natürlich sämtliche Schlampen.«

AUTSCH! Schon wieder ... Bei seiner indirekten Beleidigung zuckte ich zusammen, fühlte mich aber weiterhin bestätigt, alles zu tun, um seine Meinung über mich zu ändern.

Ich war sicher vieles! Naiv! Gutgläubig! Ihm absolut verfallen! Aber keine Schlampe! Doch ihn nicht zu küssen? Das schockierte mich! »Nicht mal ein winzig kleines Bussi?«

»Nein!« Kalt und ruhig! »Nirgendwo?«, versuchte ich, zu meinen Gunsten zu verhandeln.

»Ja. Es sei denn, ich erlaube es dir.« Meine aufkommende Hoffnung wurde damit soeben im Keim erstickt. Das fing ja schon großartig an.

»Hmpf«, grummelte ich missmutig und richtete meinen Fokus auf die zweite Regel.

»Ich darf dich auch nicht anfassen?«, schrie ich unmittelbar darauf.

»Ja. Außer, ich befehle es dir.»

»Darf ich eigentlich irgendwas?« Gott, dieser Mann war so frustrierend.

»Lies, dann weißt du´s«, konterte er trocken. Oh ja. Das bereitete ihm einen Heidenspaß. Dennoch gab er sich beachtliche Mühe, seine Genugtuung nicht bis zu mir durchsickern zu lassen.

»Regel drei«, las ich weiter, die in schreienden Großbuchstaben und fett sowie mit zehn Ausrufezeichen versehen war. »Mit keinem anderen ficken ...? Ist das dein Ernst? Mit wem sollte ich denn ficken?«, hakte ich spöttisch nach. So langsam wurde ich sauer.

»Sehe ich aus, als würde ich Witze machen?«, fragte er plötzlich scharf. Erneut wandte ich mich zu ihm um und schaute ihn unsicher an. Als ich mir auf die Unterlippe biss, runzelte er ärgerlich die Brauen. Daraufhin unterließ ich es umgehend. Aber interessant zu wissen, dass es noch immer dieselbe Wirkung auf ihn hatte wie früher. »Ähm, also. Irgendwie ... hatte ich ... seit damals ... keinen Sex ...«

»Was?« Jetzt war er zur Abwechslung mal schockiert. Denn er richtete sich abrupt auf und starrte mich mit offenem Mund an. »Du hattest acht Jahre lang keinen Ficker in deiner Pussy? Acht *verschissene Jahre*!?«

»Ich habe dir schon mal gesagt, dass du der Einzige für mich bist und auf ewig sein wirst, und das habe ich auch so gemeint!« Ein Ausdruck huschte über sein Gesicht, der nur schwer einzuordnen war, so schnell, wie er sich wieder fasste. Er beugte sich wieder über mich, lehnte seine glatte Wange an meine und ich hätte fast geschnurrt ...

»Braves Mädchen.« Und da war es wieder! War ich möglicherweise doch noch sein Mädchen und nicht nur die gewissenlose Schlampe, die ihn verraten hatte? Vielleicht nur ein kleines bisschen? »Lies weiter!«

Irritiert sah ich ihn an, und versuchte, mit der Nähe und der daraus neu entstehenden Hoffnung umzugehen, dann glitt mein Blick zu dem etwas angerauten Papier herab.

»Nummer vier: Nur dir ist erlaubt, mich zum Orgasmus zu bringen?«

»Jepp!« Tristan schien ziemlich zufrieden.

»Wer sollte das sonst tun? Ich habe dir doch gerade erklärt, dass ich seit ...«

»Ich habe vor, dich so geil zu machen, dass du töten würdest, um zu kommen. Dir ist nicht gestattet, selber Hand an dich zu legen, egal, wie sehr du wollen wirst!«, unterbrach er mich, indem er mir ins Ohr hauchte. Hmmm ... Krampfhaft unterdrückte ich ein Wimmern, als ich seine warme Zunge darunter spürte.

»Das ist fies!«, schmollte ich.

»Ich weiß.« Er klang, als würde er sich gerade selbst beglückwünschen, was mich richtig wütend machte. Aber ich verkniff mir einen ätzenden Kommentar und widmete mich wieder dieser seltsamen Lektüre.

»Regel Nummer fünf: Ich werde nur dann stöhnen, reden, mich bewegen oder winden, wenn ich deine Erlaubnis dazu erhalte. Sag mal, darf ich vielleicht noch alleine atmen?«

»Nope!« Ich wollte etwas erwidern, wurde aber durch seine Lippen, die über meinen Hals wanderten, abgelenkt und musste die Lider schleißen. Das hier war eine süße und gleichsam gemeine Folter, da alles so intensiv auf mich einströmte, weil ich so lange auf seine Zärtlichkeiten verzichten musste. Ich wollte meine Arme um seinen Nacken schlingen und ... »Vergiss es«, ertönte sein Genuschel an meiner aufgeheizten Haut, als hätte er mein Vorhaben geahnt. Ich wollte mir nicht anmerken lassen, wie stark seine Wirkung auf mich war, aber mit mangelndem Erfolg, denn ein Zittern verriet meine aufgewühlten Emotionen, als Tristan mir in den Hals biss. Als ich zurückzuckte, lachte er mir heiß ins Ohr.

»Weiter, Miss Angel.« Nun klang er wirklich amüsiert und losgelöst, genauso, wie ich ihn liebte ... über alles!

Für eine Sekunde war es, als wären wir nie getrennt gewesen und dennoch so aufregend wie mit einem Fremden. Eine berauschende Mischung. Seine Wange schmiegte sich weiterhin an meine und sein Kinn ruhte auf meiner Schulter. Er war so verdammt nah aber ich durfte ihn nicht berühren, nur empfangen. Es erinnerte an das Kuscheln mit einem wilden Raubtier.

Jede Bewegung wäre die falsche und würde diesen magischen Moment zerstören.

»Wenn ich das unterschreibe ... darf ich auch Regeln aufstellen?«, richtete ich mein Augenmerk wieder auf das Schriftstück vor mir.

»Auf keinen Fall!«

»Wieso nicht?«

»Ich sagte: weiterlesen.« Mit einem Finger schnippte er auf die Unterlagen.

»Mit anderen Worten, ich muss stets gefügig sein und darf niemals Fragen stellen. Was bist du, ein verdammter Dom?«

»Woher kennst du den Ausdruck?«

»Wenn du dich erinnerst, hatten wir das Thema bereits. Im Übrigen lese ich Fanfictions ...« Auf diese Enthüllung hin wurde ich knallrot.

»Mhm, ich sehe schon ... Ich werde meinen Spaß haben «, grinste er nachdenklich »Und nein, ich bin kein verdammter Dom. Ich mache lediglich, was mir gefällt. Dabei halte ich mich an keine der üblichen Spielregeln oder so einen Scheiß. Allerdings kann ich nicht bestreiten, dass ich es schon damals sehr anregend fand, dich auf meine Art zu dominieren. Und ich habe vor, dies noch um einiges auszuweiten.«

»Sehr beruhigend zu wissen«, murmelte ich ironisch.

»Das ist auch nicht mein Ziel, denn ich finde es fucking heiß, wenn du Angst hast. Dies ist kein gottverschissener Witz«, berichtete er hart und signalisierte somit, dass dieser lockere Moment von eben vorbei war. Ich schluckte schwer – wenig begeistert – denn ich fand das ehrlich gesagt gar nicht heiß! Na gut, irgendwie, so ein bisschen schon ... Trotzdem wollte ich mich nicht noch mehr einschüchtern lassen. Also, weiter im Text:

»Ich muss mich am gesamten Körper rasieren. Das war ja klar. Und die Mahlzeiten nach deinem Ermessen einnehmen? Was bedeutet das?«

Mit dem Ende meiner letzten Silbe hatte Tristan meinen Sessel herumgeschwungen. Er stützte sich auf einer Seite an der Lehne ab, packte mit einer Hand meinen Kiefer und presste meine Wangen zusammen, sodass es fast wehtat.

»Du bist zu dürr.«

»Früher war ich fett, jetzt bin ich dürr. Wen interessiert´s?«, nuschelte ich undeutlich. »Du warst nie fett! Verdammt noch mal!«, grollte er sehr leise, auch wenn es dasselbe Resultat hatte, als hätte er mich angebrüllt. Ein Zurückweichen war leider nicht möglich, weil er mich ja festhielt. Einige Sekunden schauten wir uns einfach nur an, bis sich seine tobende Augen beruhigt hatten und er grob von mir abließ.

»Du wirst mir jeden Abend von Freitag bis Sonntag zur Verfügung stehen und auch sonst jederzeit für mich erreichbar sein. Ich werde dich und dein Leben vollständig kontrollieren. Es wird keine Safe-Words oder andere Rettungsanker für dich geben ... Du kannst es weiter unten nachlesen. Also machen wir es kurz: ja oder ja?« Damit entfernte er sich von mir, schleuderte den Wutball auf den Tisch (der so gar nichts gebracht hatte) und musterte mich mit undurchdringlicher Miene, während er die Arme verschränkte.

Oh, Oberarmmuskelalarm! Dann auch noch die herrische Art, wie er auf mich herabblickte ... Mist! ... Ein ziemlich beachtlicher Teil in mir wollte sich spontan die Kleider vom Leib reißen und sich hier auf diesem Schreibtisch von ihm ficken lassen. Dass ich genau wusste, wie er ohne Klamotten aussah, machte das Ganze nicht besser. Nebenbei bemerkt.

Aber es gab noch diese kleine Stimme, die wahrhaftig Angst vor diesem Mann hatte, der zwar enorme Ähnlichkeit mit meinem Tristan aufwies, es aber auch gleichzeitig nicht war. So skrupellos und eiskalt kannte ich ihn nicht – zumindest nicht im Bezug auf mich. »Wenn nicht, dann geh. Da ist die Tür ...«

Als unsere Blicke bedeutungsschwer zu dieser schweiften, wurde sie wie auf Befehl geöffnet und eine nackte, blonde kleine Elfe mit langen gelockten Haaren und operierten Brüsten tänzelte ins Zimmer. Verdammt! Was hatte die hier zu suchen, so perfekt, unbekleidet und mit ... Was waren das? Hatte sie etwa Piercings in ihren Nippeln?

»Mary?« Er betrachtete sie mit hochgezogener Braue, denn sie blieb erstarrt stehen, als sie mich in dem Sessel wahrnahm. Fickte er sie? Selten dämliche Frage. Natürlich tat er das. Warum sonst sollte sie in diesem Aufzug in sein Büro stürmen, ohne anzuklopfen, als wäre sie zu Hause? Allein der Gedanke an ihn mit einer anderen war so schmerzhaft, dass er Potenzial hatte, mich umzubringen. Mein Blut geriet in Wallung, während ich versuchte, mir nichts anmerken zu lassen.

»Ähm. Ich soll dir ausrichten, dass ... im Keller ... Wer ist das?«, platzte es aus ihr heraus.

»Was geht dich das an?«

Oh, okay. Das verwirrte mich nun vollends, garniert mit einem kleinen Schuss Genugtuung. »Sorry, Boss ...«, murmelte sie kleinlaut. *Boss*? Die Situation wurde immer abstruser. Was ging hier vor? Zu meiner inneren Aufruhr gesellte sich nun auch noch

Neugier.

War Tristan etwa der ... Boss ... dieser nackten Nymphe mit dem engelsgleichen Antlitz ...?

Doch von seinen zusammengekniffenden Augen, die scheinbar Funken sprühten, getrieben, verließ sie fluchtartig den Raum. Noch immer mit verschränkten Armen stand er vor mir – einer verstörend schönen Statur gleich – und sah fast schon verträumt ihrem Arsch hinterher. Natürlich legte er dabei seinen Kopf schief.

Gott, ich wollte ihn töten, bis er tot war! Mit dem Schließen der Tür schaute er provokativ zu mir, während ein herablassendes Grinsen seine Mundwinkel zierte.

Dieser Penner wusste genau, dass mich die Eifersucht gerade regelrecht auffraß und spielte schamlos damit! In mir platzte etwas! Was er konnte, konnte ich schon lange! Er würde merken, was er davon hatte, wenn er mir solch ein Regelwerk vorsetzte und glaubte, mich damit kleinzukriegen. Alle Warnung, weil ich unüberlegt handelte, schoss ich in den Wind. Nun wollte ich es wissen! Alles!

Deshalb erhob ich mich und riss ihm die Mappe aus der Hand, die er zwischenzeitig an sich genommen hatte. Verdattert taxierte er mich dabei, wie ich das Papier auf den Schreibtisch klatschte und mir den teuren schweren Kugelschreiber schnappte, der dort lag.

Bevor ich der Verlockung nachgeben konnte, meine Entscheidung zu überdenken, setzte ich schwungvoll meinen Namen unter den Vertrag.

Und das war´s!

CUT!

21. Danksagung:

Mein Gott. Wo soll ich diesmal nur anfangen?
Am besten am Anfang, hm?
Fanfiction. Es gibt mittlerweile Tausende von Büchern bei
Amazon, die einmal eine Fanfiction waren. Ja, auch ›Master of
the Universe‹ alias ›Fifty Shades of Grey‹, was wir schon vor drei
Jahren verschlungen haben – et cetera. Auf jeden Fall gibt es
wirklich keinen besseren Lehrmeister als diese Plattform –
nirgendwo ist man seinen Lesern näher. Schon allein deswegen
werden mir diese für immer in Erinnerung bleiben und mein
allererster Dank ihnen gehören.
Anke: Danke, dass du dich immer wieder wagemutig durch
mein Gewurstel kämpfst, aber vor allem, dass du immer für mich
da bist. Dass du zu deinem Wort stehst und dass man sich immer
auf dich verlassen kann! Dass du tust, was du sagst, und wenn es
mit dem Kopf durch die Wand geht, dann ist das eben so! Du
brauchst keine falschen Entschuldigungen – du bist, wie du bist!
Ich bewundere dich. Du und Peter, ihr seid meine Löweneltern,
und in keinem Rudel (außer meinem tschechischen ;)) habe ich
mich jemals geborgener gefühlt als bei euch!
Mein nächster Dank geht natürlich an Bella (alias die, die
tagtäglich mit mir im Großraumbüro sitzt ;)): Ich weiß, dass ich
dich in der Nacht anrufen kann; ich weiß, dass du mich oft gern
töten würdest, es aber nicht tust. Ich weiß, dass ich sogar bei dir
unangemeldet auftauchen könnte und NICHT in der Badewanne
schlafen müsste, obwohl ich manchmal schnarche, und ich weiß,
dass sich hinter deiner harten Schale ein mitfühlender und
erschreckend intelligenter Kern versteckt. Du bist mein Sheldon

und ich bin deine Amy. Ich vergöttere dich! Danke, dass du dein Talent mit Worten umzugehen und mir mit manchen Sätzen den Kopf wegzublasen in diese Geschichte einfließen lässt!

Danke für Tristans Schuhe und für den Baseballschläger! Danke, dass du mich verstehst!

Babels: Meine Muse, meine Krücke, meine Slavenschwesta ... und so weiter und so fort – neuerdings aber auch mein Hafen der Ruhe und Entspannung, zwischen all dem Druck. Mein Uwe zum Klaus und mein Mickey zur Maus. Meine geniale Coverdesignerin, die mit jedem Werk ein Stück über sich hinauswächst und mich zum Staunen bringt. Wie lange ist es jetzt schon her? Vier Jahre lang das gleiche Kopfkino. Dieser Satz spricht für sich und so etwas werde ich niemals mit irgendwem anders teilen können! Es ist gruslig, aber ich will nie wieder darauf verzichten!

Danke auch an alle Probeleser, die fleißig nach Fehlern suchten und immer wieder etwas fanden. Ich LIEBE es einfach, mich mit euch auszutauschen!

Meine irren Tristomaniacs ... Ich kann nicht glauben, wie sich mein Leben das letzte halbe Jahr verändert hat, was ich nur Eurer Leidenschaft und Liebe zu dieser Reihe zu verdanken habe. Jede einzelne Rezension erfüllt mich mit Stolz. Wenn ich lese, was ihr im Internet über dieses Buch verbreitet, könnte ich jedes Mal aufs Neue heulen, denn ich kann es nicht glauben, dass es da draußen tatsächlich Menschen gibt, die bei dieser Geschichte so mitfiebern, mitleiden, mitlieben wie ich – für die Tristan und Mia genauso real sind wie für mich.

Den zweiten Teil für Euch alle rausbringen zu dürfen, ist eine große Ehre für mich, denn schon mit zwölf Jahren stand ich vor meiner Klasse und habe meine erste selbstgeschriebene Geschichte vorgelesen. Es ging um eine Familie, bestehend aus vier Schwestern ... Ich weiß es bis heute noch. Als ich fertig war und meine Lehrerin mich fragte, wie ich überhaupt auf die Idee kam, zu schreiben, behauptete ich: weil ich Autorin werden will.

Dies jetzt WIRKLICH zu sein ... ist die Erfüllung meines größten, wichtigsten und unglaublichsten Traumes. Deswegen widme ich dieses Buch all den Menschen, die nicht dieses riesige Glück haben, ihre Träume zu leben, und sage zum Abschluss:

Glaubt an Euch. Kämpft und hört nie auf! Denn alles ist möglich!

Und selbst, wenn es in diesem Teil nicht so scheint, auch Mias innigster Wunsch WIRD in Erfüllung gehen. Aber es wird nicht einfach. Im Gegenteil, es wird hart und unerbittlich – genau wie Tristan Wrangler – werden.

Nichts weiter wünsche ich mir, als diesen Weg weiter mit euch zu beschreiten.

Denn dies war erst der Anfang ...

Ich verehre Euch! Ehrlich!

Eure